KB234324

신화, 이야기를 창조하다

신화, 이야기를 창조하다

김용호 지음

Humanist

지은이의 말

1

책 쓸 생각이 별로 없을 때였다. 성공회대학교 문화대학원에서 '신화와 서사' 강의를 처음 개설하여 맡았고, 이때 학생으로 수강한 〈황해문화〉의 전성원이 내게 신화에 관한 책을 써보라며 여러 차례 권했다. 강한 권고의 부담을 피할 생각으로 '같이 쓰자'고 제안하고는 세월을 흘려보냈다.

시간이 남는 시절이 왔다. 이런 때 할 수 있는 도둑질이 글쓰기뿐이라는 점이 안타깝기도 했으나, 전성원의 권고가 살아오면서 고마운 마음으로 비어버린 시간들을 채워 나갔다. 20여 년 만에 처음으로 컴퓨터로부터 자유를 얻어 종이 위에 글을 썼다. 컴퓨터로 글 쓸 때의 직선적 사고와는 달리 이것저것을 평면에 늘어놓는 모자이크적 사고의 독특한 맛이 있었다. 이면지를 한 장 한 장 활용하는 즐거움도 있었고, 팽개쳐놓은 여러 볼펜들의 먹이 끝나는 즐거움도 맛보았다. 이 삶에 다가온 물건들과의 인연을 남김없이 다하고 헤어지는 뿌듯함에, 펜을 잡은 손가락이 아려오는 단맛도 덧붙여졌다.

초고를 끝내가면서 출판사를 선정할 때가 되자 거의 10년쯤 전 생각이 났다. 책 쓸 마음이 없던 때, 선완규가 찾아와 '같이 책을 내고 싶다'는 뜻을 전했다. 그의 은근하면서도 간곡한 시선이 이 마음에 부담으로 살아 있음을 알았다. 지금은 새 출판사의 편집주간으로 일하는 그와 출판을 약속하면서, 한때 염원으로 쏘아올린 정성의 에너지가 오랜 세월을 관통하여 현재를 움직인다는 신비를 느꼈다.

이 책은 성공회대학교 학부와 대학원에서 주변 분들이 권하여 맡게 된 '신화와 서사' 수업에 기인하는 바 크다. '그리스 신화'를 다시 접하고, 《삼국유사》를 제대로 읽는 기회가 다가왔다. 사건과 사건들, 인물과 인물들이 소록소록 살아나면서, 옛 사건의 주역들이 지금 여기의 한 가슴을 깊게 진동시키는 것이 경이로웠다.

프시케가 천상의 사랑을 성취하기까지 겪은 일들이 그녀의 얼굴보다 몇 배나 더 아름다웠고, 장애가 드러날 때마다 떠나고 버리어 마침내 저 궁극의 자유 지평에 이른 원효스님이 그렇게 멋질 수 없었다. 영주 부석사에서 경전을 나르던 소였다가 지방 관료의 계집종으로 환생한 욱면이 절 지붕을 뚫고 하늘로 승천할 때나, 숱한 역경을 묵묵히 받아들여 수정처럼 맑고 단단한 혼이 된 헤라클레스가 하늘로 승천할 때 그들의 노고에 큰 박수를 보냈다.

이 책을 쓰기까지 내가 한 일은 남들의 권고와 요청을 받아들이고 황홀하게 나타난 삶의 전사들과 그들의 자세에 감동한 것뿐이다. 글자를 적어가는 것은 일이라고 할 수도 없으니, 이 삶에 다가온 그들 모두가 시킨 일이다.

2

발칸 반도와 한반도, 인도, 중동, 북유럽 등지에서 살아간 신들과 인간들이 같이 만들어간 사건들은 다 다른 것처럼 보이지만, 깊이 관찰해보면 그토록 먼 거리와 시간을 관통하는 공통의 시선이 보물처럼 들어 있다. 그들은 같은 눈으로 천지창조를 관찰했고, 인간의 운명과 사건을 움직이는 힘도 같은 눈으로 보았다. 또 모든 존재가 도달해야 할 궁극의 목적지를 조망하는 시선도 비슷했다.

의식의 계단을 따라 오르다 어떤 층위에 이르면 지역과 시간에 관계 없이 세상을 똑같이 보는 시선과 만난다. 치즈를 먹는 사람도, 김치를 먹는 사람도 서로 물리적인 교류 없이 홀연히 같은 시선을 가진다. 그 시선들이 다른 지역의 여러 신화 사건들에 농축되어 있다. 발칸 반도의 할머니들도, 한반도의 어머니들도 같은 신화적 시선을 손주와 자식들에게 전해준 것이다. 오늘날 신화가 다시 부상하는 것은 문화적으로 다른 삶을 살아온 사람들이 만나 함께 새 질서를 창조하기 위해 마음의 저류에 흘렀던 저 고대의 시선을 되살리는 과정이리라.

그 시선으로 보면 제우스와 헤라 부부의 익살스런 연기가 그렇게 큰 자비를 감추고 있는 것이 고맙고, 양친의 꿈을 붙들고 인도양을 넘어 한반도 남해안까지 남편감 김수로왕을 찾아온 인도 공주 허황옥의 결단이 무엇을 위한 것이었는지 감격 어린 마음으로 이해된다. 호랑이 처녀가 인간 남자 김현을 사랑하고 그를 위해 목숨을 바치자 인간 남자가 호랑이 처녀를 위해 절을 짓고 기도하는 현실, 바위의 단단함도 누그러뜨리는 오르페우스의 음악이 아내가 있는 지하 세계까지 녹여버리는 현실이 지금의 단단한 정치적, 경제적, 사회적 현실을 녹이고 새 현실의 축을 세운다. 새롭게 부상하는 현실은 그런 시선, 그런 마음을 통해서야 바르게 세워질 수 있다는 메시지가 동시에 울린다.

3

신화적 시선을 마음의 저류에서 끄집어 올리기 위해서는 할머니의 무릎 베개를 베고, 또는 어머니의 젖을 만지며 귀를 쫑긋 열고 들었던 때의 마음으로 돌아가야 한다. 그 마음 수준이 되어야 시간과 공간의 엄청난 거리를 넘어 고대의 진귀한 시선을 얻을 수 있다.

역사적, 문학사적 사실에 맞느냐 안 맞느냐는 의문, 과연 용과 요정이

어디에 있겠느냐는 의심, 그리고 무엇보다도 몽매한 고대인들이 자연에 대한 두려움에서 꾸민 이야기라는 자만의 어두운 옹고집들을 내려놓아야 한다. 그래야 화학 분자식에 가려진 새와 호랑이와 바위와 풀숲에서 진한 탄식과 소망을 느낄 수 있고, 인간의 몸뚱이가 찬란한 빛을 내며 천상의 음악에 맞추어 하늘로 날아가는 장관을 콘크리트 벽돌 저편으로 바라볼 수 있다. 그래야 신화적 시선이 양미간에 다가와 제3의 시선으로 자리 잡는다.

그러면 알게 될 것이다. 신화는 이야기가 아니라 세상을 보는 시선이라는 것을. 그것도 높은 설명력과 통찰력이 밴 시선이라는 것을. 또 오늘날 차가운 과학의 벽을 뚫고 부상하는 가이아 이론, 카오스 이론, 형태발생의 생명장 이론, 홀로그램 이론, 현대 물리학 등 '황당해 보이는' 최첨단의 시선들은 오랫 동안 덤불에 묻혔던 신화적 시선을 다시 끄집어낸 것이라는 점을. 나아가 채소나 나무를 가꾸며 식물 종족과 대화하는 사람들, 고래나 개들과 소통하며 더 없는 우정을 맺는 사람들, 생명의 원천인 물이 핵폭발에 아파하고 사랑에 환희한다는 사실을 알리는 사람들, 티베트와 동남아를 돌아다니며 가부좌를 틀고 앉는 사람들, 백인-굴뚝산업-이념전쟁-물신숭배의 무지한 지배 껍질을 벗기고 흑인과 백인의 피를 섞은 영웅을 담대한 새 희망의 지도자로 뽑은 사람들 속에도 고대의 그 시선이 살아 올라오고 있다는 것을. 그리고 그 시선들이 거대하게 뭉쳐 지구를 큰 눈으로 바라보며 새로운 삶의 창조를 강력하게 소망하고 있다는 것을.

그 거대한 눈은 수많은 눈동자들로 뭉쳐 있다. 이 책도 그 거대한 눈의 작은 한 눈동자일 뿐이다.

2009년 초봄 김용호

이 삶에 다가온 가장 귀한 손님

아들 우중에게 바친다

차례

I

창조

첫 번째 창조

첫 번째 천지창조는 화려했다.

그 이전 세상이 어두웠기에 더 그랬다.

혼돈

창조 전의 세상은, 발칸 반도에서 보았을 때 '입을 쩍 벌린 혼돈'이 었다. 혼돈 자체가 쩍 벌린 거대한 입이어서, 질서를 세우려는 모든 반란자를 블랙홀처럼 꿀꺽 삼키고는 꿈지럭꿈지럭 되새김질할 뿐 이었다. 먼 중국 대륙에서 보았을 때도 세상은 '달걀 속 같은 혼돈' 이었다. 그 속에서 자라난 세상의 씨앗도 혼돈(渾沌)씨라고 불리었 으니, 발칸 반도의 카오스씨와 뜻이 같은 이름이었다. 반(反)혼돈 의 세력은 제대로 커볼 틈도 없이 거대한 입을 쩍 벌린 혼돈 속으로 붙잡혀 들어갔다.

인도 대륙에서 보았을 때도 암흑의 물결만이 관측되었다. 모든 것은 '빛이 없는 진동'으로 출렁이는 '어두운 파동계'였으니, 혼돈 의 모습을 좀 더 구체적으로 관찰한 것처럼 보인다. 다만 중동에서 는 "심연 같은 어둠이 깊은 물 위에 뒤덮여 있었다."고 관찰했다.

마침내 반혼돈의 세력이 결집했다. 발칸 반도의 혼돈인 카오스는 어느 순간 거대한 아가리로 질서의 반란 기운을 꿀꺽꿀꺽 삼키는 일을 멈추었다. 반혼돈의 세력이 결집하여 소화불량을 일으킨 것이 다. 카오스는 갑자기 체한 것처럼 거대한 대지를 토해냈다. 이리하 여 '가슴팍이 넓은' 대지 가이아가 혼돈으로부터 생겨났다.

〈가이아 여신상〉 작자 미상, 기원전 700년경

어마어마한 대지 가이아는 여성이었지만, 처음에는 남성 없이 아들을 낳았다. 거대한 땅이 끙 하고 힘을 주어 낳은 첫 아들은 별이 총총한 하늘 우라노스였다. 우라노스 아기는 어미의 넓은 가슴팍에 있는 젖을 먹고 자라며 어미만큼이나 웅대해졌다. 이후 어미 땅과 아들 하늘은 서로 대등하게 마주 보며 사는 부부가 되었다.

중국 대륙에서도 비슷한 양태를 관측했다. '달걀 속 같은' 혼돈이 갈라지면서 밝고 맑은 기운은 위로 올라가 하늘이 되고, 어둡고 흐린 기운은 아래로 가라앉아 땅이 되었다. 그 과정에서 세상을 만들 씨앗이 달걀 속에서 잉태되었다. 혼돈씨라고도 불린 최초의 신 반고(盤古)는 혼돈의 달걀 속에서 장장 1만 8천 년이란 기나긴 세월을 계속 잠만 자다가, 어느 날부터 키가 하루에 한 길씩 쑥쑥 자랐다. 그는 하늘과 땅을 위아래로 갈라지게 떠밀기 시작하더니 또다시 1만 8천 년이 지나서야 그 성장이 극점에 도달했다. 그의 키와 힘으로 서로 멀리 떨어지게 된 하늘과 땅의 간격은 9만 리나 되었다.

다만 중동에서는 외적인 존재가 혼돈의 시대를 끝장낸 것으로 관측되었다. 그들이 처음 본 것은 어둠이 덮인 깊은 물 위에 '하느님의 기운'이 휘도는 모습이었다. 이 휘도는 기운이 "빛이 생겨라!"고 말하자, 한없이 컴컴하던 세상에 최초의 변화, 빛이 생겨나 우주로 퍼져 나갔다. 그 후 세상은 둘로 쪼개졌다. 공간적으로는 땅과 물로 나뉘고, 시간적으로는 빛과 어둠이 갈라져 번갈아 교대했다. 최근 물리신화 작가들은 이 초유의 사건, 처음 생겨난 빛이 '뱅' 하며 열 방향으로 전 우주에 퍼져 나간 사건을 '빅뱅'이라고 불렀다.

여러 지역의 관측을 종합해볼 때, 공간 관측자들은 암흑의 혼돈에서 땅과 하늘이 갈라지는 것을 보았고, 시간의 관측자들은 어둠에서 빛이 생겨나 빛과 어둠이 번갈아 드나드는 것을 보았다. 이리하여 아무것도 구분되지 않던 암흑에서 공간과 시간이라는 두 기둥이 x축과 y축처럼 세워졌다. x축의 양쪽 끝은 하늘과 땅, y축의 양쪽은 빛과 어둠으로 정해졌다. 이로써 무질서의 혼돈에서 질서가세워졌다. 반혼돈 세력의 승리였다. 이것이 이 세상의 처음이다.

혼돈에 섞여 있던 기운이 상이한 두 축으로 한 번 쫙 갈라지자, 갈라짐 자체가 걷잡을 수 없이 퍼져 나갔다.

발칸 반도에서는 땅 가이아와 하늘 우라노스가 교접하여 여러 거대한 괴물들을 낳았는데, 큰 바다(오케아노스), 빛의 근원(히페리온), 정신의 원초인 기억(므네모시네), 질서와 법(테미스), 시간(크로노스) 등이 생겨났다.

중국 대륙에서 하늘과 땅을 가른 반고는 하늘에서 보면 신이고 땅에서 보면 인간이었다. 즉 신과 인간이 나누어지기 이전의 원초적 생명 에너지였다. 반고가 죽자 그가 내뿜은 숨은 바람과 구름이 되고, 목소리는 천둥이, 왼쪽 눈은 해, 오른쪽 눈은 달, 피는 강물, 팔은 흙이 되어 그의 거대한 몸 대신 하늘과 땅 사이를 채웠다.

중동에서는 빛과 어둠이 갈라진 다음 날부터 땅과 풀, 해, 달, 물고기, 새 등이 갈라져 나오면서 공간을 다채롭게 채워갔다.

그리고 인간이 태어났다. 중동과 일부 다른 지역에서는 하느님 또는 특정 신이 '자신의 형상을 닮는 생명체'로서 인간을 만들었다. 중동의 신 야훼가 '진흙으로 사람을 빚고 코에 입김을 불어넣으니'

사람이 되어 숨을 쉬기 시작했다. 반면 중국 대륙과 한반도에서는
하늘과 땅의 두 기운이 결합하여 인간이 태어났다. 이리하여 인간계
를 구성하는 세 가지 근본 기둥인 하늘·땅·인간이 꼴을 갖추었다.

상생 상극

세상은 복잡해졌다. 발칸 반도의 하늘과 땅에서는 최초로 아들이 제 아비를 죽이는 사건이 발생했다. 하늘 우라노스는 자식들의 모습이 하도 흉측하여 지옥에 가두어버렸다. 하지만 이를 못마땅하게 여긴 마누라 대지 가이아가 대담한 막내아들 크로노스와 짜고 남편을 제거할 계획을 세웠다. 결국 침실로 들어와 잠이 든 하늘 우라노스의 음경(陰莖)이 막내 크로노스의 손에 든 돌도끼에 의해 잘려 떨어졌다. 하늘과 땅의 자식 가운데 가장 흉악한 시간이 대지와 공모하여 옛 하늘을 거세한 순간이었다.

크로노스가 새 하늘을 지배하면서 시간의 파괴성이 세상을 덮었다. 생겨나게 하고, 병들게 하고, 늙게 하고, 죽게 만드는 시간이 고요했던 무(無)시간의 세상을 절단낸 것이다. 우라노스의 지배가 끝나고 크로노스의 지배가 자리 잡으면서, 시간이 흐르지 않던 때의 한가로움은 사라졌다.

우라노스의 사타구니에서 뚝뚝 떨어진 핏방울은 옛 하늘 우라노스의 한을 품고 복수의 세 여신 에리니에스가 되어 세상을 흔들어대기 시작했다. 패륜아 크로노스가 내던진 아버지의 음경 덩어리는 바다에 떨어졌다. 이 살 덩어리가 바다 위를 떠다니다가 흰 거품으로 변하더니 그 속에서 아름다움과 사랑의 여신 아프로디테가 태어났다.

이제 세상은 복수의 세 여신이 검은 옷을 입고 이곳저곳을 날아다니며 원한과 보복의 씨앗을 뿌리는 기분 나쁜 소리를 자주 듣게 되었다. 동시에 그 아들 에로스와 함께 세상 곳곳에서 사랑의 열정을 뿌리는 아프로디테의 아름다운 자태를 목격하게 되었다. 크로노스의 아버지 시해 사건 이후, 피와 살을 나눈 사이에도 복수의 칼날을 가는 싸늘한 소리가 들리게 되었지만, 동시에 낯선 사이라도 끌림과 사랑으로 서로를 끌어안는 따뜻한 기운이 퍼져 나갔다. 시간의 지배 시대에 원시 하늘의 복수와 사랑이 삶의 원리로 이어지고 있는 것이다.

이런 사태는 중동에서도 진행되었다. 우선 창조자에 대한 배신과 도전 사건이 발생했다. 에덴동산에 살던 인간 남녀는 너무나 행복한 일만 이어지기에 지루하기 짝이 없었다. 뱀에게서 '하느님 같은 눈을 얻을 수 있다.'는 정보를 입수한 이들은 이 심심한 세계를 탈출할 길이 열리리라 생각했다. 그리하여 하느님이 엄격히 금지한 선악과를 몰래 따먹었다.

'하느님 같은 눈을 얻으려는' 인간의 첫 시도는 하느님의 진노와 무거운 벌에 떨어졌다. 에덴에서 쫓겨난 그들은 험한 인간 세상에서 갖은 고통을 겪으며 생계를 유지해야 했다. 게다가 이들의 두 아들 카인과 아벨에게 발칸 반도에서 날아온 복수의 여신이 질투의 씨앗을 뿌렸다. 카인은 하느님이 자기보다 동생을 더 예뻐하는 데 질투심을 느껴 동생을 들로 데려가 쳐 죽임으로써, 이 세상에서 형제를 살해할 가능성을 처음 열어놓았다. 하늘에 대한 배신의 피를 물려받은 인류는 이후부터 질투와 형제 살해, 뒤 이은 보복의 악순환을 벗어날 수 없게 된다.

그러나 형이 아우에게 질투를 느낀 것은 하느님이 아우의 예물은 반기는 반면 자신의 예물은 반기지 않았기 때문이다. 형도 아우도 모두 하느님께 사랑 받고 싶었던 것이다. 부모가 하느님을 배신하여 낙원에서 쫓겨나긴 했으나, 인류는 그 이후에도 에덴으로 돌아가 하느님 품에 안기고 싶은 저류(底流)의 충동을 벗어나길 못했다. '하느님 같은 눈'을 얻으려는 인간의 결단은 스스로를 저 바닥에 떨어뜨리고, 그로부터 간난고초(艱難苦楚)를 겪으며 하늘과 하나가 되는 장대한 시나리오를 시작하게 된다. 한편으로는 하느님과 화해하고 재결합하려는 충동이, 다른 한편으로는 배신과 질투, 복수의 욕구가 중동에서 퍼져 나갔다.

이 세상은 두 가지 상반된 힘이 채우게 되었다. 그 하나는 나뉜 것들이 서로 질투하고 상대를 죽이려는 힘이다. 에게 해에서 태어난 복수의 여신들이 이런 증오의 기운을 관장하였고, 그 길을 처음 튼 것이 중동의 카인이다. 그와는 반대되는 힘이 또 이 세계를 강하게 지배하니, 나뉘고 갈라진 것들이 서로에게 매력과 사랑을 느끼면서 합일하도록 이끄는 힘이다. 에게 해에서 태어난 아프로디테가 이 힘을 관장하기 시작했고, 중동에서는 신이 사는 곳에서 쫓겨난 인간들이 신께 용서를 구하고 다시 신과 합일하려는 움직임으로 나타났다.

보살이 법술로 점화하여 신령한 원숭이를 사람으로 변하게 하는 이야기를 나타낸 〈인류기원도〉

하나는 증오와 분열의 힘이요, 다른 하나는 사랑과 합일의 힘이
다. 두 힘이 이리 엉키고 저리 흩어지면서 세상은 분열과 화해, 파
괴와 통합을 끊임없이 반복하는 무대가 되었다.

상반된 두 힘은 이 세계 내의 존재들 간에만 작용하지 않고, 그
배후에 있는 창조자, 즉 하느님이나 카오스와의 관계에서도 작용했
다. 인간을 포함한 생명 존재들은 애초의 창조자에게서 분리되고
독립하려는 충동과 더불어 돌아가 하나가 되려는 두 가지 상반된
충동에 휩쓸리게 되었다.

이 과정을 중국 대륙에서는 추상적으로 정리했다. 노자(老子)라
불린 관측자는 창조 과정을 "도(道)가 하나를 낳고, 하나가 둘을 낳
고, 둘이 셋을 낳고, 셋이 만물을 낳았다."고 설명했다. 그를 본받아
중국 대륙인들은 애초에 있었던 것을 '큰 빔(太虛)'이라 부른다. 이
는 '나뉜 극단이 없는 것(無極)'이니 혼융한 모습이다.

이 큰 비어 있음에서 '크게 나뉜 극단(太極)'이 생겨 음양이 쪼개
졌다. 이 음양의 두 극단에서 나무·불·흙·쇠·물 등 다섯 가지
기운이 쪼개져 나왔다. 이 다섯 가지 기운은 끊임없는 작용을 일으
키기에 '다섯 가지 행위(五行)'라 불린다.

다섯 가지 행위가 작용하는 모습은 헤아릴 수 없이 다양하지만,
그 성격은 둘로 나뉜다. 하나는 서로가 물고 물려 죽이는 작용, 즉
상극(相剋)이요, 다른 하나는 서로가 물고 물려 살리는 작용, 즉 상
생(相生)이다. 상대를 살리고 죽이는 두 가지 원리가 얽혀 세상을
생성하고 파괴해 나가는 것이다.

창조의 되새김질

역시 추상적 개념을 좋아하는 인도 대륙에서는 새 세상의 창조를 깔끔하게 정리했다. 창조는 '하나임'에서 있음과 없음이, 낮과 밤이, 삶과 죽음이 쪼개져 나온 과정이다. 파동만이 존재했던 혼융의 세계에서 열의 힘으로 원자가 태어나 사물이 형성되었고, 그것이 전개되어 의도적 행위(카르마)가 나왔으며, 다시 그로부터 인간과 생명체를 구성하는 의식이 생겨났다.

이런 정리는 요사이 입자와 파동으로 세상을 보는 물리신화 작가들의 생각과 비슷하다. 그들은 파동으로 출렁이는 혼융의 카오스가 지금도 이 세계 배후에 있으며, 입자로 구성된 단단한 사물보다 더 진정한 세상의 모습이라고 생각한다. 이것이 인간의 두뇌와 만날 때 파동은 붕괴되고, 단단한 입자로 드러난다. 파동만이 출렁이는 세계에서 원자가 태어나 물질과 의식을 형성하는 창조 과정은 지금도 끊임없이 계속되고 있다는 것이다.

이 창조의 매개는 의도를 가진 인간의 두뇌, 즉 인간의 의식이다. 한 사람의 시선·생각·동작은 매 순간 파동계의 혼돈을 붕괴시키고 질서의 세계를 만들어낸다. 매 순간 카오스에서 땅과 하늘과 각종 사물을 만들어내며, 사랑과 분노도 동시에 끌어낸다. 매 순간 어둠 속의 하느님과 에덴동산을 붕괴시키고, 고통스런 노동과 형제

이탈리아 베네치아에 있는 산마르코 교회 아트리움의 돔 천장에 그려진 천지창조의 장면

살해와 하느님께 귀의하려는 욕구의 세계를 창조한다. 매 순간 하나의 큰 비어 있음을 붕괴시키고, 둘, 셋, 아홉의 다채로운 세계를 만들면서 상생과 상극의 원리를 실현시킨다. 한 개체가 매 순간의 의식과 지각과 행위로 이루는 창조는 천지창조를 반복하면서 애초의 창조를 되새김질한다.

천지창조는 태초에만 있었던 게 아니라, 파동을 입자로 바꾸어 드러내는 의식에 의해 지금도 끊임없이 진행되고 있다. 개체 발생이 계통 발생을 반복하듯, 현재를 살아가는 존재의 지각과 의식은 천지창조의 과정을 매 순간 반복한다. 의식을 가진 생명 존재들은 그들이 보는 세상을 매 순간 창조해가는 조물주들이다. 우리가 원시로 돌아가서 살펴보는 이유도, 현재 진행 중인 창조 과정을 알기 위함이다.

■ 강봉식 편역, 〈천지생생 · 우라노스〉, 《그리샤 · 로오마 신화》, 을유문화사, 1961.
■ 〈창세기〉, 《구약 성서》.
■ 〈기원신화와 영원불변의 동양철학〉, 여의. http://novelpia.x－y.net/ver5/paper/paper_10.htm

두 번째 창조

"누가 감히 날 잡을 수 있으랴!"
인간이 하늘에 대고 소리치는 사건이 발생했다.

대별왕과 소별왕

에덴 추방 사건이 일어난 때와 비슷한 무렵, 한반도 남쪽 제주도에서는 야훼의 이름이 '하늘과 땅의 왕(천지왕)'으로 불리고 있었다. 야훼가 아담과 이브의 도전을 받은 후, 제주도에서는 '목숨 긴 놈(수명장자)'이 사나운 말과 소와 개들을 이끌고 세 마리 말이 끄는 수레를 타고 질풍같이 달리면서 하늘을 쳐다보고 호기 있게 소리쳤다.

"누가 감히 날 잡을 수 있으랴!"

하늘땅 왕은 반란자의 목소리를 듣고 노했다. 그는 용이 끄는 금수레에 올라 목숨 긴 놈 집으로 행차하여 불호령을 내렸다.

"어리석은 인간은 나와 꿇어라!"

목숨 긴 놈이 저항하자 하늘땅 왕은 쇠테를 머리에 씌우고 사정없이 조였다. 목숨 긴 놈은 종을 불러 소리쳤다.

"내 머리가 아프니 도끼로 머리를 깨라!"

하늘땅 왕은 하도 어이가 없어 '지독한 놈'이라고 말하고는 머리에 씌웠던 쇠테를 벗겼다. 목숨 긴 놈의 무식한 도전에 넋을 잃은 하늘땅 왕은 말없이 귀로에 올랐다.

중동의 아담과 이브가 선악과를 따 먹은 후 "너 어디 있느냐?"는 야훼의 음성에 곧바로 죄의식을 느끼고 꼬리를 내린 것과는 달리, 제주도의 목숨 긴 놈은 하늘땅 왕에게 목숨을 내놓고 대들었다. 인간의 마음을 얻지 못한 하늘땅 왕은 씁쓸히 돌아섰다.

아담과 이브에 이어 인간 다루기가 녹녹하지 않음을 두 번째 경험한 하늘땅 왕은 자신이 직접 개입해서는 문제를 해결할 수 없다는 냉엄한 새 세상의 질서를 깨닫는다. 중동 측 관찰로 말하자면, 하늘땅 왕의 직할 지역인 에덴의 질서로는 인간을 더 이상 포용할 수 없다는 것을 깨닫는다. 인간의 에고는 점점 단단해졌고, 그 딱딱한 에고로 하느님처럼 전능해지겠다며 길길이 날뛰기 시작한 것이다. 이에 하늘땅 왕은 인간의 변화에 맞는 새 질서가 필요하다고 생각했다.

목숨 긴 놈을 풀어주고 돌아가는 길에 하늘땅 왕은 '하늘 궁전의 선녀들보다 고운' 총명아기를 만났다. 이 아리땁고 고운 인간 소녀에게 끌린 하늘땅 왕은 신성과 인간성을 섞는 인연을 맺는다. 그리고는 "자식을 낳거든 대별과 소별이라 이름 짓고, 나를 만나겠다고 하면 전하라."며 박씨 두 알을 건네주고 하늘로 올랐다.

이윽고 쌍둥이 형제가 총명아기의 몸에서 태어났다. 아비 없는 설움에 겨운 대별과 소별은 어머니에게 달려가 출생의 사연을 듣고, 박씨 두 알을 받아 바로 땅에 심었다. 박 넝쿨은 곧바로 솟아올랐다. 형제는 박 넝쿨을 타고 하늘 궁전에 올라 하늘땅 왕 앞에서 친자 확인을 요청했다.

그러나 왕은 활과 화살을 내어주며 명했다.

"너희 스스로 내 자식임을 증명해보라."

하늘땅 왕의 자식임을 입증할 과제의 선정도 스스로 해야 했으니 쉽지 않은 일이었다. 활과 화살을 받아들고 말없이 물러난 형제는 다시 인간 세상으로 내려왔다. 당시 세상에는 해가 둘이어서 찌는 더위로 생명이 이울고, 두 달이 합칠 때면 홍수가 세상을 휩쓸었다.

바닷가에 도달한 대별은 두 번째 태양을 향해 화살을 날렸다. 두 번째 해는 산산이 깨졌다. 뒤이어 소별은 두 번째 달을 향해 화살을 쏘았다. 두 번째 달도 산산이 부서졌다.

이 사건으로 지구는 비로소 현생 인류가 살 만한 환경이 되었다. 후대에 하늘을 관찰하는 자들은 은하계에만도 수많은 태양계가 있고, 그 중 상당수는 태양이 두 개라는 것을 관측했다. 그렇다면 우리 태양계의 목성은 대별의 화살을 맞아 식어버린 두 번째 태양임이 분명하다.

친자 확인을 마친 하늘땅 왕은 더 깊은 생각이 있었다. 대별과 소별에게 꽃나무를 주고 꽃을 훌륭히 피운 사람은 이승을 맡고, 못 피운 사람은 저승을 맡으라고 지시했다. 소별의 꽃나무는 시들한 반면, 대별의 꽃나무는 생기가 흘렀다. 꽃이 피어나 승부가 판가름 나기 전날 밤, 소별은 화분을 바꿔치기해버렸다. 대별이 "신성한 시합을 이렇게 짓밟다니!" 하며 탄식했으나, 이미 판가름은 나버렸다.

소별은 이승의 왕임을 만천하에 공포한 뒤 곧바로 목숨 긴 놈에게 달려가 능지처참했다. 그리고 그의 살과 뼈를 허공에 뿌리며 자신의 지배력을 과시했다. 뿌려진 살과 뼈 가루는 수많은 파리와 모

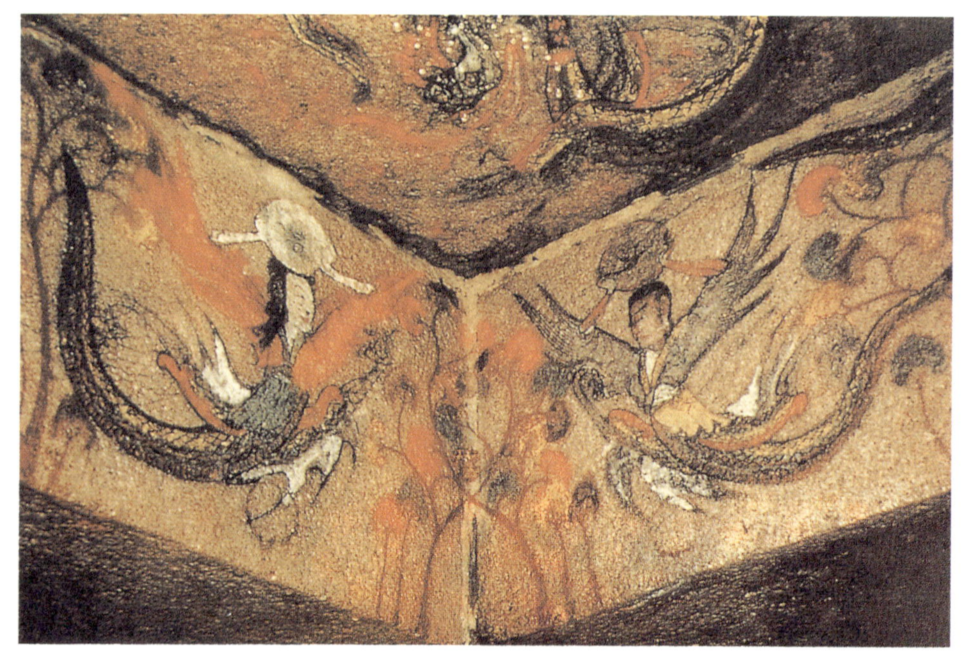

〈해의 신, 달의 신〉, 중국 집안의 고구려 고분벽화
오른쪽 남신의 손에 들린 해 속에는 세발 까마귀가 있고,
왼쪽 여신의 손에 들린 달 속에는 두꺼비가 그려져 있다.

기, 빈대, 벼룩으로 변하여 세상에 흩어졌다. 소별왕은 위계를 엄격히 세우고, 선악을 분별하여 죄 지은 자를 무서운 형벌로 다스렸다. 세상에는 법도가 서기 시작했으나, 이상하게도 악행을 저지르는 자는 끊이지 않고 생겨났다.

한편 저승에 당도한 대별은 저승을 극락과 지옥으로 분별하였다. 이승에서 선량하게 산 사람은 극락에서 안식과 평화를 누리게 하고, 악행을 저지른 자는 지옥에서 죗값을 치르게 했다. 그러나 지옥에 가더라도 죗값을 치르면 극락에 갈 수 있는 법을 마련하여 희망을 살려놓았다.

세상은 이승과 저승의 두 차원으로 나뉘고, 저승도 극락과 지옥으로 구분됨으로써, 두 번째 창조는 완성되었다. 목숨 긴 놈의 하는 짓을 보고 하늘이 직접 인간을 다스릴 수 없는 시절이 되었다고 판단한 하늘땅 왕은, 신성과 인간성이 결합한 아들들을 통해 선과 악을 분별하고 처리하는 질서를 세운 것이다. 즉 직할 구역을 해체하고 간접 통치 구역으로 전환한 것이다.

이승에서는 소별왕을 통해 선악을 엄격히 구분하고 악을 무서운 형벌로 다스렸으며, 저승에서는 대별왕을 통해 선한 자와 악한 자가 사는 세상을 구분하였다. 이리하여 목숨 긴 놈 같은 무도한 신인류들을 처리할 우주적 법칙과 체계가 완성되었다.

이승과 저승의 차이도 분명해졌다. 형보다 능력은 떨어지면서도 속임수로 이승을 차지한 소별왕 때문에 이승은 소별왕의 성격을 닮아갔다. 처벌은 무섭지만 속임수는 처벌을 피해갈 수도 있고, 심지어 처벌 과정 자체에도 속임수가 끼어들었다.

목숨 긴 놈의 살과 뼈에서부터 번져 나간 파리와 모기, 빈대 같은 벌레들 때문에 인간의 몸으로 사는 것도 고달파졌다. 중동에서는 아담과 이브가 쫓겨나 살아야 했던 새 세계를 '흙에서 난 몸이 흙으로 돌아가기까지 이마에 땀을 흘려야 낱알을 얻어먹을 수 있는' 세상으로 표현했다.

반면 저승은 '신성한 시합'의 원칙을 지키고, 속임수로 졌음에도 승복한 대별왕의 성품에 맞게 운영되었다. 극락 갈 사람이 지옥 가고, 지옥 불에서 고생할 놈이 극락 가는 속임수는 통하지 않았다. 지옥에서 죗값을 치르면 극락에 갈 기회가 생길 만큼 셈이 뚜렷하고 자비로웠다. 이승에서는 속일 수 있지만 저승에서는 분명하게 드러나는 행위의 법칙, 이를 인도 대륙에서는 '카르마의 원리'라고 불렀다.

두 번째 창조, 즉 이승과 저승, 극락과 지옥이 구분된 이유는 아담과 이브가 하늘의 명을 어기고, 목숨 긴 놈이 하늘에 도전할 만큼 악랄해졌기 때문이다.

과거 에덴동산에서는 선악의 구분이 없었다. 그런데 선악과를 따먹고 쫓겨난 인간들은 하느님이 "어리석은 인간은 꿇어라!"고 소리쳐도 머리를 숙이지 않을 정도로 오만방자해졌다. 하늘땅 왕이 목숨 긴 놈더러 '지독한 놈'이라며 머리를 죄었던 쇠테를 풀고 말없이 돌아선 데는 이유가 있었다. 하느님의 직할 구역에서는 선과 악을 구분할 필요가 없었고, 대체로 분별없이 자비를 베풀어도 큰 문제가 없었다. 그러나 이제 인간들은 그런 무한 자비로는 다스릴 수 없을 정도로 독해졌다.

하늘땅 왕이 돌아오는 길에 총명아기와 동침한 데도 이유가 있었다. 총명아기는 그 이름에서 볼 수 있듯이 총명했다. 분별력이 뚜렷한 인간 처녀였다. 하늘의 무분별한 자비로는 더 이상 인간을 다스릴 수 없으므로, 인간의 분별력과 하늘의 권능이 섞인 자식들로 신인류를 다스릴 질서를 만들 수 있으리라 생각했던 것이다.

총명아기가 낳은 아들 중 대별이는 하늘 아버지를 더 닮았고 소별이는 인간 엄마를 더 닮았다. 어차피 인간 세상이 선과 악이 뒤섞인 곳으로 되리라고 볼 때, 속임수가 뛰어난 소별왕이 인간 세상을 맡는 게 적절했다. 그러나 선악이 뒤섞이면 우주에 큰 혼동이 초래되므로, 저승이라는 세상을 따로 만들어 선행과 악행의 정산을 해야 했다. 저승은 확실한 법칙에 따라 선악이 대가를 받고 정돈되어야 하므로, 원칙을 지킬 줄 아는 대별왕이 맡도록 했다. 그리고 우주가 갖고 있는 자비의 원리도 구현하여, 아무리 악랄한 인간이라도 죗값을 치르면 정산을 하도록 했다.

이리하여 신인류의 성향에 맞추어 우주는 이원화되었다. 이승은 신인간들의 품성에 맞는 원리로 작동하는 반면, 저승은 신인간들이 우주에 끼친 폐해를 정리하여, 쓸 만한 것들은 바로 활용하고 쓸 만하지 않은 것들은 고치고 다듬어 재활용하는 거대한 쓰레기 공장이 된 것이다. 우주의 안정을 보장하기 위한 하늘땅 왕의 고육지책(苦肉之策)이었다.

카발라

두 번째 천지창조는 인간의 성장사에서 사춘기로 반복 재현된다. 부모에게서 태어나, 부모의 보살핌을 잘 따르던 아이가 어느 날 갑자기 부모의 삶과 자신의 삶을 구분하기 시작한다. '부모가 어련히 알아서 잘 인도하지 않느냐.'고 하면 '집을 나가겠다.'고 폭탄 선언한다.

두 번째 창조의 직접적 계기는 에덴동산에서 하느님과 함께 조화를 이루며 살던 아담과 이브가 하느님과 같은 권능을 자신들도 갖겠다고 하느님의 말을 거역한 사건이다. 쫓겨난 후에도 소나 말, 개들을 부리며 자기가 최고라고 생각한 목숨 긴 놈이 하늘을 쳐다보며 "날 잡을 테면 잡아봐라."고 도전한 사건이다.

두 번째 창조의 계기는 하늘에서 독립하려는 인간의 의지, 그리고 신과 같은 능력을 갖겠다는 원초적 비전이다. 그 비전이 워낙 강했기에 목숨 긴 놈은 끊임없이 죄어오는 쇠테를 머리에 쓰고도 하늘땅 왕 앞에 머리를 조아리기를 거부하고, "도끼로 내 머리를 깨라."고 쩌렁쩌렁 소리친 것이다. 하늘땅 왕이 '지독한 놈'이라고 탄식할 만큼, 인간의 독립의지는 강했다.

기가 막힌 하늘땅 왕은 이 세상을 인간에게 전적으로 맡기기로 결정한다. 반발하는 사춘기 자식 놈에게 일정한 몫을 넘겨주듯이.

14세기 히브리어 필사본인《황금 하가다》에 묘사된 '아담과 이브의 창조'

대신 그들의 선행과 악행을 판단하고, 악의 쓰레기를 처리할 체계
를 둔다. 권리를 주는 대신 책임에 따른 처벌 규정을 강화하는 부모
처럼. 이승에서는 하느님도 보이지 않고 선악의 판단 기준도 모호
하여 그 심판이 분명치 않지만, 저승에서는 판정이 빈틈없다. 또한
패자부활전을 허용할 정도로 저승의 영역은 넓고 깊다. 결국 이승
과 저승이 나뉜 것은 신인간과 하느님의 타협의 산물이다. 사춘기
아이와 부모가 타협하는 것처럼.

중동의 카발라 신화 작가들은 인간의 독립의지가 생긴 것은 역설
적으로 하늘의 은총을 한없이 받았기 때문이라고 한다. 즉 하느님
의 본성이 인간들에게 자연스레 흡입되어 스스로도 하느님처럼 되
고 싶은 수준에 이르렀기 때문이다. 사춘기 아이가 부모의 은덕을
받아 부모처럼 되고 싶은 수준에 이르렀기에 독립을 선언하게 되는
것처럼.

피조물이 원하게 된 것은 '자기 힘으로 충족감을 느끼고 스스로
가 그 충족의 원인이 되는 능력'이다. 그들은 에덴동산에서 하느님
의 지시를 어기고, 하늘로부터 한없이 받았던 은총을 받기를 거부
했다. 하느님은 그들의 거부를 받아들였다.

그것이 에덴동산과는 다른 저차원 세계, 신의 은총이 드물게만
내리는 조악한 땅으로 내려오게 된 계기다. 인간이 힘들고 괴로운
세상으로 내려온 것은, 사실 그들의 의지가 관철되었기 때문이다.
신은 '스스로 충족할 근원이 되고 싶다.'는 인간의 소원을 승인해주
었다. 대신 그 출발점은 신의 빛이 거의 스며들지 않는 거친 땅에서

부터였다.

　그때부터 인간에게는 영원처럼 무거운 숙제가 주어졌다. 숱한 인생을 반복하며 하느님처럼 '자기 충족의 원천'으로 향상해가야 한다는 과제였다. 하늘의 빛을 받아서가 아니라 스스로 빛을 내면서 충족하는 수준까지, 즉 하느님처럼 빛을 내는 데까지 향상해야 한다는 과제였다.

　험한 땅에 내려와 고통스런 후손들은 아담과 이브나 목숨 긴 놈을 원죄의 시조라며 불평했다. 그러나 그들은 하느님에게 무조건 의존하는 무력한 인간에게 스스로 하느님이 될 수 있다는 위대한 비전과 과제를 던진 신인류의 시조였다. 마지막 지점에 도달하기까지는 숱하게 지옥을 들락거리면서 수억 겁이 걸릴 수도 있으나, 스스로가 빛의 원천이 되는 곳까지 도달해야 할 비전과 책무라는 위대한 유산을 갖게 된 것이다.

　첫 번째 창조는 자연적 과정을 통해 이루어졌으나, 두 번째 창조는 인간의 뚜렷한 의식에 의해 이루어졌다. 그들의 웅대한 비전 또는 야망이 스스로 에덴을 떠나기로 결정한 것이다.

　그 결정에는 분명 하느님과 자신을 구분해서 보는 에고의 어리석음이 있다. 그 어두운 어리석음 때문에 하늘의 빛이 적게 스며드는 인간계와 지옥을 번갈아 오가기도 한다. 그럼에도 깊은 내면에는 하느님에 이르는 길을 끝까지 걸어가겠다는 원시적 의지가 꿈틀거린다.

　두 번째 창조는 미련한 무지와 웅대한 비전이 결합하면서 진행되었다. 이 둘은 동전의 양면과 같은 것이다. 하나는 퇴락의 방향으로, 다른 하나는 향상의 방향으로 이끄는 힘이다. 이 두 힘이 모든 생명 존재를 다른 방향으로 잡아끈다.

■ 신동흔, 〈대별왕과 소별왕〉, 《살아있는 우리신화》, 한겨레신문사, 2004.
■ 〈창세기〉, 《구약 성서》.
■ 예후다 베르그, 구자명 옮김, 《내 영혼의 빛: 유대 비밀의 지혜서, 카발라》, 나무와숲, 2003.

2

열린 세계

다층 세계

한반도에서 소별왕과 대별왕에 의해

세상이 이승과 저승으로 나뉜 것은

수많은 세계들이 폭발적으로 탄생하는 신호탄이 되었다.

숱한 세계들

중동에서는 신의 세계, 천사와 악마의 세계, 그리고 인간계로 분열되었다. 야훼의 세계와 인간계가 중요한 쌍방적 관계인 반면, 천사와 악마의 세계는 그 중간에서 매개자 역할을 한다.

한편으로는 악마와 결탁하여 끊임없이 신에게서 이탈하려는 도전과 독립의 욕구가, 다른 한편으로는 천사와 협력하여 신의 명령에 복종하고 신과 화합하려는 욕구가 인간들을 분열시켰다. 이에 신의 상과 벌이 번갈아 이어지면서 인간들은 야훼에 붙었다 떨어졌다를 반복했다.

다른 지역에서는 더 많은 세계가 생겨난 것이 보고되었다. 발칸반도에서는 제우스를 정점으로 한 신들의 세계, 자연에 깃든 요정들의 세계, 하데스가 관리하는 저승계, 눈이 하나뿐인 키클롭스나 인간과 말이 결합한 켄타우로스 같은 괴물들의 세계, 동물계, 식물계, 신과 가까운 별들의 세계, 그리고 인간계 등 다채로운 세상이 펼쳐졌다.

한반도에서도 매우 다른 층위의 세계가 많이 생겨난 것으로 관측되었다. 옥황상제가 다스리는 하늘나라, 용왕이 다스리는 바다나라, 신선들이 바둑을 두며 머무르는 선계, 인간을 놀리며 즐거워하는 도깨비들의 세계, 구천을 떠도는 한 서린 귀신계, 짐승계, 땅속

세계, 그리고 인간계 등 여러 세상으로 나뉘었다.

이런 다양한 세계들은 첫 번째와 두 번째 창조의 결과들이다. 그러하기에 인간이나 동식물뿐 아니라 요정이나 신선, 신들도 창조의 피조물들이다. 예외라면 중동 측의 보고인데, 이들에 따르면 천지 창조 이전부터 영원히 존재해온 신이 있었고, 그 신의 뜻에 따라 피조물들이 태어났다는 것이다.

그러나 이들의 신인 야훼도 본래는 하나가 아니라 복수명사로 쓰인 다수의 신들이었다는 점에 주목할 필요가 있다. 나아가 이스라엘의 수호신인 야훼도 이집트의 신들이나 메소포타미아의 신들과 경쟁하고 질투하며 투쟁했던 것을 보면, 발칸 반도의 제우스와 마찬가지로 피조물의 특성을 두드러지게 지닌다고 볼 수밖에 없다. 신들까지 포함하여 모든 생명 존재는 창조의 결과들이라고 보아야 할 것이다.

좀 더 투명한 눈을 닦아 우주를 관찰한 불교 측 보고자들에 따르면, 우주는 그 안에 사는 존재들의 의식 수준에 따라 크게 세 가지 층위로 나뉜다. 감각적 욕망에 지배되고 거친 몸을 갖고 있는 욕계(欲界, kama-loka), 보이지 않는 존재 형태를 갖는 색계(色界, rupa-loka), 최고 높은 의식 수준에서 몸의 형태가 없는 무색계(無色界, arupa-loka)가 그것이며, 각 층위 안에도 숱한 하위 세계가 있다.

인간계가 속해 있는 욕계에만도 지옥·아귀계·축생계·아수라

불교의 우주관이 담긴 17세기 그림

계·인간계·욕계 하늘 등 여섯 세계가 있고, 그 하위층의 지옥도 8~10개의 세계로 나뉘어 있으며, 욕계 하늘도 도리천·도솔천 등 6개로 나뉘어 있으니, 창조된 세계의 수는 가히 헤아리기 어려울 지경이다.

각 세계의 외형은 그곳 거주민들의 몸이 단단하고 거치냐, 아니면 유연하고 미묘하냐에 따라 나뉘지만, 그 세계의 외양을 결정하는 것은 그곳에 사는 존재들의 의식 수준이다. 의식 수준에 따라 몸의 형태도 달라지고, 물질 환경도 달라진다.

불교 관찰자들과 유사하게 최근의 물리 세계 관찰자들은 상이한 세계는 다르게 존재하는 것(existence)이 아니라 다르게 드러나는 것(manifestation)이라고 말한다. 세계는 확정된 공간 시간으로 고정된 것이 아니라, 상이한 차원(dimension)들로 나타나는 것이다. 일부 과격한 물리신화 작가들은 차원을 결정하는 것은 시간과 공간의 두 축만이 아니라 그 세계 내 존재들의 의식 축도 포함된다고 주장한다.

그렇게 보면 하나의 세계는 공간 축, 시간 축, 의식 축이 얽혀 창조된다. x축, y축, z축이 한 세계의 형태와 운동 법칙을 규정하는데, 세계들 간의 차이를 결정하는 것은 의식 축이다. 인간계의 3차원적 시간 공간은 절대 터전으로 있는 것이 아니라, 인간 의식에 공명하여 드러난 물리적 장일 뿐이다. 이러한 물리신화의 상상력은 "모든 것은 마음에 의해 만들어진다."는 불교 관찰자들의 보고와 합치한다.

창조의 최종 결과로 드러나는 숱한 세계들은 현란할 정도로 다채롭지만, 그 형태와 운동 방식은 의식의 층위에 따른다. 새로운 의식 층이 출현할 때마다 새 세계가 창조되어 나갔을 것이며, 지금도 새로운 세계의 층이 새로운 차원에서 형성되고 있을 수도 있다. 신들의 세계, 괴물의 세계, 인간의 세계, 식물의 세계는 그 가운데 많은 존재들이 드나드는 '전통적 세계'일 뿐이다.

각각의 세계가 거주민의 의식에 따라 그 물리적 양태가 규정된다고 하면, 빅뱅도 그전에 있었던 우주의 생명 존재들이 혼돈 속으로 수렴된 후, 새 세상에 대한 바람과 과거 세상의 기억 등이 결합하여 일으킨 것이라는 추정이 가능하다.

어린이 신화 작가 미하엘 엔데가 쓴 《끝없는 이야기(Die unendliche Geschichte)》에서는 창조자 어린이가 소망하는 대로 세상이 꾸며진다. 그 어린이의 소망은 과거에 있었던 세상에 대한 기억에서 시작하여 새로운 연상으로 펼쳐진다. 그의 기억과 연상에 따라 세상은 옛 모습과 비슷하게, 하지만 조금씩 새롭게 창조된다. 이 어린이 창조자는 이전 세상에 존재했던 의식들의 총화일 것이며, 그 때문에 그렇게 다채로운 세계들에 대한 상상력을 가질 수 있었으리라.

위그드라실

북유럽에서는 세계가 아홉으로 쪼개져 있었다. 이를 대별하면 크게 세 세상으로 나눌 수 있는데, 위쪽 하늘에는 신들이 사는 하늘 세계(아스가르드)가 있고, 그 밑에는 인간이 사는 중간계(미드가르드)가, 중간계의 성벽 바깥에는 거인 세계(니플헤임)가 있었다.

그런데 중간계 한가운데에는 거대한 물푸레나무가 있었다. 어느 정도 거대한가 하면, 줄기가 하늘 세계 위로 뻗을 정도였다. 이 나무의 뿌리는 아홉이요, 줄기도 아홉으로 뻗어 있었다. 아홉 세계 모두에 뿌리와 줄기가 모두 뻗어 있는 이 기묘하고 거대한 나무는 위그드라실, 즉 '세계 나무'로 불리었다.

위그드라실은 세 군데 샘물에 뿌리를 적시고 있다. 한 뿌리는 하늘나라에 있는 우르드 샘물을 빨아들이는데, 이 샘에는 세 여신이 인간과 신의 운명을 실로 잣고 있다. 이들이 잣는 실 하나가 끊어지면 그 존재의 생명도 끝난다.

한 뿌리는 거인 세계에 있는 '미미르 샘'에 닿아 있다. 이 샘물에는 지혜와 분별력이 담겨 있는데, 거인 미미르가 살면서 지키고 있기에 거기까지 간다 해도 그 물을 마시기는 좀처럼 쉽지 않다.

또 하나의 샘은 북쪽 추운 곳에 있는 '흐베르겔미르 샘'으로서 질투의 샘이다. 여기에는 커다란 뱀 니드호그가 세계 나무의 뿌리를

〈생명의 나무〉구스타프 클림트, 1905~1909년경

씹어 먹고 산다. 시기와 질투의 샘물은 이 큰 뱀을 통해 세계 나무로 퍼져 나가고 있다.

어느 때 위그드라실이 시기와 질투의 샘물이 말라버릴 정도로 잔뜩 들이켜 아홉 세계로 뿜어올리면, 세상은 《반지의 제왕》에서와 같은 대격변에 휩싸이게 된다. 반면 지혜의 샘물은 미미르가 단단히 지키고 있어 좀처럼 퍼올리기 어렵지만, 지혜의 작은 분량이 전 세계의 가지와 뿌리에 번져도 베를린 장벽을 필두로 한 거대 장벽들이 무너지기도 한다. 각 존재와 사건의 탄생과 죽음은 우르드 샘으로부터 흘러나오니, 한 존재의 생명도 이 거대한 세계 나무가 다 관여하고 있다.

세계 나무 위그드라실은 다층 세계 사이에 열린 문으로 각 세계를 연결한다. 아홉 뿌리들이 아홉 세계에 다 내리고 있으면서 중심 뿌리가 중간계에 있으니, 거대한 나무 속에 작은 나무들이 중층적으로 자라는 매우 아름답고 장엄한 모습이다. 이 세계 나무 때문에 다층 세계들 간의 문은 열려 있다.

뿐만 아니라 위그드라실은 여러 세계를 관통하며 흐르는 생명 에너지의 상징이다. 우르드 샘에서는 한 존재의 운명을 결정한다고 하니, 생명의 탄생과 주요 사건들과 죽음, 그리고 환생을 관장하는 생명의 원천이다. 흐베르겔미르 샘에서는 시기와 질투를 생산하여 우주에 공급하니, 욕망이라는 근본 에너지의 원천이다. 이처럼 욕망이 운명의 실을 따라 자연적 흐름을 유지하는 가운데, 지혜의 샘에서 올라오는 기운으로 세상의 균형과 개체의 향상이 가능해진다.

그리하여 운명 · 욕망 · 지혜의 세 에너지들이 결합하여 우주의 다양한 세계에 생명들을 뿌리고, 갈등을 일으키고, 질서와 향상을 가능게 해준다. 세계와 개체들의 차이와 개성은 운명 · 욕망 · 지혜의 상이한 조합에 따른 것이라는 추정도 가능하다.

위그드라실은 온 우주가 생명 에너지를 전하는 나무의 뿌리와 줄기와 가지를 통해 서로 연결되어 있다는 상징이다. 각 세계의 생명 존재들은 다른 세계의 생명 존재들과 밀접히 연결되어 있기에, 중간계의 존재들은 거인 세계, 또는 하늘 세계의 존재들과의 관련 속에서 살고 죽는다. 모든 존재는 거대 나무의 열매와 가지로 서로 연결되어 있다는 아름다운 조화의 상징이다.

다른 한편 위그드라실의 뿌리는 세 군데의 샘에서 생명 에너지를 끌어올려 다양한 세계에 공급하고 있기에, 동질적인 세 가지 생명 에너지가 상이한 조합의 띠로 얽혀 전 우주를 휘감으며 생명들을 키워낸다는 상징이다. 열린계의 아름다운 상징이면서 그 열린계를 잇는 생명 흐름의 원리를 설명한다.

■ 안인희, 〈외눈박이 지혜의 신 오딘〉, 《북유럽신화》 1, 웅진지식하우스, 2007.
■ 안인희, 〈북유럽신화의 아홉 공간〉, 《북유럽신화》 2, 웅진지식하우스, 2007.

열린계

우주는 다층 세계로 구성되었지만,

각 층간의 문은 원칙상 열려 있었다.

마치 인간계와 축생계, 식물계가 서로 중첩되는 영역이 있듯이,

인간계는 신들의 세계나 선계와도 중첩되어 상호 교류가 가능했다.

열린 문

인간계는 신들의 세계, 선계와 교류가 가능했다. 그래서 발칸 반도의 신들은 인간이나 요정들에게 접근해 구애를 하기도 하고, 그들과의 사이에서 꽤나 많은 반인반신의 자식들을 낳기도 했다. 특출한 인간 영웅들은 오리온처럼 하늘로 올라가 별이 되기도 하고, 헤라클레스처럼 신의 반열에 올라 여신과 결혼도 하였다. 반면 불운한 인간들은 신에게 도전했다가 아라크네처럼 거미가 되거나, 니오베처럼 눈물 흘리는 바위가 되기도 했다. 각 세계 사이에는 권능과 성향의 차이는 있었지만, 서로 흠모하기도 하고 미워하기도 하면서 소통했다.

한반도에서도 다층 세계 사이에는 문호가 개방되어 있었다. 하늘나라 궁녀들이 인간계의 아름다운 금강산에 내려와 목욕을 하다가 인간 나무꾼에게 옷을 빼앗겨 같이 살면서 아이들까지 낳다가 다시 하늘로 도망가기도 했고(《선녀와 나무꾼》), 땅 밑에 있는 나라에서 올라와 궁궐에 잠입한 귀신이 왕의 세 공주를 납치했는데 용감한 인간 무사가 땅 밑 나라까지 가서 이들을 되찾아오기도 했다(《지하국 대적 퇴치 설화》).

이렇듯 인간계는 고립된 섬이 아니라 다른 존재들이 사는 세계와 중첩되어 있었고, 또 이들 세계에 열려 있었다. 때문에 인간계에서 일어나는 일들을 설명하려면 다른 세계 내 존재들의 개입까지도 설명해야 했다. 인간들의 사건에 신이나 동물, 용 등이 등장하는 이유는 사건의 원인을 포괄적이고 객관적으로 설명하기 위한 시도였다.

단군왕검

한반도 북쪽에서 최초의 고대 국가 고조선를 세운 인물도 하늘나라의 씨앗을 받은 인물이었다. 그는 독특하게도 하늘 임금의 아들과 짐승계의 존재인 곰 사이에서 태어난 인간이었다. 천상 왕자와 곰 사이에서 태어난 인물이 천계 존재도, 곰도 아닌 그 중간 존재인 인간이었으니, 이는 인간계가 짐승계와 신계의 중첩지대에 있는 열린 구조였음을 시사해준다.

단군왕검이 고조선을 세운 발단은 그 아버지인 하늘 왕자 환웅(桓雄)의 마음속에서 싹텄다. 환웅은 "자주 하늘 밑에 뜻을 두고 인간 세상을 탐내어 구하였다." 신들이 인간 세상을 원하고 구하는 것이 당시에는 흔한 일이었다. 제우스가 인간 여자나 요정을 사랑한 것도, 야훼가 인간사에 간섭하길 좋아한 것도 신들이 인간계에 얼마나 관심이 많았는지를 보여주는 사례들이다. 아들의 간절한 뜻을 안 하늘 임금은 환웅이 인간 세상을 다스리도록 허락했다.

환웅이 한반도 북쪽의 태백산 꼭대기에 내려오는 장면은 장관이었다. 그는 바람·비·구름·곡식·생명·질병·선악·형벌 등을 맡은 무려 3천 명의 신하들을 거느리고 내려왔는데, 그 빛나는 존재들의 웅장한 하강 장면 자체가 인간계에 복이 쏟아지는 일이었다.

그런데 이 빛나는 존재들의 눈부신 하강을 처음 본 존재는 인간이 아니라 짐승들이었다. 한 굴에 같이 살던 곰과 호랑이가 신들의 대대적인 강림을 목격하고서는 평소 소망하던 사람 되기를 간절히 빌었다. 그 기도에 응한 환웅은 쑥과 마늘을 주면서 "이것을 먹되 백 일 동안 햇빛을 보지 말라."고 명했다. 성질 급한 호랑이는 이를 지키지 못하고 굴에서 뛰쳐나갔지만, 인내로 견뎌낸 곰은 그렇게 바라던 인간 여자가 되었다.

새로이 인간이 된 여인의 소망은 곰처럼 우직하고 무거웠다. 곰 여인은 환웅이 내려온 태백산 꼭대기의 '하늘 제단 나무(神壇樹)' 아래서 매일 '아이를 갖게 해달라.'고 빌었다. 그녀의 간절한 소망에 감복한 환웅은 직접 사람으로 변하여 그녀와 몸을 합했다. 곰 여인이 아들을 낳으니 그가 바로 단군왕검이다.

인간계에 내려온 환웅은 이 세계를 직접 다스리기보다는 자연법칙과 사회원칙을 관리하는 간접적 방식을 취했다. 인간계를 직접 다스린 것은 그와 곰 여인 사이에서 태어난 인간 아들이었다.

환웅의 뜻은 천상의 기운과 짐승의 기운을 결합한 새로운 차원의 세계를 창조하는 데 있었다. 이로써 그가 곰 여인과 더불어 만든 중간계는 매우 독특한 특성을 지니게 되었다. 천신의 품성을 많이 가진 사람과 짐승의 품성을 많이 가진 사람들이 한곳에 모여 사는 세계. 동일한 품성의 존재들이 단일한 성격의 세상을 꾸미고 사는 다른 세계와는 그 복잡성이 비교할 바가 아니었다.

이후부터 우주의 여러 세계에 사는 존재들은 인간계에 태어나기를 갈구하였다. 낮은 수준의 존재들은 차원 상승을 위해서 인간으

 신화, 이야기를 창조하다

평양에서 출토된 곰 모양의 상다리 받침

로 태어나기를 바랐고, 높은 수준의 존재들은 자신들의 세계에서
잘 느끼지는 못하는 선과 악의 대립, 그리고 그에 따른 고통을 겪어
냄으로써 영적 향상을 이루기 위해서였다.

발칸 반도에서도 새로운 문명을 창조한 주인공들은 신들이 인간
이나 요정 여인을 사랑하여 낳은 아들들인 경우가 많았다. 그 대표
적인 예가 천상의 왕 제우스와 강의 요정 이오 사이에서 태어나 이
집트의 왕이 된 에파포스이다. 그는 이집트 문명의 배후 종족인 리
비아인과 에티오피아인의 선조가 된다.

하늘나라의 여인들은 인간계의 여자들에 견줄 수 없을 만큼 아름
답다는 것이 동서양을 막론하고 그 세계를 관찰한 사람들의 공통된
평가이다. 심지어 불교의 관찰자들도 그 사실을 불경에 적어놓았을
정도이니 그들의 아름다움은 상상을 넘어설 것이다. 하물며 천상계
의 미인 대회까지 출전한 헤라의 미모는 최고 미모의 여신인 아프
로디테와 견줄 수 있는 수준이었다. 그런데 헤라처럼 아름다운 부
인을 옆에 둔 천상의 왕이 천한 요정이나 인간들과 놀아났다는 사
실은 이해하기 힘들다.

하나의 남신을 놓고 인간 여인이 여신들과도 경쟁했다는 사실은
인간계의 초기 의식이 매우 높은 수준이었다는 점을 시사한다. 즉
인간계와 천계의 의식 수준이 그리 현격한 차이가 나지 않았다. 인
간의 마음이 신의 마음과 견줄 수 있는 수준이었기에, 그들의 외모
도 신과 견줄 정도로 아름다웠다. 그렇기 때문에 하늘 왕자 환웅도
인간계를 그리워하며 한반도로 내려왔고, 지중해의 신들도 인간 여

인을 사모하며 내려왔다.

그러나 신의 자식을 낳기까지 곰은 햇빛을 보지 못한 채 마늘과 쑥으로 몸과 마음을 단련해야 했고, 암소 이오는 힘겹게 숱한 산과 바다를 오르며 만행의 수련을 해야 했다. 신으로서 인간계로 내려오는 것은 상대적으로 쉬운 일이었으나, 낮은 존재로서 신의 씨앗을 잉태하고 낳기까지는 간난고초를 겪으며 몸과 마음을 정화해야 했다.

이 역시 인간계가 천계와 짐승계에 열려 있었다는 사실을 입증하면서도, 각 세계 사이에는 수준에 따른 서열이 분명했다는 점을 시사한다. 짐승에서 인간으로, 그리고 신으로 나아가려는 소망이, 신에서 인간과 짐승에게 내리는 사랑과 만나는 중간 지대로서 인간들의 세계가 존재했던 것이다.

단군왕검은 인간계를 2천 년 가까이 다스리고는 세속을 등지고 산신이 되었다. 인간들의 숫자가 늘고 철을 이용한 기술이 번지면서, 중간 지대인 인간계가 신성을 자꾸 잃어가자 자신의 역할이 끝났다고 판단한 듯하다. 한반도 사람들이 지금까지도 그를 사당에 모시고 있는 것으로 보아 그가 완전히 하늘나라로 돌아가 마음의 문을 닫아버린 것으로는 보이지 않는다. 아직도 아버지 환웅과 어머니 곰 여인의 꿈을 기억하며, 그것이 인간계에서 풍성히 꽃 피기를 돕고 있을 것이다.

혁거세왕

한반도 동남쪽 진한의 여섯 마을 촌장들이 한자리에 모였다. 이들은 모두 '산에서 내려온 자들'이라 하였으니, 산신령들이 의기투합하여 주변 인간들을 돕기로 작정하고 마을 촌장들로 내려온 것이다. 이들이 모여 의논하였다.

"백성들이 방자하여 자기들 하고 싶은 대로 행동하니, 덕 있는 사람을 찾아 군주로 삼자."

여섯 마을 촌장들은 '덕 있는 사람'을 지금 인간들 속에서는 찾을 수 없으니 하늘에서 모시자고 합의했다.

이들이 높은 산에 올라가니, 남쪽에 번갯불 기운이 땅에 드리우고 흰 말 한 마리가 꿇어앉아 절하고 있었다. 말이 절하는 앞에는 자주색 알이 있었는데, 이들이 당도하자 말은 길게 울고는 하늘로 올라가 버렸다. 한 사내아이가 알을 깨고 나왔는데, 이 아이를 목욕시키니 몸에서 빛이 나고 새와 짐승들이 춤추며 천지가 진동하고 해와 달이 맑아졌다.

하늘 말이 모시고 온 알에서 태어난 아이는 신라 왕국을 세운 박혁거세로, 이 나라는 장차 불교를 통해 백성의 정신적 통합을 이루면서 3국으로 나뉘어 다투던 한반도를 통일하게 된다. 혁거세왕은 경주를 중심으로 61년 동안 다스리고 어느 날 하늘로 올라갔는데,

박혁거세 왕릉

오릉이라고도 하고, 뱀 전설과 얽혀 있어 사릉이라고도 한다.

그가 입고 지낸 인간의 몸은 머리와 사지 등 다섯 조각으로 나뉘어 땅에 흩어져 떨어졌다. 사람들은 다섯 조각 시신을 각기 '다섯 무덤(五陵)'에 나누어 장사 지냈다.

신들은 초기에는 자발적으로 인간계로 내려와 인간 문명의 초창기를 일구었다. 그런데 인간 문명은 발전해갔으나 그 마음에서는 신성의 빛이 바래가면서 신이 자발적으로 내려오는 일은 점차 줄어들었다.

이때 사태를 감지한 일부 예지적인 인간들이 열린계의 법칙을 활용하여 하늘 존재들을 지상으로 불러내기 시작했다. 이것이 하늘-땅이 결합하는 후기 양상을 보여준다.

산신령 출신인 여섯 촌장들은 인간계에 대한 자비심이 있는 동시에 하늘 존재를 모시는 법도 알고 있었다. 그 비법은 여섯 촌장의 능력을 모아 함께 하늘에 기원하는 것이었다. 그들이 한 팀으로 산에서 내려온 것도 그 때문이었다. 그들의 기원 덕분에 하늘의 정기가 땅에 임하여 땅의 기운을 정돈하면서 천지 결합을 이루게 되었다.

이와 비슷한 시기에 중동의 이스라엘에서도 유사한 일이 발생했다. 예언자들이 여러 대에 걸쳐 하늘에 대고 '메시아를 보내달라.'고 요청하자, 하늘 임금의 아들이 땅 위로 임했다. 그가 처녀의 몸에서 태어나 말구유에 누였을 때, 수많은 하늘 군대가 나타나 하느님을 찬양하였다. 그는 33년 동안 인간계에 살면서 어지러운 땅의 기운을 정화하는 가르침을 베풀고는 하늘로 다시 올라갔다.

혁거세와 예수는 모두 지상에서의 과제를 마치고 돌아갈 때 바로 하늘로 승천했다. 예수는 혁거세보다 절반 정도의 시간을 살았으나, 승천할 때는 그가 입었던 인간의 몸 조각을 남기지 않았다. 혁거세의 나라는 한반도를 통일했지만, 예수의 나라는 유럽을 통일했다. 그러나 인간계에 대한 자비심으로 그들이 보인 헌신에 대해서는 후대 사람들이 모두 공경을 아끼지 않았다.

한 세계가 다른 세계에 대해 열려 있으려면, 그 세계에 사는 존재들의 마음이 다른 세계에 대해 열려 있어야 한다. 한반도 진한의 여섯 마을 촌장들이나 이스라엘의 예언자들은 하늘 세계에 대해 마음을 열었고, 하늘 존재가 내려오리라는 것을 굳게 믿었으며, 기도를 통해 하늘의 귀한 존재를 땅으로 모셨다.

다른 세계에 대해 열린 마음, 그것이 그 세계를 열린계로 만드는 핵심 비결이다. 마음이 열려 있는 한 그 세계는 열려 있다.

■ 일연, 김원중 옮김, 〈고조선〉, 《삼국유사》, 을유문화사, 2002.
■ 일연, 김원중 옮김, 〈신라 시조 혁거세왕〉, 《삼국유사》, 을유문화사, 2002.

해와 달의 지구 사랑

지구는 외롭게 닫혀 있지 않았다.

저 멀리 있는 해님도, 저 멀리 있는 달님도 지구를 사랑해주었다.

그들이 그토록 열심히 지구를 사랑한 까닭은 무엇일까?

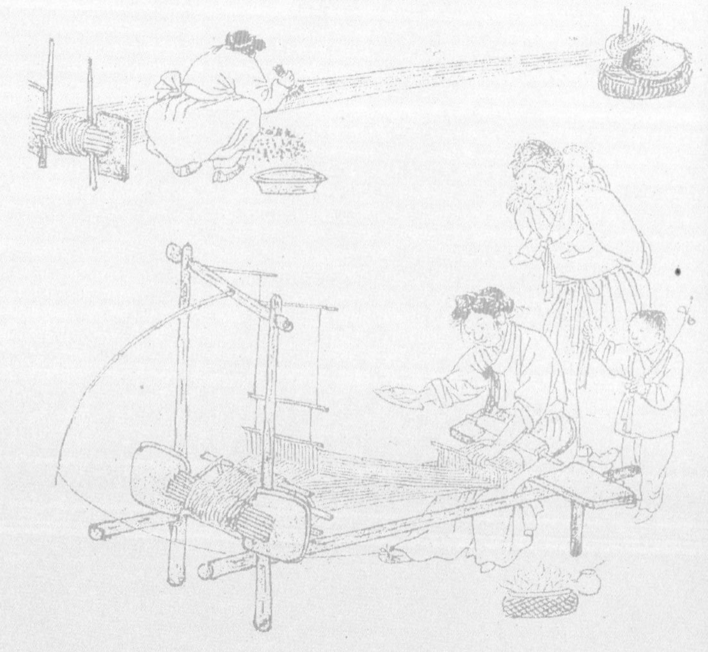

엔디미온

발칸 반도 엘리스 땅의 엔디미온은 고귀한 신분이면서도 양을 치는 미남 청년이었다. 라트모스 산은 이 기품 있는 미남 청년이 양들과 더불어 한가로이 돌아다니는 자유의 기운으로 덮여 있었다.

어느 맑고 고요한 밤, 달의 여신 셀레네가 은은한 빛으로 땅을 내려다보다가 이 미남 청년이 자고 있는 모습에 반하고 말았다. 젊은 청년의 아름다움은 이 처녀 신의 차가운 마음을 따뜻하게 녹여버렸다. 셀레네는 엔디미온의 자력에 끌려 내려와 자고 있는 그의 얼굴을 넋을 잃고 쳐다보다 입을 맞추곤 했다. 그녀는 자고 있는 엔디미온은 물론 그의 양 떼도 같이 돌보아주었다.

셀레네는 그 차가운 가슴이 훈훈해지는 사랑의 결과로 50명의 딸을 낳았다. 제우스는 엔디미온에게 어떤 일이든 선택하도록 허락했는데, 그는 늙지도 않고 죽지도 않으면서 영원히 잠자는 삶을 선택했다. 대신 셀레네는 그의 재산을 염려하여 가축 수를 불려주고, 야수가 양 떼를 해코지하지 못하게 했다. 지금도 라트모스 산에 달빛이 은은히 감싸면 엔디미온의 아름다운 얼굴을 한없이 쳐다보며 키스하는 셀레네의 사랑이 대지를 덮는다. 그 덕에 양 떼들도 여신의 한없는 가호를 받게 되었다.

인간세계가 하늘에 대해 열려 있을 때, 밤하늘의 신령한 존재 달님은 전 지구를 덮었다. 지금은 엔디미온과 달이 낳은 딸들이 수를 헤아릴 수 없을 지경일 것이고, 그들은 달빛 요정이 되어 밤 들판에서 잠자는 인간들의 꿈속에 사랑을 속삭일 것이다.

이처럼 인간계가 달님의 사랑을 무한히 받은 이유는 엔디미온이 영원한 잠을 선택했기 때문이다. 그는 달님의 영원한 사랑을 선택한 것이다. 그 덕분에 라트모스 산뿐 아니라 모든 대지와 대양에 셀레네의 사랑이 하염없이 뿌려질 수 있었다. 인간들이 정서적 안정과 평안한 잠을 누릴 수 있는 것도, 달맞이꽃이 필 수 있는 것도, 여자들이 매월 임신 준비를 할 수 있는 것도, 바다가 끊임없이 출렁이며 생명을 키워내는 것도 지구상의 아름다운 인간에 대한 달님의 사랑이 있었기에 가능한 일이다.

다프네

대홍수가 일어난 후 비옥해진 땅에는 식물들이 잘 자랐고, 덕분에 큰 짐승들도 땅 위에서 풍성히 퍼져 나가고 있었다. 발칸 반도에서는 피톤이라 불리는 엄청나게 큰 뱀이 사람들을 위협하고 있었는데, 태양의 신 아폴론이 화살로 이 뱀을 쏘아 맞추고 나서 자기 활 솜씨에 의기양양해하고 있었다.

그러던 어느 날, 마침 어린 에로스가 사랑의 활을 가지고 노는 모습을 보았다. 아폴론은 코웃음을 치며 놀렸다. "꼬마야, 너 같은 어린아이에게 화살이 마땅하겠느냐? 가서 불장난이나 하고 놀아라." 놀림에 화가 난 사랑의 신은 화살 두 개를 꺼내들었다. 하나는 사랑하는 마음을 일게 하는 황금 화살이고, 다른 하나는 그 사랑을 거절하게 하는 납 화살이었다.

에로스는 황금 화살을 아폴론의 가슴에, 납 화살을 강가의 요정 다프네에게 쏘았다. 아름다운 다프네는 강의 신 페네오스의 딸로 숲 속을 뛰어다니며 놀거나 들짐승을 쫓아다니며 사냥하는 것을 즐겼다.

사랑의 화살을 맞고 뜨겁게 끓어오른 아폴론은 다프네에게 달려내려가 구애하는 데 정신이 없었다. 그러나 납 화살을 맞은 다프네는 고개를 절레절레 흔들며 숲 속을 뛰어다닐 뿐이었다. 아버지가 딸에게 ‘사위도 보고 손주도 보고 싶다.’며 결혼하라고 권유해도 다프네는 납과 같았다.

“아버님, 제가 처녀로 살게 해주세요. 저 아르테미스님처럼 말예요!”

다프네의 양 어깨 위로 늘어진 머리카락과 별처럼 빛나는 눈을 쳐다보기만 하는 데 지친 아폴론은 한숨을 쉬다가 도저히 견딜 수 없어 다프네를 쫓아갔다. 다프네는 바람보다 더 빠르게 도망쳤다. 아폴론이 아무리 애원해도 잠시도 뜀박질을 멈추지 않았다.

“기다려주오, 다프네여. 나는 시골뜨기도 아니고 무지막지한 농투성이도 아니오. 제우스, 그 어른이 내 아버님이시오. 뿐만 아니라 나는 현재와 미래를 다 알며, 노래와 수금의 신이고, 의술의 신이기도 하오. 하지만 이 몸은 지금 백약이 무효한 병을 앓고 있소.”

그래도 다프네는 계속 달아났기 때문에 아폴론의 하소연이 반밖에 들리지 않았다. 아폴론에게는 그녀가 달아나는 모습조차 황홀할 따름이었다. 마침내 아폴론은 그녀의 목덜미에 가쁜 숨을 내뫀 정도로 접근했다. 다프네는 지칠 대로 지쳐 금방 쓰러질 것 같은 상태에서 아버지인 강의 신에게 소리쳤다.

“도와주세요, 아버지! 제 모습을 바꾸어주세요.”

다프네의 호소가 끝나자 그녀의 사지는 뻣뻣해졌다. 머리털은 나뭇잎으로, 두 팔은 가지로, 가슴은 나무껍질로 변해갔다. 아폴론은 대경실색하여 그 자리에 우뚝 섰다. 그가 가지에 손을 대자 나무껍질 속에서 그녀의 몸이 떨고 있었다. 입을 맞추려 했으나, 나무가 그의 입술을 피했다.

〈다프네와 아폴론〉 안토니오 델 폴라이우올로, 15세기

아폴론이 탄식하며 말했다.

"이제 내 아내가 될 수 없으니, 그대를 나의 성스런 나무로 삼으리라. 나는 왕관 대신 그대를 머리에 쓰고, 내 수금과 화살 통을 그대로 장식하리라. 나는 영원히 늙지 않으니 그대 또한 늘 푸를 것이다."

월계수로 변해버린 다프네는 이 말에 고개를 끄덕여 고맙게 받아들인다는 인사를 했다.

태양신이 숲 속을 뛰어다니고 짐승을 쫓는 다프네를 불타는 사랑으로 하염없이 쳐다보는 동안, 그리고 도망 다니는 그녀를 쫓아 숨이 차도록 이곳저곳을 헤매는 동안, 들판과 강과 숲에 사는 모든 존재는 태양의 열정 어린 사랑을 골고루 받을 수 있었다. 태양신의 사랑은 처음에는 강가의 요정을 향한 것이었지만, 그녀가 월계수(그리스어로 다프네)로 변한 후에는 식물에 대한 사랑으로 넓혀졌다. 푸른 종족들이 지구상에 널리 퍼질 수 있었던 것은 태양신이 다프네를 사랑하였기 때문이다.

뿐만 아니라 태양은 지구상의 식물 종족에게 '나는 영원히 늙지 않으니 그대 또한 늘 푸를 것' 이라면서 '왕관 대신 월계수를 머리에 쓰겠다.' 고 약속했다. 인간들이 마구 대하는 나무에 대해 태양은 그의 권위를 상징하는 왕관으로 쓰겠다고 했으니, 식물 종족으로서는 크나큰 영광이 아닐 수 없었다.

다프네는 강가의 요정이었다가 월계수가 되었으니, 생명의 가장 기초적인 사슬을 누볐던 요정이다. 그녀에 대한 태양의 사랑은 지구상의 모든 생명체를 번성케 한 계기가 되었다. 강물 때문에 식물 종족이 살 수 있고, 식물 종족 때문에 벌레나 큰 짐승들이 살 수 있으며, 또 그들 모두에 의존해서 인간이 살고 있으니, 강물 요정과 식물 요정에 대한 태양의 사랑이 없었던들 인간 또한 지구상에 살아남을 수 없었을 것이다.

대홍수 이후에 온갖 식물과 동물, 인간들이 지구상에서 풍성해질 수 있었던 것은 태양의 신이 다프네가 다니는 곳마다 쳐다봐주고, 심지어 도망치는 다프네를 좇아 산천 곳곳에 그 빛을 뿌렸기 때문이다.

태양은 한때 태양계의 중심으로서 자신만이 최고라며 자만심에 사로잡혔다. 그 벌로 사랑의 열병을 앓게 된 태양은 자신을 쳐다보지도 않고 구애해도 도망가는 지구상의 한 요정을 비굴하게 쫓아다녀야 하는 처지가 되었다. 아폴론의 표현으로는 제우스의 아들이자 저 높은 곳에서 현재와 미래를 모두 쳐다보고, 빛의 수금으로 빛나는 노래를 누구보다 잘 연주하며, 병든 자들에게는 빛으로 치료하기도 하는 신인 그가, 지구상의 저급한 존재인 요정을 농투성이처럼 쫓아다니는, 백약이 무효한 사랑의 열병을 앓게 된 것이다.

지구상에 온갖 생명체가 생겨나면서 새롭게 정립된 태양의 의무는 그 생명체를 사랑하는 것. 지구에서 인간과 동식물, 그리고 요정들이 생명을 키울 수 있었던 것은 태양이 중심으로서의 자만심을 주변에 대한 사랑으로 바꾸어주었기 때문이다.

태양신의 사랑은 거의 일방적이고 무조건적이다. 자신에게 무심한 존재에게는 물론이고, 심지어 자신에게서 도망치는 존재들까지 쫓아다니며 헌신적으로 사랑의 따뜻한 빛을 뿌려준다. 그 덕분에 지구는 다양한 존재들이 각각의 세계를 중첩시키면서 살아가는 풍성한 생명 공간이 될 수 있었다.

달님의 지구 사랑이 잔잔하면서도 진하다면, 해님의 사랑은 훨씬 적극적이면서도 무조건 퍼주는 식이다. 전자가 여신의 헌신적 사랑이라면, 후자는 남신의 열정적 사랑이다. 초기에 태양의 신과 달의 여신은 오누이였고, 그들 모두 제우스와 온유한 레토 여신의 자식들이니, 제우스와 레토의 사랑은 지구상에 숱한 생명을 키우는 기틀이 되었다.

지구는 외롭게 닫혀 있지 않았다. 저 멀리 있는 해님도, 저 멀리 있는 달님도 지구를 사랑해주었다. 그들이 그토록 열심히 지구를 사랑한 까닭은 무엇일까?

연오랑과 세오녀

2세기경 한반도 남쪽의 동해안에는 연오랑(延烏郎)과 세오녀(細烏女) 부부가 살고 있었다. 하루는 연오랑이 바닷가에 나가 해조를 따고 있는데, 갑자기 바위가 하나 나타나더니 그를 태우고는 동해를 건너 일본 섬으로 갔다. 일본 사람들이 '예사로운 인물이 아니다.'라며 그를 왕으로 삼았다.

남편이 돌아오지 않는 것을 이상하게 여긴 세오녀는 바닷가에 가서 찾다가 남편이 벗어놓은 신발을 발견하였다. 그녀 역시 바위 위로 올라갔더니 바위가 그녀를 일본 섬으로 데려갔다. 부부는 일본에서 만나 왕과 왕비가 되었다.

이때 한반도에서는 해와 달이 빛을 잃었다. 점을 치는 이가 신라의 왕에게 아뢰길, "해와 달의 정기가 일본으로 가버렸기 때문입니다."라고 했다. 왕은 일본에 사신을 보내 두 사람이 되돌아오기를 청했다. 그러자 연오랑이 말했다.

"내가 이 나라에 오게 된 것은 하늘의 뜻인데 어찌 돌아가겠소? 짐의 비가 짜놓은 비단이 있으니, 이것으로 하늘에 제사를 지내면 될 것이오."

사신은 그 말대로 세오녀가 짠 비단을 갖고 돌아와 제사를 지냈다. 그러자 과연 한반도에도 해와 달이 예전처럼 빛을 되찾았다.

이 사건으로 미루어볼 때 해와 달은 지구상에서 그들을 불러들이는 존재가 있어야 그 빛을 잃지 않는다는 사실을 알 수 있다. 연오랑과 세오녀는 해와 달의 빛을 불러들이는 인간 존재였다. 세오녀가 비단을 짜는 과정은 햇빛과 달빛이 지구상에 머물도록 하는 의식이었을 것이다.

아메리카 대륙 인디언들 중에는 새벽마다 땅을 밟으며 해를 불러올리는 의식을 거행하는 종족이 있었다. 그들은 그 의식을 치르지 않으면 해가 뜨지 않는다고 믿었다. 그들의 땅 밟기는 지구상에 사는 모든 생명을 평안하게 하는, 전 지구적이면서도 전 태양계적인 행사였다. 아메리카 인디언들이 땅을 밟는 행위와 세오녀가 비단을 짜는 행위는 해와 달을 지구로 불러올리는 동일한 절차였으리라.

외형적 의식은 다르나 동일한 점은 해와 달이 뜨리라는 믿음, 그들에 대한 감사와 사랑이다. 비단을 짜는 것, 새벽 땅을 밟는 것처럼 일상적인 행위에서 해와 달에 대한 사랑과 감사, 그리고 그들이 내일도 다시 찾아오리라는 믿음이 마음속에 매일 확인될 때, 저 세계에 있는 해님과 달님이 이 세계로 들어와 즐거운 마음으로 사랑의 빛을 뿌린다.

연오랑과 세오녀가 일본으로 건너간 것은 일본 지역에 해와 달이 뜨지 않았기 때문이다. 그 지역의 신들이 하늘에 호소하였을 것이고, 하늘은 그들의 소원을 허락하였다. 이에 일본 섬의 신들이 바위를 보내 부부를 초청했으니, 그로부터 일본 땅에도 해와 달이 그 사랑의 빛을 뿌리게 되었다.

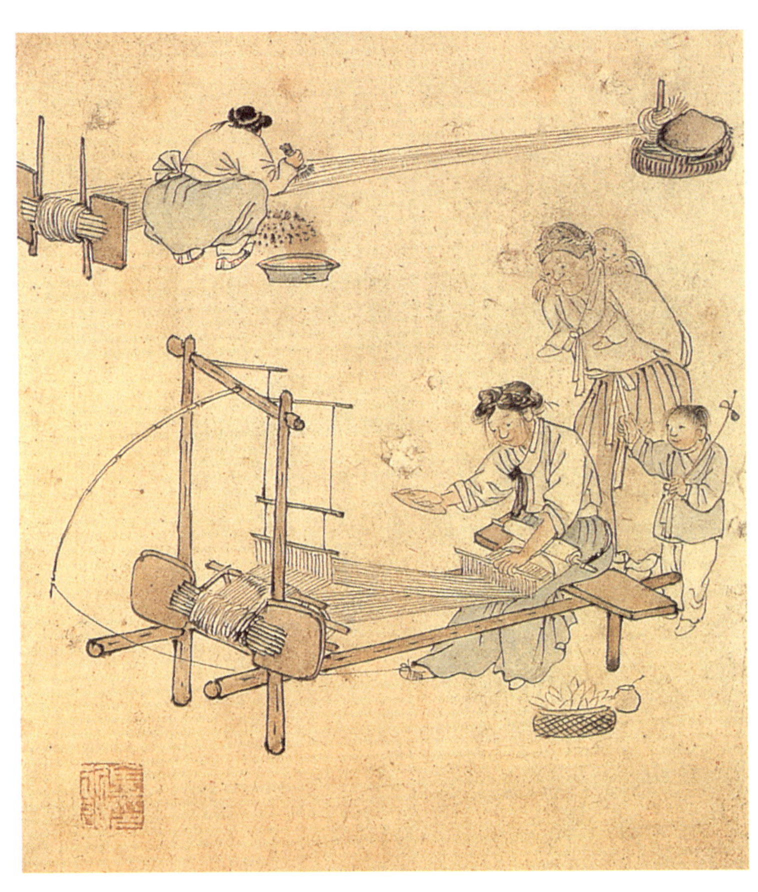

〈길쌈〉 김홍도, 18세기 후반

　한반도 사람들은 해와 달에 대한 믿음과 감사를 잃었을 것이다. 연오랑과 세오녀 부부는 믿지 않는 사람들을 떠나 그들을 간절히 원하는 일본 섬으로 건너갔다. 일본 사람들은 매일 해와 달이 뜨는 데 대해 환호와 감사, 사랑과 믿음을 한없이 하늘로 쏘아올렸다. 한반도 사람들은 해와 달이 자취를 감춘 데 놀라 당황하였으나, 그 원인을 알게 된 이후 다시 사랑과 감사의 제사를 드려 그 빛이 다시 돌아오게 하였다.

　이로써 한반도와 일본 섬 모두에 해와 달의 사랑이 넘치게 되었다. 그것이 연오랑이 말한 '하늘의 뜻'이었다. 서로 다투는 한반도 사람들과 일본 사람들 때문에, 어느 쪽에 빛이 있으면 다른 쪽에는 빛을 잃었다. 그러나 하늘은 지구상에 사는 사람들보다 훨씬 자비롭다. 그리하여 믿음과 감사라는 열린 마음을 양쪽 모두에게 갖게 하여 두 지역 모두에서 해님과 달님의 열정적이고 잔잔한 사랑을 불러들인 것이다.

　해와 달이 지구와 그 위의 생명체들을 사랑하려면, 지구상의 존재들이 정성으로 해와 달을 부르는 일이 진행되어야 한다. 서로가 서로를 사랑하는 행위, 서로가 서로를 정성으로 부르는 행위는 서로의 존재를 가능케 하는 상호 과정이다.

　열린계에서는 일방적인 관계, 직선으로 한편으로만 흐르는 인과 관계는 없다. 해님과 달님이 인간계를 키워주었다면 인간들도 해님과 달님을 키워주었다. 엔디미온이 영원한 잠을 선택하여 셀레네를 영원히 옆에 둔 것, 월계수로 자신의 왕관을 삼겠다는 아폴론의 지극한 사랑에 다프네가 고개를 끄덕여 받아들인 것, 세오녀의 비단으로 하늘에 믿음과 감사의 정성을 올린 것, 이 모두가 해와 달의 사랑을 인간계에 머물도록 하는 적극적인 행위였다.

오늘날 인간들은 해와 달을 외면하고, 도망가는 것보다 더 무서운 무관심으로 대하기 시작했다. 비록 태양의 지구 사랑이 무조건적이어서 아직도 아침이면 어김없이 떠오른다. 그러나 열린계의 상호 작용 규칙을 깬 인간에 대해 해님과 달님이 언제까지 참아줄지에 대해서는 미지수이다.

■ 토마스 벌핀치, 이윤기 옮김, 〈아르테미스와 엔디미온〉, 《그리스와 로마의 신화》, 대원사, 1989.
■ 토마스 벌핀치, 이윤기 옮김, 〈아폴론과 다프네〉, 《그리스와 로마의 신화》, 대원사, 1989.
■ 일연, 김원중 옮김, 〈연오랑과 세오녀〉, 《삼국유사》, 을유문화사, 2002.

가득 찬 신령들

신이 지구상의 인간과 요정, 그리고 동식물들을 사랑하고

그들이 다시 신을 사랑함으로써,

지구는 양방향으로 오가는 사랑의 기운이 거대하게 만나는 교차로가 되었다.

히아킨토스

하늘과 땅이 서로 사랑한 결과로 숱한 자손들이 지구상에 퍼지고, 정성과 믿음, 감사 등 풍성한 마음의 기운이 감돌게 되었다. 열린 인간계는 다른 세계와 끊임없이 교류하면서 이질적인 기운을 품어 안는 풍성한 공간이 된 것이다.

발칸 반도의 대지에는 숲과 들, 양 떼와 양치기의 신인 판이 산과 골짜기를 누비며 요정들과 춤을 추어댔다. 그는 시링크스라는 피리를 발명하여 전 숲과 들판에 음악의 수를 놓았으니, 동굴의 요정, 시냇물의 요정, 샘의 요정, 나무의 요정들이 그와 춤추기를 좋아한 것은 당연했다. 판이 있기에 인간들도 들판에 나가면 그의 장단에 맞추어 기분이 상쾌해졌다. 그러나 밤길의 어둠과 적막 속에서 다가오는 신의 기운에는 공포에 떨기도 하였다. 들판과 숲은 판과 요정들이 깔깔거리고 노는 신령한 기운을 가득 품어 안게 되었다.

그 안으로 들어가 더 자세히 관찰하면, 개별 식물마다 독특한 신령을 품고 있는 게 보인다. 그 대표적인 경우가 히아킨토스(히아신스) 꽃이다.

본래 히아킨토스는 발칸 반도에 살던 청년이었다. 태양신의 사랑은 너무나 폭넓어 다프네 같은 처녀 요정만이 아니라 히아킨토스 같은 인간 총각도 사랑했다. 운동을 할 때나 고기를 잡으러 갈 때, 소풍을 갈 때도 이 청년을 대동했다. 이 청년 때문에 아폴론은 그렇게 잘 켜던 수금도 돌아보지 않게 되었다.

그러나 히아킨토스를 좋아한 것은 아폴론만이 아니었다. 서쪽에서 부는 바람의 신 제피로스도 히아킨토스를 좋아했다. 히아킨토스는 여인처럼 아름다운 미남일 뿐 아니라, 들판에 나가 해님의 사랑을 받는 동시에 서쪽 바람이 살결을 타고 가슴속까지 스며드는 것을 즐겼던 듯하다. 그러니 태양의 신과 서풍의 신 모두가 좋아할 수밖에.

그런데 어느 때부터인가 히아킨토스가 아폴론의 뒤만 쫓아다니는 것이었다. 아무리 잔잔하고 부드럽게 불어주어도 해님만 쫓아다니니 바람의 마음이 상했다.

그날도 제피로스는 청년과 아폴론이 원반놀이를 하면서 시시덕거리는 모습을 시샘 어린 눈으로 지켜볼 수밖에 없었다. 그러다 아폴론이 원반을 던졌을 때 골이 난 제피로스는 원반이 나는 방향을 틀어버렸다. 원반은 히아킨토스의 이마를 때렸고, 청년은 피를 흘리며 쓰러졌다.

아폴론이 청년을 끌어안고 울부짖고 있을 때, 땅바닥으로 흐르던 피는 어느새 한곳에 모여 아름다운 빛깔의 꽃이 되었다. 아폴론은 그 아름다운 꽃잎에 그리스어로 '아아, 아아' 라는 탄식의 글자를 새겨 넣었다.

이 꽃은 청년의 이름을 따 '히아킨토스(영어로 히아신스)' 라 불리는데, 해마다 봄에 피어나, 두 신에게서 사랑 받다가 쓰러진 청년과 두 신의 사랑을 들판에 뿌린다. 히아킨토스 꽃에는 해님의 사랑과 탄식, 바람님의 사랑과 질투, 그리고 자연 속에 뛰놀던 한 아름다운 청년의 파릇파릇한 기운과 붉은 슬픔을 복합적으로 담고 있다. 한 꽃 안에 두 신령과 한 인간의 혼령이 깃들어 자연을 수놓고 있는 것이다. 식물에만 신령이 깃든 게 아니다.

케이크스와 알키오네

발칸 반도 테살리아의 왕 케이크스는 나라에 해괴한 사건이 많이 일어나자, 아폴론 신탁을 받으러 출항했다. 남편의 안위를 몹시 걱정한 알키오네가 배가 안 보일 때까지 손을 흔들었음에도 불구하고, 배는 폭풍을 만나 난파했다. 케이크스는 알키오네를 부르며, 아내 손에 묻히기를 기원하면서 깊은 물에 삼켜졌다.

불길한 예감에 걱정하던 알키오네는 가정사를 돌보는 헤라 여신에게 향을 피우며, 남편이 다른 여자를 만나지 않고 무사히 돌아오기를 밤낮으로 기도했다. 헤라는 남편이 시체가 되어 바다에 떠다니는 것도 모른 채 밤낮 없이 자신에게 기도하는 알키오네의 말을 더 이상 들어줄 수가 없었다.

헤라는 꿈의 신 모르페우스에게 사실을 알리도록 부탁했다. 남편의 모습으로 꿈에 나타난 꿈의 신이 사실을 알리며 아내에게 하소연했다.

"슬퍼해주는 사람의 눈물방울 없이 무한 지옥에 떨어지지 않게 해주오."

다음 날 절망한 아내는 남편과 헤어졌던 바닷가로 나가 파도에 밀려온 남편의 시체를 발견했다.

두 팔을 벌리고 울부짖는 알키오네는 방파제로 올라가 자기 몸을 던졌다. 그녀의 몸이 파도에 닿으려는 순간 알키오네는 새로 변했다. 그 새의 목구멍에서 사람 울음과 비슷한 소리가 터져 나오며 온 해변을 진동했다. 남편의 시신에 다가간 알키오네 새는 갓 돋아난 날개로 시신을 싸안고 딱딱한 부리로 몇 번이고 남편의 입술에 입을 맞추었다. 이를 어여삐 여긴 신들이 남편도 새로 둔갑시켜 살려주었다.

이 물총새(그리스어로 알키오네)는 짝을 지어 새끼를 낳고, 한겨울 조용한 날을 잡아 바다에 떠 있는 둥우리에서 알을 품는다. 그동안은 바다도 잠잠해진다.

남편과의 공존이 자기 삶의 근거였던 부인. 그러나 세상이 평탄치 않아 남편을 바다에서 잃을 수밖에 없었던 한(恨). 그 깊은 한에 최고 여신의 동정심이 배어들면서 둘의 공존은 변형된 형태로 통한의 바닷가에서 지속된다. 그들 사이의 애틋한 정이 얼마나 깊었던지, 두 사람 모두 상대를 그리워하는 마음이 얼마나 깊었던지, 둘이 수면 위에 둥지를 놓고 알을 품을 때는 바다도 조심하며 고요해졌다.

동물인 새에도, 심지어는 무생물이라고 하는 바다에도 부부의 애틋한 정과 한이 스며들었다. 그리고 여신의 자비가 그들을 감쌌다.

열린계에서는 바다가 인간의 정과 한에 감동하는 일이 생긴다. 그러니 짐승인 새에 부부의 사랑이 그대로 전달되는 것은 그리 어려운 일이 아니다. 열린 세계에서는 꽃과 새와 바다에 인간과 신의 마음이 스며들어 가득 차 있다.

백제의 슬픔

한반도 남서쪽에 있는 백제가 신라에 멸망하기(660년) 전, 그 지역에서 공생한 숱한 외계 존재들이 미리 슬퍼했다.

한 귀신이 궁궐에 들어와 크게 울부짖으며 말했다. "백제는 망한다. 백제는 망한다." 그리고는 곧바로 땅속으로 꺼졌다. 왕이 이를 괴이하게 여겨 땅을 파보게 했더니 깊이 1미터 남짓 되는 곳에 거북이 한 마리가 있었고, 등에는 이런 글이 씌어 있었다. "백제는 보름달이고, 신라는 초승달과 같다." 초승달은 커지고 보름달은 기우는 일이 곧이어 발생했다.

동물들도 인간사를 미리 알고 이상한 반응을 보였다. 나무 위에는 청개구리가 수만 마리나 모여 울지를 않나, 암탉이 작은 참새와 교미를 하지 않나, 서해 바닷가에 작은 물고기들이 숱하게 죽어 나오질 않나, 심지어 여러 마리의 여우가 궁궐로 들어오질 않나……. 그 여우 떼 중 흰 여우 한 마리는 대신의 책상 위에 앉아 있기도 했다.

식물도 반응하였는데, 궁중에 있는 홰나무가 마치 사람이 곡을 하듯이 울었다. 무생물인 물도 반응하였다. 수도인 공주에는 우물물이 핏빛으로 변하였고, 그 옆의 백마강도 핏빛으로 물들었다.

물론 사람들도 이상한 징후를 보였다. 공주에는 저자 사람들 중에 이유 없이 놀라 달아나다가 넘어져 죽은 자가 100여 명이나 되었으며, 재물을 잃어버린 자도 무수히 많았다.

　백제는 인간들의 나라였다. 그런데 귀신, 동물, 식물, 강과 우물, 사람 등 백제 땅과 관계를 맺고 살아온 이웃 세계의 존재들이 인간 나라의 멸망 조짐을 감지하고 불안과 공포에 먼저 교란되었다. 그들의 교란은 1년여 전부터 시작되어 망하기 전까지 계속되었다.

　이를 통해 분명한 사실이 드러났다. 인간들이 사는 땅, 인간 나라는 인간들만의 것이 아니었다. 그 지역의 인간사와 연관된 귀신이나 짐승, 나무들의 것이기도 했다. 백제의 슬픔은 백제와 연관을 맺은 모든 존재의 슬픔이었다. 그 땅에 사는 사람들에게 닥칠 불행의 기운을 미리 감지한 외계 존재들이 먼저 그 슬픔과 두려움에 울었으니, 열려 있는 인간계에 대한 외계 존재들의 관여도가 그 정도로 높다는 사실을 시사한다.

처용

인간 왕이 바닷가로 행차하자 바다 속 용들이 해변에 구름과 안개를 풀어놓는 사건이 발생했다. 9세기 말 한반도 동해안에 통일신라의 헌강왕이 행차했을 때의 일이다.

점을 치는 일관이 '이는 동해에 있는 용의 괴변이니, 좋은 일로 풀어야 한다.'고 조언하자, 왕은 근처에 용을 위한 절을 짓도록 명하였다. 명령을 내리자마자 구름이 걷히고 안개가 흩어졌다. 동해의 용왕은 기뻐하며 일곱 아들을 거느리고 왕의 수레 앞에 나타나 덕을 찬양하며 음악을 연주하고 춤을 추었다. 뿐만 아니라 용왕은 한 아들을 보내 왕의 정사를 보필케 했으니, 그의 이름이 처용(處容)이다.

인간 왕은 용왕의 아들 처용에게 예쁜 아내도 주고 벼슬도 주었다. 그런데 그의 아내가 매우 아름다웠으므로 전염병 신(疫神)이 흠모하여 밤이면 그 집에 들어와 처용의 부인 옆에서 몰래 자곤 하였다.

처용은 밝은 달밤에 밤새 노닐다 돌아와 용의 신통한 눈으로 방을 보니 다리가 넷이었다. 처용은 이를 보고 바로 달려들어 귀신의 목을 조르는 대신, 네 개의 다리를 보며 노래를 불렀다.

"둘은 내 것이나, 둘은 누구 것인가. 본래 내 것이지만 빼앗긴 것을 어쩌리."

그 자비스런 노래에 전염병의 신이 처용 앞에 형체를 드러내며 꿇어앉아 용서를 청하였다.

"제가 공의 처를 탐해 범했는데도 공이 노여워하지 않으니 감탄스럽습니다. 이후로는 공의 형상을 그린 그림만 보아도 그 문안으로 절대 들어가지 않겠습니다."

이후 인간계에서는 처용의 형상을 붙여 사악한 귀신을 쫓는 방법이 번져 나갔다.

인간계·용계·귀신계가 상호 의존하는 관계로 얽혀 유지되고 있음을 드러내는 사건이다. 우선 용계는 일반적으로 인간계보다 고등한 존재의 세계이나 높은 영적 가르침은 없다. 따라서 이들은 부처님의 가르침을 얻기 위해 매우 노력한다. 남아시아에서 '데와' 라 불리는 천사들과 마찬가지로 북아시아의 용들이 인간계의 고승들을 돕는 데 정성을 다하는 이유도 그 공덕을 입고 싶기 때문이다.

이에 용왕은 왕의 동해안 행차에 맞추어 자신들을 위한 불법 도량을 짓도록 유도한다. 그리고 용들을 위한 절을 지으라는 왕의 명령이 떨어지자마자 그 앞에 기쁜 얼굴로 나타나 춤추고 노래하면서, 그 고마움에 대한 대가로 자기 아들까지 바치는 정성을 보인다. 그들의 세계는 바른 길의 가르침이 없으면 활력을 유지할 수 없는 어떤 이유가 있었으리라 추정된다. 용계는 인간계, 특히 바른 길의 가르침이 있는 인간들에 깊숙이 의존해 있다.

귀신계도 인간계에 깊이 의존해 있다. 전염병 신은 인간세계에

〈민화로 그려진 용〉 작자 미상, 조선 후기

전염병을 돌리는 것을 자신들의 업으로 삼고 있기에, 인간계가 없으면 그들도 없다. 게다가 전염병으로 괴로워하는 인간들을 보면서 쾌감을 느낄 것이니, 그들의 마음이나 형체도 병 걸린 흉측한 모습일 것이다.

또한 이들은 인간에 대한 음심까지 품고 있을 정도로 인간계에 대한 집착이 크다. 인간의 몸에 장난을 치는 존재들이니 몸에 대한 집념이 강한 자들일 것이요, 따라서 예쁜 여자의 몸을 탐하는 것도 당연하다. 높은 권능을 지닌 용의 부인까지 탐하는 것으로 보아 이들의 도덕의식은 매우 희박하리라 보이니, 이래저래 저급한 귀신으로 인간계에 기생하는 존재들이다.

인간들이 귀신이나 용에게 의존한 경우는 매우 많다. 처용의 사례처럼 용의 도움을 받아 정사를 돌본 경우를 빼더라도, 용왕이나 각종 귀신에게 제사를 올려 도움을 얻거나 화를 푸는 사례들이 있다. 특히 영험하다는 무당은 인간사에 관계하는 각종 신들의 메시지를 전하며 문제를 풀어 나간다.

인간계는 이웃 세계의 존재들이 늘 기웃거리며 관심을 갖거나 기생하거나 의존하는 소굴이다. 특히 인간으로 살다 죽어 갈 곳을 못 가고 배회하는 혼령들은 인간계에 전적으로 의존해 있다. 인간의 음식을 뺏어 먹기도 하고, 여관에 붙어 인간들이 섹스할 때 동참하기도 하며, 자기가 살던 집에 다른 인간들이 왔다며 겁을 주어 쫓아내기도 하는 등 그들의 기생은 비참한 수준이다.

열린 세계는 상호 의존의 세계다. 그 의존성의 정도는 인간들끼리 서로 의존하는 수준에 육박한다. 인간 왕이 용들을 위한 절을 짓도록 유도하기도 하고, 아름다운 인간 여자를 탐하여 같이 자기도 하며, 자기들이 살던 곳의 인간 나라가 망한다고 놀라며 떼로 죽기도 하는 수준이다.

인간 사이의 의존성과 마찬가지로 다른 세계 간의 관계는 서로 도움이 되기도 하지만 해를 입히기도 한다. 한 세계에서 다른 세계에 미치는 해로움은 열린 세계 간의 상호 의존성에 따르는 피치 못할 부작용이다.

드리오페

드리오페는 전혀 악의가 없었다. 그러나 그녀는 갓 낳은 아이를 옆에 두고 나무로 변해야 하는 치명적인 불운을 만났다. 대추나무 요정의 기분을 상하게 했다는 이유이다. 발칸 반도에서의 일이다.

드리오페는 남편의 사랑을 듬뿍 받으며 첫 아이를 낳아 행복하게 살고 있었다. 어느 날 여동생과 함께 아기를 안고 산책을 나갔다가 대추나무에 자줏빛 꽃이 가득 피어 있는 것을 발견했다. 그녀는 무심코 그 꽃 몇 송이를 따서 아기의 고사리 손에 쥐어주었다. 보통 엄마라면 누구나 할 수 있는 사소한 일이었다.

그런데 드리오페가 꺾은 꽃가지에서 피가 흐르는 것이 아닌가! 이 나무는 보기 싫은 사내에게 쫓기다가 스스로 대추나무로 변한 요정이었다.

드리오페가 두려워 도망치려는 순간 발이 뿌리로 변하며 땅속으로 파고들었다. 온몸이 나무로 변해가는 중이었다. 그녀는 하릴없이 눈물을 흘리며 달려온 남편에게 하소연했다.

"제겐 이런 일을 겪을 만한 허물이 없어요."

아직 말을 할 수 있는 입이 남아 있을 때 드리오페는 다시 당부했다.

"아이가 풀을 꺾을 때는 조심하도록 가르쳐주세요. 덤불은 모두 여신들이 둔갑한 것임을 잊지 않게 해주세요."

드리오페는 아이에게 마지막 입맞춤을 끝으로 움직일 수도 말할 수도 없는 식물로 변해버렸다.

보기 싫은 사내에게 쫓기다 나무로 변한 요정에게는 원한과 증오가 가득 차 있었다. 누구라도 자기를 건드리면, 마치 묻지마 연쇄살인자들처럼, 자신의 얄궂은 운명을 그에게 탓할 준비가 되어 있었고, 불운이 이끄는 대로 드리오페가 나무 요정을 건드렸다. 요정 속에 끓고 있던 복수의 한이 쏟아져 나와 애꿎은 드리오페를 자기와 똑같은 나무로 만들어버렸다. 갓난아이와 사랑하는 남편도 있는 여자의 행복을 망쳤으니, 망가진 자기 신세의 분풀이 대상으로는 더없이 좋았다. 저급한 요정의 마음보는 그러했다.

'모든 풀은 여신이 변한 것이니 꺾을 때 조심토록 해달라.'는 드리오페의 간곡한 부탁이 남편에게 전해진 이후, 인간들은 모든 사물에 신령한 기운이 깃들어 있다는 점을 후손들에게 가르쳤다. 동식물을 마구 대하는 요새 사람들 대에는 끊어졌으나, 그전까지는 인간들에게 모든 사물을 공경으로 대하는 마음을 키우게 하는 중요한 메시지였다.

인간계는 주변 세계의 존재들이 의존하고 깃드는 공간이다. 그들이 선의를 가질 수도 있지만, 악의를 가진 저급한 존재일 수도 있기에 조심하고 공경하는 것은 열린계를 살아가는 존재들의 기본 교양이다. 그녀의 당부를 다시 기억해낸 최근의 한 지구과학 신화의 작가는 지구 전체를 대지의 여신 '가이아'라 부르며 그 신령한 기운에 대한 존경을 회복하려 하였다.

　하지만 드리오페의 마지막 당부는 이웃하는 세계의 존재들에 대한 두려움과 미신을 퍼뜨리는 계기가 되기도 하였다. 그녀는 고급한 신령과 저급한 귀신을 구분할 줄 몰랐다. 대추나무 요정은 자신의 불행에 화를 잔뜩 머금고 있는 울분꾼이었다. 그런 저급 귀신을 '여신'으로 착각하여 두려움으로 대했으니, 그 후손들의 상당 부분이 신령한 존재들에 대한 분별력을 잃고 미신에 빠지는 시발이 되었다. 특히 자식을 가진 여인들은, 신께 기원하여 문제를 풀어내는 놀라운 능력을 보여주기도 했지만, 자식에게 닥친 불행에 두려움을 느끼며 저급 귀신에 의존하여 어려움을 가중시킨 경우도 많았다.

　열린 세계에 필요한 인간의 또 다른 교양은 이웃한 존재들의 선의와 악의를 구분해내는 분별력이다. 대체로 많은 인간들이 그런 능력을 갖고 있지 못하기에, 무턱대고 믿거나 무턱대고 거부하는 어리석음에서 벗어나지 못한다. 그것이 인간계를 복잡하게 만드는 또 다른 요인이 된다.

김유신

인간계를 더욱 다채로운 경험의 터전으로 만든 것은 공간적으로 열려 있을 뿐 아니라 시간적으로도 열려 있다는 사실 때문이다.

7세기에 한반도를 통일한 동남쪽 신라의 김유신 장군은 전생에 북쪽의 적국 고구려 사람이었다. 게다가 그는 장군도 아닌 추남(楸南)이란 이름의 점쟁이였다.

당시 국경에서 물이 역류하는 괴이한 일이 벌어지자 왕은 추남을 시켜 점을 치게 하였다. 그때 추남이 왕께 아뢰었다. "왕비가 음양의 도를 거스르는 행동을 하여 그 징조가 이와 같습니다." 왕의 부인이 음탕한 짓을 하여 국경의 물이 역류하는 기이한 현상이 나타났다는 것이다.

이 말을 들은 왕비는 대로하여 '요사스런 여우의 말'이라고 소리쳤다. 왕비는 왕에게 청하여 다른 일을 물어 추남이 틀리면 무거운 형벌을 내리도록 하였다. 이 말이 옳다고 여긴 왕은 쥐 한 마리를 상자 속에 넣고 "어떤 물건이냐?"고 물었다.

추남은 "쥐입니다."라고 말했다. 다시 "모두 몇 마리인가?"라고 물으니 추남이 "여덟 마리입니다."라고 대답하였다. 이에 왕은 틀린 죄로 추남을 참형에 처했다. 형장에 선 추남은 "내가 죽은 후 적국의 장군이 되어 반드시 고구려를 멸망시키겠다."고 맹세했다. 뒤에 쥐의 배를 갈라보니 모두 일곱 마리의 새끼가 있었다.

그날 밤 고구려 왕은 꿈에 추남이 신라 고위관료의 부인 품으로 들어가는 것을 보았다. 그 아이가 자라나 백제와 고구려를 멸망시킨 신라의 장군 김유신이 된 것이다. 추남의 맹세가 두려웠던 고구려 왕은 후일 첩자를 신라에 잠입시켜 김유신을 꾀어 죽이려 하였다. 그러나 신라를 돕는 호국신들의 도움으로 첩자를 잡고 전생의 이야기를 밝힐 수 있었다. 김유신은 죽은 후에도 하늘나라에 가서 신라를 계속 후원하였다.

김유신은 왕의 무지와 왕비의 간계에 말려 억울하게 죽은 고구려 신하의 원한을 품고 적국에서 새 몸을 받은 사람이다. 사물의 흐름을 읽어내어 대처하는 김유신의 탁월한 지혜는 고구려 점쟁이 시절에 쌓은 것이리라. 원한과 지혜가 얽혀 전생의 조국을 멸망시킨 것이다. 고구려 입장에서는 미래의 최대 적을 자기 신하 속에서 만들어낸 셈이다.

이처럼 시간적으로 열린 세계에서는 과거의 사건으로 형성된 짙은 마음 덩어리가 현재로 재생한다. 그것이 현재를 더욱 복잡하게 만든다. 공간적으로는 전혀 다른 무대이고 전혀 다른 관계임에도, 과거로부터 이어진 마음 덩어리가 현재를 과거와 연계시킨다. 이 때문에 현재는 매우 다양한 공간에 펼쳐졌던 과거들을 이어내는 열린 시점이 되고 있다.

김유신 장군의 무덤

인간계가 '우주의 학교'로 각광받게 된 배경에는 공간적으로나 시간적으로 모두 열려 있어 복잡한 씨줄과 날줄이 한없이 얽혀들기 때문이다. 공간적으로는 다양한 세계가 중첩되어 있으면서, 높은 존재들이 사랑하고 돕지만 낮은 존재들이 기생하고 해코지하는 복잡한 힘의 교차로이다.

시간적으로는 과거의 에너지가 소멸되지 않고 현재의 공간 속으로 분출한다. 새 무대에서 과거의 한을 풀고, 과거의 오만을 꺾는 체험 학습의 기회를 충분히 제공하고 있다. 지구 학교가 명문이라고 소문이 난 데는 공간적이고 시간적인 씨줄과 날줄의 복잡한 얽힘이 다양한 후원자와 방해자, 가능성과 위협으로 드러나면서, 선택과 결정의 체험을 통해 영혼이 배울 기회를 풍성히 제공하기 때문이다.

그렇기 때문에 저 높은 천상의 존재들도 영적인 진보를 위해 이 괴로운 지구 학교를 자원한다. 지옥이나 짐승계에서 막 올라온 존재도 있는 반면, 소수지만 고귀한 존재들도 지구 학교를 찾아와 큰 스승이 되기도 한다. 서로는 서로에게 가르침의 가능성을 갖고 만난다.

지구는 넓게 열린 문을 통해 신령한 기운이 가득 찬 장소가 되면서부터 명문 학교가 되어갔다. 인간으로 태어난 존재들은 매우 귀한 기회를 맞은 것이다.

■ 토마스 벌핀치, 이윤기 옮김, 〈전원의 신들〉, 《그리스와 로마의 신화》, 대원사, 1989.
■ 토마스 벌핀치, 이윤기 옮김, 〈아폴론과 히아킨토스〉, 《그리스와 로마의 신화》, 대원사, 1989.
■ 토마스 벌핀치, 이윤기 옮김, 〈케이크스와 알키오네 혹은 물총새 이야기〉, 《그리스와 로마의 신화》, 대원사, 1989.
■ 일연, 김원중 옮김, 〈태종 춘추공〉, 《삼국유사》, 을유문화사, 2002.
■ 일연, 김원중 옮김, 〈처용랑과 망해사〉, 《삼국유사》, 을유문화사, 2002.
■ 토마스 벌핀치, 이윤기 옮김, 〈드리오페〉, 《그리스와 로마의 신화》, 대원사, 1989.
■ 일연, 김원중 옮김, 〈김유신〉, 《삼국유사》, 을유문화사, 2002.

감출 수 없다

모든 은폐는

눈 가리고 아웅이다.

그것이 열린계의 일반 법칙이다.

미다스

황금 손의 축복과 저주에서 풀려난 미다스 왕. 그는 황금 보기를 돌같이 하며 이제는 들의 신 판의 숭배자가 되었다.

판은 음악과 춤의 대가로 특히 들판의 목동들이 흠모하는 피리를 잘 불었다. 반면 태양의 신 아폴론이 수금 타기의 명수인 것은 누구에게나 알려진 사실. 둘 사이에 누가 더 음악 연주를 잘하는지를 가리기 위한 연주 대회가 열렸다. 자신의 피리 솜씨를 아폴론의 수금 솜씨와 겨루어보자는 판의 도전에 아폴론이 응해서 열린 경연 대회였다. 판의 숭배자가 된 미다스 왕도 당연히 이 대회에 참여하였다.

심판관으로는 산의 신 토몰로스가 뽑혔다. 드디어 둘의 연주가 끝났다. 산의 신은 아폴론 쪽으로 고개를 돌렸다. 그러자 숲의 나무들도 일제히 그쪽으로 고개를 돌렸다. 아폴론이 일어서고 그의 머리에 월계수 관이 올려졌다.

그런데 엉뚱하게도 판의 추종자 미다스는 이 판결에 승복하지 않고 이의를 제기했다. 이 꼴을 본 아폴론은, "이렇게 무식한 귀를 더 이상 인간의 귀 꼴로 둘 수 없다."며 길고 털이 숭숭 돋아난 당나귀 귀로 만들어버렸다.

미다스는 이 흉한 귀와 여기에 얽힌 그의 어리석음을 머리 수건과 두건으로 가리려 하였다. 그러나 이발사는 이 비밀을 알 수밖에 없었다. 왕은 토설하지 말라는 명령과 함께 이를 어기면 엄벌에 처할 것이라고 경고했다. 한동안은 비밀이 지켜졌다.

그러나 이발사는 자기만 알고 있는 비밀을 터놓고 싶어 견딜 수가 없었다. 그는 들판에 나가 땅바닥에 구덩이를 파고 그 속에 비밀을 말한 다음 구덩이를 다시 메웠다. 오래지 않아 이 들판에 갈대가 자라났다.

그때부터 오늘에 이르기까지 바람이 갈대밭 위를 스치면 갈대는 "왕의 귀는 당나귀 귀!"라고 속삭여댔다. 그 소리는 바람을 타고 셀 수 없을 정도로 많은 사람들과 존재들에게 알려졌다.

발칸 반도의 갈대숲이 전한 비밀은 심지어 한반도에까지 퍼져 나갔다. 9세기 통일신라의 경문왕은 즉위 후 귀가 갑자기 당나귀 귀처럼 자랐다. 이 사실은 오직 왕이 쓰는 관을 만드는 복두장만이 알았다. 그는 이 비밀을 평생 간직하다가 죽을 때가 되어서 어떤 절에 있는 대숲에 들어가 대나무에 대고 외쳤다.

그 후 바람이 불면 대나무 숲은 "임금님 귀는 당나귀 귀다."라고 외쳐댔다. 그 소리를 듣고 가슴이 철렁한 왕은 대나무 숲을 모조리 베어버리고 산수유를 심었다. 그 후 바람이 불면 산수유들이 "임금님 귀는 길다."라고 소리 냈다.

열린계에서는 비밀이 있을 수 없다. 땅속에 전해진 진실은 갈대뿌리를 타고 올라와 사람들과 풀들과 짐승들에게 알려졌다. 그리고 다시 바람을 타고 머나먼 한반도까지 날아왔다. 갈대가 전한 진실

의 힘이 어찌나 컸던지, 경문왕의 귀까지 늘어나고 다시 똑같은 사
건을 일으켰다.

이번에는 소문의 진원지인 대나무 숲을 베어버렸다. 그러나 뿌리
를 완전히 뽑아내는 것을 잊었다. 그리하여 대나무 뿌리에서 산수유
에게 전해진 진실은, 말을 조금 바꾸어 다시 온 세계에 퍼져 나갔다.

새와 쥐

5세기 한반도 신라의 비처왕은 한 정자로 나갔다가 예사롭지 않은 까마귀와 쥐를 만났다. 쥐가 사람 말로 왕에게 말했다.

"이 까마귀를 따라가라."

기병에게 명하여 따라가니 돼지 두 마리가 싸우고 있는 옆에 연못이 있었다. 홀연히 한 노인이 연못 속에서 나와 왕에게 봉투를 전했다. 겉봉에는 이렇게 적혀 있었다.

"뜯어보면 두 사람이 죽고 뜯지 않으면 한 사람이 죽을 것이다."

두 사람보다는 한 사람이 죽는 게 낫다고 생각한 왕은 뜯지 않으려 했다. 이때 하늘의 뜻을 읽는 일관이 아뢰었다.

"두 사람이란 일반인이요, 한 사람이란 왕을 말하는 것입니다."

왕이 옳게 여겨 뜯어보니, "거문고 갑을 쏴라."라고 적혀 있었다. 왕은 궁궐로 돌아와 거문고가 담긴 큰 상자를 활로 쏘았다. 그 속에서는 내전에 있던 승려와 왕비가 은밀히 간통을 저지르고 있었다. 두 사람은 주살되었다. 이로써 왕을 시해하려는 음모를 꾸미고 있던 왕비와 승려 두 사람은 죽고, 왕 한 사람은 살아났다.

왕비가 궁전의 승려와 간통을 하니 비밀 중에 비밀이었다. 게다가 발각될 게 두려워 왕을 죽이려는 음모로 발전하니 비밀 중에 절

대 비밀이었다. 거문고 갑 안에는 사통과 모반의 깊은 비밀이 숨겨
져 있었다. 아무도 알 수 없었다.

그러나 거문고 상자 속에서 일어나는 일을 그 밑에 살던 쥐가 알
았다. 쥐는 이 비밀을 다시 까마귀에게 알렸고, 까마귀는 다시 연못
의 신령에게 알렸다. 눈 뜬 인간들만 모르고, 짐승들과 신령들은 다
알았다.

진실을 알리는 과정은 복잡한 퀴즈처럼 꾸며졌다. 이는 왕이 감춰
진 진실에 눈을 뜰 능력이 있는 사람인가를 시험하는 과정이었다.
그 시험을 통과한 왕은 목숨을 구하고, 패륜적 배신자들은 죽음을
당했다.

까마귀와 쥐의 말을 들을 정도로 마음이 열린 사람에게는 어떤
식으로든 비밀이 밝혀지고 진실이 드러나게 되어 있다. 그 후 한반
도에 사는 인간들에게는 "낮 말은 새가 듣고 밤 말은 쥐가 듣는다."
는 열린계의 법칙이 널리 전파되었다.

선덕여왕

선덕여왕은 비범한 사람이었다. 용모도 아름답지, 지혜도 뛰어나지, 왕위에 올라 탁월한 업적을 이루어 삼국통일의 기틀을 잡았지……. 이 세상에서 그녀가 이루지 못한 것은 가정뿐이었다.

7세기 신라는 중국의 당나라와 연합을 확대해가고 있었다. 당시 당 태종은 모란꽃 그림과 씨앗을 여왕에게 보내왔다. 여왕은 그림을 보더니 말했다.

"이 꽃은 향기가 없을 것이다."

씨를 심으니 과연 여왕의 말대로 그러했다. 신하들이 놀라 물으니 왕이 설명했다.

"꽃 그림에 나비가 없어 향기가 없는 것을 알았다. 이는 당 황제가 배필이 없는 나를 놀린 것이다."

한번은 한겨울에 '구슬 문 연못(玉門池)'에서 수많은 개구리들이 모여 사나흘 동안 울어댔다. 사람들이 괴이하게 여겨 왕께 보고하자, 여왕은 정예 병사 2천 명을 서쪽으로 보내 '여자 뿌리 계곡(女根谷)'을 찾아가 적병을 습격하라고 명했다. 과연 왕이 지시한 곳에 가니 '여자 뿌리 계곡'이 있었고, 그 안에 백제 군사 500명이 숨어 있으므로, 그들을 에워싸 섬멸했다.

신하들이 여왕의 능력에 탄복하여 설명을 요청하자 여왕이 말

신라시대에 부조된 운문사 사천왕상 석주(石柱)
왼쪽은 지국천상이고 오른쪽은 증장천상이다.

했다.

"개구리의 성난 모습은 군사의 형상이고, 개구리들이 나타난 구슬 문 연못의 '구슬 문'은 여인의 음부로 음이 되며 그 색깔이 흰데, 흰색은 서쪽을 나타내므로 군사가 서쪽에 있음을 알았다. 남자 뿌리(남근)는 여자 뿌리(여근)에 들어가면 반드시 죽게 된다. 따라서 여자 뿌리 계곡에 들어간 적군을 쉽게 잡을 수 있을 거라고 생각했다."

그림과 씨앗 속에는 꽃이 향기가 없다는 사실과 큰 나라 왕의 무례와 조롱이 담겨 있고, 개구리 떼와 그들이 나타난 연못 이름 속에는 적의 침입 사실과 매복 위치, 그리고 그들을 물리칠 수 있는지 없는지 등의 정보가 담겨 있었다. 또 개구리 모양에는 인간 집단의 성격이, 색깔에는 방향에 관한 정보가 내포되어 있었다.

자연현상과 인문상징 속에는 은폐된 사실에 관한 정보가 담겨 있다. 인간들은 은폐하나 자연과 상징은 그 감추어진 사실을 드러낸다. 그 정보를 알 수 있다면 일단 첩보전에서 승리한 것이니, 실제 전쟁에서 이기는 것은 식은 죽 먹기다.

사람들의 마음이 닫히면서 자연과 상징 속에 담긴 정보를 해독할 능력을 잃었어도, 일부 통찰력 있는 사람들은 그 정보를 캐내어 은폐된 진실을 알 수 있었다. 선덕여왕이 보여준 것은, 진실은 감출 수 없고 지혜 있는 사람들에 의해 해독될 수 있다는 열린계의 실상이다.

제우스의 약속

열린 세계에서는 한 번 입 밖으로 뱉은 약속은, 비록 거짓으로 했다 해도, 실현될 수밖에 없었다. 디오니소스의 어머니 세멜레가 죽게 된 이유도 그 때문이다.

제우스는 인간 여인 세멜레와 연애하여 디오니소스를 낳았다. 정실인 헤라가 엄연히 두 눈을 뜨고 레이더망을 가동하고 있었으니, 비밀 중에 비밀이었다. 그러나 헤라의 레이더망은 탁월했다. 낌새를 눈치 챈 헤라는 세멜레 뱃속에서 자라는 아이를 파멸시킬 묘안을 짜냈다.

늙은 유모로 변신한 헤라는 세멜레를 찾아가 모든 여자의 마음속에 꿈틀거리는 의심을 꼬드겼다. "그분이 제우스 신이라면 얼마나 좋겠습니까? 혹시나 해서 말씀드리는데, 제우스 신이 틀림없다면 증거를 보여달라고 하세요. 천상의 갑옷을 입고 오라고 하세요. 그 갑옷을 입고 오면 틀림없는 제우스일 테니까요."

세멜레의 귀가 쫑긋해진 것은 당연한 결과. 제우스를 만난 세멜레는 졸랐다. "부탁이 있으니 무엇인지 묻지 말고 꼭 들어준다고 약속하세요."

이럴 때 사내들의 대답은 인류와 천신 모두에게 공통이다. "무슨 부탁이든 꼭 들어줄 것이오. 이 약속을 신들이 맹세할 때 거는 스틱스 강에 걸고 서약하겠소.”

그제야 세멜레가 부탁의 말을 입 밖으로 꺼냈다. 제우스는 ‘천상 갑옷’이라는 단어를 듣는 순간 바로 그녀의 입을 막으려 했으나, 이미 세멜레의 말은 입 밖으로 나와 대기 중에 퍼져버렸다. 이제는 제우스의 약속도, 세멜레의 부탁도 취소할 수 없게 되었다. 천상의 왕 제우스도 우주에 퍼진 음성과 그 뜻의 울림을 거스를 수 없었다.

제우스가 천계의 휘황찬란한 갑옷을 입고 나타나자, 그 빛을 견딜 수 없었던 인간 세멜레는 눈 깜짝할 사이에 불타 재가 되었다. 그사이에 제우스는 세멜레의 몸에서 아기를 꺼냈으니, 그 후 디오니소스가 얼마나 큰 고뇌의 방랑을 하게 되었는지는 묻지 않아도 뻔하다.

열린계에서는 순간만 땜질하는 바람둥이의 약속도 취소할 수가 없다. 그 말이 대기 중에 울려 퍼지기 때문이다. 대기가 울리니 땅도 울리고 물도 울리고, 그 진동이 전 우주로 퍼져 나가는 것이다. 우주가 알고 있는 약속의 말에 대해서 발칸 반도의 하늘 왕이라 한들 어찌 주워 담을 수 있으랴.

최근 일본의 에모토 마사루는 사진기로 물만 찍어댔다. 그가 찍은 물 결정 사진들은 대기 중에 말의 진동이 그대로 물에 전파됨을 드러냈다. 일본 말이건, 독일 말이건, 한국말이건 ‘고맙다’는 말에 대해 물이 보인 감동과, ‘망할 놈’이라는 말에 대해 물이 보인 좌절이 물 결정에 그대로 드러났다. 바흐의 음악에는 그렇게 아름다웠던 물 결정이 헤비메탈 음악에는 결정도 맺지 않고 일그러졌다.

세멜레의 부탁의 말도, 제우스의 약속의 말도 그렇게 대기와 물에 전해진 것이다. 대기가 알고 물이 아는데 어찌 거짓이 통할 수 있겠는가! 열린계에서 비밀과 거짓말이 통하지 않는 이유는 인간에게는 감지되지 않는 파장과 기운을 통해 인접한 세계의 존재들에게, 그리고 무기물질에게까지 진실이 알려지기 때문이다. 인간의 말은 인간만 알고, 한국말은 한국 사람만 알아듣는다는 착각 때문에 사람들은 눈 가리고 아웅 하는 짓을 숱하게 저지르고 있다.

최근 물리학 신화 작가들은, ERP실험이라는 것을 통해 소립자 세계에서는 정보가 전달되는 데 거리를 통과하지도 않고 시간도 걸리지 않는다고 말한다. 이유는 간단하다. 분리된 공간 같은 것은 없기 때문이다. 3차원적인 거리는 인간계만의 착각이라는 것이다. 자기만의 프라이버시가 통하는 골방에서 몰래 뱉은 욕도 우주 끝까지 바로 알려진다. 인간들은 골방에서 비밀스런 짓을 계속한다. 그 골방이 우주 끝까지 열려 있다는 사실을 모르기 때문에. 거짓과 감춤은 인간계만의 독특한 문화일 뿐이다.

모든 것은 다른 모든 것을 안다. 이것이 열린계의 일반 법칙이다. 마치 인드라 망의 한 구슬이 다른 모든 구슬을 비추고 있듯이, 열린 우주의 한 귀퉁이에서 일어나는 사건은 모든 우주에 비추어진다. 감출 방법이 없다.

세계를 여는 것은 열린 마음이다. 이는 궁극의 진실을 지향한다.

그러나 마음이 닫히면서 진실도 은폐되었다. 진실을 알기가 어려워진 것은 세상이 닫혀버렸기 때문이다.

■ 토마스 벌핀치, 이윤기 옮김, 〈미다스〉, 《그리스와 로마의 신화》, 대원사, 1989.
■ 일연, 김원중 옮김, 〈제48대 경문대왕〉, 《삼국유사》, 을유문화사, 2002.
■ 일연, 김원중 옮김, 〈거문고 갑을 쏘다〉, 《삼국유사》, 을유문화사, 2002.
■ 일연, 김원중 옮김, 〈선덕여왕이 미리 안 세 가지 일〉, 《삼국유사》, 을유문화사, 2002.
■ 토마스 벌핀치, 이윤기 옮김, 〈디오니소스〉, 《그리스와 로마의 신화》, 대원사, 1989.

3

닫힌 세계

닫힌계

인간을 다스리고 싶고, 인간 애인들과 사랑을 나누고 싶어
자발적으로 내려왔던 신들.
그들은 후대에 가면 간곡히 불러야 내려오게 되었고,
아예 응답도 안 하는 지경에 이르렀다.
급기야는 두 세계 사이에 열려 있던 커다란 문도 쾅 하고 닫혀버렸다.
무슨 일이 일어난 것일까?

표훈

한반도를 통일한 신라는 8세기 중엽 경덕왕이 다스리고 있었다. 왕의 옥경은 길이가 여덟 치, 그러니까 24센티미터가량이 될 정도로 컸으니 정력도 좋았으리라 추정된다. 그럼에도 자식이 생기질 않자, 왕비를 폐하고 새 부인을 얻는 무리수를 두었다. 그래도 자식이 없자 영통한 스님으로 소문난 표훈(表訓)을 불러 부탁하였다.

"하늘이 짐을 돕지 않아 후사를 얻지 못했으니, 대사가 상제께 청하여 사내아이를 점지하게 해주시오."

표훈은 하늘 임금께 올라갔다 내려와 왕에게 보고했다.

"천제께서는 '딸을 구하는 것은 되나, 사내는 마땅치 않다.' 고 하셨습니다."

하늘 임금의 교시에도 불구하고 인간 왕은 고집을 꺾지 않았다.

"딸을 아들로 바꿔주시오."

표훈은 다시 하늘로 올라가 청했다. 하늘 임금이 대답하였다.

"사내로 바꿀 수는 있으나 나라를 위태롭게 할 것이다."

그 말을 듣고서 표훈이 인간계로 돌아가려 하자, 하늘 임금이 엄히 경고했다.

"하늘과 인간 사이를 어지럽혀서는 안 되는데, 지금 대사는 이웃 마을처럼 오가며 천기를 누설하고 있으니, 지금 이후로는 하늘로

오는 것을 금하노라."

표훈스님이 돌아와 '사내로 바꿀 수는 있으나 나라가 위태로울 것'이라고 고하는데, 왕의 반응이 놀랍다.

"비록 나라가 위태롭게 되더라도 아들을 얻어 후사를 삼고 싶소."

이리하여 왕자가 태어나긴 했는데, 어려서 부녀자들의 놀이를 일삼았고, 여자처럼 비단 주머니를 차고 다녔으며, 도사들과 희롱하는 등 품성이 여자 같고 어지러웠다. 그가 8세 때 부왕이 죽으니 왕자가 왕위에 오르고 태후가 섭정에 나섰다. 이후 정사가 어지럽고 도적이 벌 떼처럼 일어나도 막지 못하므로, 결국 왕은 시해되고 말았다.

표훈대사 이후 신라에는 성인이 태어나지 않았다 한다.

하늘 임금이 인간계와 통하는 문을 닫아버린 사건이다. 그 사연인즉, 나라를 책임진 임금이 국가의 안위보다 아들 얻기에 더 집착하였고, 사욕에 따라 하늘의 원칙을 무시하는 책략을 썼기 때문이다.

하늘도 인정하는 성인 표훈대사를 심부름꾼으로 파견하였으니, 하늘도 대사의 청을 완전히 거절할 수는 없었다. 그러나 표훈 같은 큰 스님마저 하늘 법도를 임의로 바꾸려 할 정도로 인간계가 혼탁해졌기에, 그 어지러운 기운이 하늘을 들락날락하는 것을 원칙적으로 막아버린 것이다. 표훈대사 이후로는 성인이 나지 않았다고 하나, 사실은 표훈마저도 바른 길에서 벗어난 것이다.

불교에 의한 사회 통합의 힘으로 삼국을 통일하고 나서 자만과 안일로 흐른 결과이다. 더 이상 성인이 나오지 못할 정도로, 그 욕심이 하늘에 위협이 될 정도로 인간계가 어지럽혀진 것이다. 이 때

문에 하늘과 인간 사이에 열려 있던 거대한 문이 닫혀버렸고, 인간
계는 점차 닫힌 세계가 되어갔다.

이러한 사건은 중동에서도 일어났다. 하느님 야훼와 아브라함은
마치 부자 관계처럼 친하고 신의가 있었다. 하느님은 천사를 보내
거나 직접 찾아가 아브라함과 대화를 나누었다. 소돔과 고모라를
불로 벌주려는 야훼에 대해, 아브라함은 '진정하시라'며 수차례 타
협 조건을 내걸 정도로 둘 사이의 소통은 막힘이 없었다.

이런 관계는 모세까지도 이어졌다. 하느님은 떨기 가운데 일어난
불꽃으로 변하여 모세에게 해야 할 사명을 안겨주었고, 이집트 노
예를 탈출시키는 과정에서도 모세와 직접 대화하며 작전도 지시하
고 투정 부리는 인간들에게 짜증을 내기도 하였다.

그러나 그 이후 하느님이 직접 내려와 대화할 만큼 열린 마음을
가진 성인이 나타나지 않았다. 사람들은 자기 부족을 위해 남의 부
족을 짐승인 양 도살했고, 남들을 죽이더라도 오직 자기 부족만을
위해 힘써달라며 하느님에게 떼쓰기 시작했다. 그들의 검은 욕심이
하늘을 저편 세상으로 밀어냈다.

비록 자비심을 잃지 않은 하늘 임금이 아들을 인간계로 보내 우
주의 큰 원리를 밝혀주기는 했지만, 하늘과 인간이 직접적이고 전
면적으로 만나는 일은 거의 사라졌다. 마침내 사람들은 하느님이
존재한다는 사실조차 잊어버렸다.

하늘과 인간 사이에 열려 있던 문을 닫아버린 것은 인간들이다.

겉으로 보기에는 하늘이 그 문을 닫기로 결정했지만, 내용적으로는 인간 측에서 닫아버린 것이다. 물질과 권력에 대한 집착과 욕심이 점점 커지고, 종당에는 자기들의 세속적인 욕심에 하늘을 이용해먹으려 하자, 하늘은 우주의 질서를 지키기 위해 문을 닫을 수밖에 없었다.

비물질계인 하늘은 인간계에서 올라오는 짙고 검은 물질적 기운에 위협을 느낀 것이다. 중동 측의 관찰처럼 하느님이 화도 났겠지만, 하늘이 문을 닫은 것은 인간이 미워서가 아니다. 문을 닫기로 한 결정은 인간계가 어지러워지면서 천계와 인간계 모두를 안전하게 보호하려는 조치였다.

인간의 욕심에 따라 하늘이 휘둘리면 하늘 세계도 온전히 남아 있기 어렵다. 또 이 부족, 저 나라가 각기 다른 하늘 세력들을 등에 업고 전쟁을 일으키면 인간계도 살아남지 못할 것이다. 비록 이 종교, 저 종파가 각기 섬기는 하늘 세력을 이용하여 상대를 말살하려는 시도를 버리지는 않았으나, 하늘이 문을 닫아버린 관계로 인간계는 그나마 안전할 수 있었다.

천계와 인간계 사이의 문이 닫히자, 축생계나 식물계, 요정계 등 다른 세계와의 문도 점차 닫히기 시작했다. 14세기 유럽에서 발생하여 전 세계로 퍼져간 인간 중심주의는 다른 모든 생명체보다 인간을 우위에 두려는 운동이었다. 그들은 휴머니즘을 마치 박애주의로 착각할 정도로 자기중심주의에 빠져들었다. 과거에는 하늘이 문을 닫았지만, 이제는 인간 측에서 의도적으로 다른 세계와의 문에 대못질을 해버렸다.

'인간이 보는 것만이 진실'이라는 캠페인 하에 과학의 신화가 퍼져 나갔고, 벌레가 보는 것, 풀이 보는 것, 요정이 보는 것은 '허위'가 되었다. 그러면서 벌레, 풀, 산과 강의 요정들은 모두 인간의 욕심을 위한 질료로 변화되었다.

인간이 문을 닫고 자폐증적 우월감에 빠져들자, 인간계와 접촉 면적이 넓은 동식물계가 먼저 인간을 위한 헌신을 중단하기 시작했다. 이어 하늘과 구름과 강물과 바다에 있던 신령들이 인간을 위한 노고를 멈추기 시작했다. 인간들이 오만하게도 '인간의 환경'이라 불렀던 인접 세계의 이상한 조짐을 인간들은 더욱 오만하게도 '자연의 반란'이라고 불렀다.

그러나 사실은 '인간의 반란'이었다. 열린 우주에서 스스로를 닫아버리고, 폐쇄된 자기 세계를 최고로 우월한 곳으로 착각한 오만이 열린 우주에 대한 약속 위반이요 반란이었던 셈이다.

빛 잃은 존재

동남아 타이에서는 20세기에 몇몇 불교 성인들이 되살아났다. 그들이 다른 세계를 탐방하고 인터뷰한 기록에 따르면, 천신 데와들은 인간에 대한 애정을 아직도 갖고 있다고 한다. 다만 그들이 인간을 도우려 해도 돕기 힘든 장벽이 있다는 것이다. 그들이 보통 인간들에게 접근하기에는 인간의 몸이 너무 거칠고, 더 다가가기에는 너무 고약한 냄새가 난다고 한다. 그동안 인간계의 의식이 몸과 마음을 거칠고 냄새나게 변화시켜 하늘 존재들이 접근하지 못하게 된 것이다.

인간은 다른 세계와의 사이에 거친 몸과 냄새의 장벽을 쳐놓았다. 그것은 인간 스스로 물질에 탐닉하는 방향으로 진화한 결과였다. 그 과정에 대해서는 불교의 최고 스승 석가모니 붓다가 관찰한 것을 상세히 언급한 바 있다.

초기에 인간 존재들은 색계 제2선천 중 제2천인 광음천(光音天, the Heaven of Radiance)에서 내려왔다. 그들의 몸은 마음으로 만들어졌고, 스스로 빛나는 존재들이었고, 환희를 먹고 살았기에 음식이 필요 없었으며, 공중을 자유로이 날아다녔고, 선함 속에서 삶을 영위하면서 아주 오래 살았다. 그들 스스로 빛났기에 해도 달도 없었고, 별도 없었다. 남녀의 구분도 없었다. 그들은 인간이라 생각되지도 않았고, 단지 존재라고만 부를 수 있는 생명체였다.

그런데 색깔과 향기, 그리고 맛이 있는 땅이 생겨났다. 땅이 생겨나는 모양은 마치 쌀을 끓이고 식힐 때 표면에 찌끼가 뜨는 것과 같았다. 존재들이 손가락으로 땅을 떠서 맛보니 달았다. 그 순간 단맛으로 포만해졌고, 갈애의 욕망이 스며들었다. 이러기를 반복하니 몸에서 스스로 나왔던 빛이 사라졌다. 존재들의 몸에서 빛이 사라지자 해와 달이 생겼고, 별과 성운이 분명해졌다. 이로써 밤과 낮이 구분되면서, 달과 계절과 해 등 시간이 뚜렷해졌다.

그들의 몸이 구체적인 형체를 갖추는 방향으로 거칠어지면서, 어떤 존재는 잘생겼고, 다른 존재는 못생겼다는 차별이 생겨났다. 잘생긴 존재는 그 미모에 허영과 자만을 갖게 되었는데, 이 자만과 허영 때문에 단맛이 나는 땅은 사라졌다. 존재들은 모여서 단맛의 땅이 사라진 데 대해 통탄하고 슬퍼했다.

그 후 색깔과 향, 맛이 있는 버섯처럼 생긴 식물들이 자라났다. 존재들이 그것을 먹기 시작하자, 몸은 더 단단해졌고, 미모에 따른 허영과 자만이 더 커졌다. 그러자 그 식물도 사라졌다. 다음에는 색깔과 향, 맛이 있는 땅 위를 기는 식물이 자라났다. 이 단 식물을 먹자 몸은 더 단단하게 거칠어지면서, 미모의 차이가 더욱 뚜렷해졌다. 미모에 대한 허영과 자만이 커지자 땅을 기는 단 식물도 사라졌다. 존재들은 다시 모여 통탄했다.

이후 넓은 땅에 벼가 나타났다. 그것은 껍질이 없고 미묘한 맛이 났다. 존재들이 아침식사로 쌀을 가져가도, 저녁이면 다시 자라나

라자스탄의 필사본 《사랑의 장미 화원》에 나오는 삽화

특별히 저장할 필요도 없었다. 쌀을 먹자 몸이 더욱 단단하게 거칠어졌고, 미모의 차이가 더 뚜렷해졌다. 더욱이 이번에는 남자와 여자의 두드러진 형태가 몸에 나타났다.

여자는 남자를, 남자는 여자를 깊이 생각하며 집착했다. 이로 인해 열정이 일어나고 고통이 생겨났다. 그 고통 때문에 남자와 여자는 섹스라는 행위에 빠져들었다. 사람들은 섹스 하는 남녀를 보면서 "어떻게 사람이 다른 사람에게 저런 짓을 할 수 있나."고 소리치면서 먼지와 재, 소똥을 던져댔다. 지금도 결혼하는 남녀에게 이런 것들을 던지는 풍습이 남아 있는 곳들이 있다. 사람들은 섹스 하는 자들을 한 달이나 두 달 동안 마을에 들어오지 못하게 하였다. 섹스의 비도덕성에 대한 비난을 피하기 위해 사람들은 움막을 지어 부정행위를 숨기기 시작했다.

사람들은 쌀을 한 끼에 한 번씩 수확하는 게 번거롭다고 생각했다. 그래서 두 끼 분을, 또는 며칠 분을 한꺼번에 수확하여 저장된 쌀을 먹기 시작했다. 그 후 쌀 겉에는 가루가 생기고 껍질이 생겨났으며, 한 번 수확하면 바로 자라나지 않았다. 이에 사람들은 쌀이 자라는 땅의 경계를 두면서 소유를 주장하기 시작했다.

그러자 일부 사람들은 남의 몫을 훔쳐 자기가 이용하였다. 도적질이 생기자, 이에 대한 감시가 생겨났고, 거짓말이 생겨났으며, 처벌이 생겨났다. 이러한 체계를 관리하기 위한 사람을 뽑으면서부터 신분의 차이가 발생하였다.

환희를 먹고 공중을 자유로이 날던 빛나는 존재들이 각종 물질을 먹으면서 몸이 거칠어지고, 물질에 대한 탐욕이, 몸에 대한 허영이 생기면서 스스로 빛을 잃어간 과정이다. 이 과정은 빛처럼 곳곳을 투과하던 존재가 거친 몸으로 국소화되면서 열렸던 세계를 닫아가는 과정이기도 하다. 열린 세계를 닫힌 세계로 만든 것은 인간의 마음이었다.

마음은 그것이 욕심을 부린 물질에 따라 몸의 형태를 만들어갔고, 커지는 탐욕과 허영으로 마음 자체도 변화시켰다. 해와 달이 나타난 것도 스스로 빛을 낼 만한 마음을 잃고 외적인 빛에 의존해야 할 정도로 어두워졌기 때문이다. 세상은 스스로 빛나던 데서 바깥 빛에 의존하는 것으로, 자유롭게 날던 데서 단단하게 고정된 것으로, 성이 없던 데서 성 차이가 뚜렷한 것으로, 무한히 제공되던 자원에서 한정된 자원으로, 무소유에서 소유로, 무규범에서 규범으로, 무계급에서 계급으로 변화되어갔다.

이로써 인간은 천신들이 접근하기에는 너무 거친 육체와 너무 고약한 냄새를 풍기는 존재가 되어간 것이다. 이 세계와 인간은 마음이 스스로 창조해온 것이다.

사람들은 바야흐로 "보이지 않는 것은 믿지도 않는다."는 신조를 갖게 되었다. 이는 과학 신화의 작가들을 통해 보통 사람의 마음에까지 널리 퍼졌다. 많은 요정들이 살던 영국 섬에도 어느 때부터인가 갑자기 요정들이 사라졌는데, 그것은 과학 신화를 어린이들의 마음에 가르치기 시작한 때부터였다. 19세기 후반 보통교육을 통해 과학 신화가 사람들의 마음에 자리 잡자, 요정들은 인간들의 거친 마음과 냄새나는 몸에 접근할 수 없게 된 것이다.

오늘날 인간계는 위험할 정도로 고립되어 있다. 더 이상 신도 나타나지 않고, 선녀들도 와서 목욕하지 않으며, 심지어 이웃 존재들인 식물과 동물도 생기를 잃고 사라져가고 있다. 언젠가 푸른 종족과 움직이는 다른 종족들도 인간들이 너무 거칠고 냄새난다고 생각할 수도 있다. 이 세계가 닫혀온 길이며, 닫힌 세계가 스스로를 더욱 닫아가는 방향이다.

■ 일연, 김원중 옮김, 〈경덕왕, 충담사, 표훈대덕〉, 《삼국유사》, 을유문화사, 2002.
■ Acariya Maha Boowa Nanasampanno. (2003). 〈Venerable Acariya Mun Bhuridatta Thera〉. Trans. by Bhikkhu Dick Silaratano. Udorn Thani : Wat Pa Baan Taad.
■ Agganna Suttana(A Book of Genesis) / 〈Digha Nikaya〉 #27.

마음 꺼풀

마음을 가리는 꺼풀이 생긴 것과
세계가 닫힌 것은 직접적 연관이 있다.
마음 꺼풀이 처음 생긴 것은
몸 꺼풀로 몸을 가리면서부터이다.

척하다

중동의 선조 아담과 이브가 에덴동산에서 선악나무의 열매를 따먹었을 때, 첫 번째 나타난 증상은 '눈이 밝아졌다.'는 것이다. 그들이 밝아진 눈으로 처음 본 것은 자기들의 알몸. 드러난 육체가 창피해 견딜 수 없었던 그들은 무화과 나뭇잎들을 엮어 앞을 가렸다. 인류 최초의 옷이었다.

처음에 옷은 성기를 덮는 용도로 쓰였으나, 점점 몸만 가리지 않고 마음까지 가려갔다. 사람들은 남들 앞에서 옷을 입고서는 자기는 성기가 없는 척하였다. 그러나 하늘 존재들, 요정과 신선들, 자외선으로 사물을 보는 벌레들은 옷을 투과해 인간의 알몸을 낱낱이 쳐다보았다. 같은 인간들도 드러난 체형을 통해 상상력으로 쳐다보았다. 모든 존재가 다 쳐다보고 있음에도, 최초로 옷을 입게 된 인간은 '알몸을 가렸다.'는 사실에 안도감을 가졌다.

이는 마치 집 안에 몰래 들어온 도적이 집주인에게 훤히 들켰음에도, 고양이인 척하기 위해 자기 눈을 가리고 '야옹' 하는 것과 같다. 몸을 가린 커튼이 마음을 가리기 시작한 것이다. 몸보다는 그 거죽을 가리는 옷이 자기의 실제 모습이라고 생각하면서부터, 눈은 바깥만을 쳐다보았다.

'눈이 밝아졌다.'는 것은 실상 바깥에 있는 물리적 형상만 쳐다보는 눈이 생겼다는 뜻이다. 눈이 드러난 형상만 보게 되자, 마음은 볼 수 없게 되었다. 마음을 가리는 꺼풀이 생긴 것이다. 몸 꺼풀로 겉만 가리면 속을 모르리라는 착각이 첫 번째 마음 꺼풀이다. 이 마음 꺼풀은 삶 속에서 위선과 착각을 관습화시키며 두 번째, 세 번째 꺼풀을 만들어냈다. 마음 꺼풀이 여러 겹으로 두터워지자, 위선과 착각과 무지가 마음을 덮어버렸다. 닫힌 세계에서 무지가 마음의 뿌리로 변해간 배경이다.

아드메토스

발칸 반도의 테살리아 왕 아드메토스는 통절한 배신의 경험을 통해 마음 꺼풀이 벗겨지는 일을 당했다. 그 사건은 그가 중병에 들어 회복 기미도 보이지 않은 채 오늘 내일 하며 운명의 시간을 기다리고 있을 때 일어났다.

마침 태양의 신 아폴론이 잘못을 저질러 속죄를 위한 사회봉사 명령을 받고 그를 돕고 있을 때였다. 그는 운명의 여신들을 설득하여 왕을 살릴 수 있는 조건을 받아냈다. "왕 대신 기꺼이 죽을 사람이 있으면 왕의 목숨을 빼앗지 않겠다."는 약속이었다. 아드메토스는 이제까지 수많은 신하들이 '목숨을 걸고 충성하겠다.'고 숱하게 반복해 말했으므로 자기 대신 죽을 사람을 찾는 것은 쉬운 일이라고 생각했다.

그러나 사실이 알려지자 아무도 나서지 않았다. '왕을 위해 목숨 바치겠다.'던 병사들도 꽁무니를 뺐고, 소싯적부터 왕가의 은혜를 입어온 늙은 시종들도 '왕의 양친이 계시지 않냐.'며 손사래를 쳤다. 심지어 아주 늙어 죽을 날이 멀지 않았다고 판단되는 왕의 양친도 '슬프긴 하나 대신 죽어야 할 필요까지는' 느끼지 않았다. 이제까지의 모든 찬사와 맹세와 사랑의 말들이 모두 거짓이었다는 사실이 대낮처럼 환하게 드러나는 진실의 순간이었다.

이때 왕비 알케스티스가 살신성인의 정신으로 남편 대신 죽겠다며 나섰다. 처녀 시절 구혼자가 많았기에 경쟁을 통해 지금 남편을 간택한 부인이었다. 자신의 아름다움과 친정에 대한 자부심이 누구보다 큰 여자였기에, 자기가 고른 남편을 대신해 죽겠다는 결심은 순전히 자발적으로 한 헌신적인 행동이었다.

알케스티스가 나서자 남편은 과연 병석에서 일어섰다. 하지만 그 자리에 부인이 대신 쓰러져 삶과 죽음 사이를 오락가락했다. 마침 영웅 중에 영웅 헤라클레스가 아드메토스 왕실에 묵었다가 이 이야기를 듣고 왕비의 병실 문 앞에 누워서 기다렸다. 이윽고 저승사자가 다가오자 헤라클레스가 달려들어 멱살을 쥐고는 알케스티스의 목숨을 포기하라고 윽박질렀다. 다음 날 알케스티스는 병석을 털고 일어나 남편에게 되돌아갔다.

이 사건을 통해 사람들은 온갖 현란한 말로 마음 꺼풀을 뒤집어쓰고 산다는 사실이 백일하에 드러났다. 옷이 몸을 가리는 꺼풀이었다면, 말은 거짓된 마음을 가리는 두터운 꺼풀이었다. 바깥을 보는 사람들의 눈은 밝아졌는지 모르지만, 마음을 들여다보는 눈은 아주 어두워졌기에 맹세의 말조차 마음을 가리는 커튼이 되었다.

사람들은 그래도 진실과 착한 마음은 살아 있다고 믿고 싶어한다. 알케스티스의 희생정신과 헤라클레스의 정의에 찬 행동이 그들의 착각을 정당화해준다. 그러나 그런 착각의 믿음이 다시 뿌리를 내리기도 전에 유사한 사건이 먼 인도 대륙에서 일어났다.

구도자의 아내

한 남자가 여러 해에 걸쳐 스승에게 하타 요가를 배웠다. 그는 신체 단련과 호흡 훈련을 통해 힘든 여러 자세에 숙달하고 마음을 가라앉히는 법도 배웠다. 그러나 궁극의 해방을 위해 속세를 떠나라는 스승의 설득은 계속 거절했다. 선생이 또 간절히 타이르자 그가 말했다.

"선생님, 아내는 저를 무척이나 사랑합니다. 아내가 저를 그토록 사랑하는데 그 여자를 버릴 수는 없습니다."

그러자 스승은 특별한 요가 비법을 제자에게 가르쳐주었다. 그날 집에 돌아온 제자는 자기 방에서 사지를 사방에 쭉 뻗은 채 발견되었다. 온 식구가 이 남자의 죽음에 울부짖고 난리가 났다. 특히 부인은 남편을 불러대며 실성했다.

친구와 이웃들은 장례를 치르기 위해 시체를 문밖으로 옮기고자 했다. 그러나 사지를 뻗어 굳어버린 자세 때문에 시체는 문을 통과할 수가 없었다. 그러자 한 이웃이 집에 가서 도끼를 가져와 문짝을 찍어 부수기 시작했다. 그러자 슬프게 울던 아내가 달려와 말했다.

"다들 아시겠지만 그이는 참 좋은 사람이었어요. 하지만 많은 재산을 남기진 않았어요. 저와 아이들은 어떻게든 살아가겠지만, 저 문은 제가 절대로 고칠 수 없을 거예요. 남편은 죽을 운명이었으니까 죽은 거예요. 그러니 차라리 그이의 팔다리를 자르는 게 낫다고 생각해요."

이 말이 부인의 입에서 떨어지자마자 남편은 벌떡 일어났다. 그는 아내를 노려본 다음 휙 돌아서서 스승에게로 돌아갔다.

최근까지도 남편이 죽으면 아내를 순장시키는 풍습이 있던 인도 대륙에서 일어난 사건이다. 남자들은 여자를 산 채로 땅속에 밀어 넣으면서까지 '여자의 충절'을 믿고 싶었다. 순장의 풍습은 힘 있는 남자들이 '하인과 여자의 충절'을 영원히 간직하고 싶은 마음 때문에 생긴 것이다. 그들은 하인과 여자를 같이 죽여서라도 자기 믿음을 견지하고 싶었다.

그들이 믿고 싶었던 것은 이미 오래전 이 구도자 아내의 한마디로 깨져버렸다. 알케스티스와 같은 예외적인 여자의 희생정신에 안도한 남자들이 다시 '아내의 사랑과 헌신'을 믿어버렸을 때, 얼마나 두터운 꺼풀이 인간의 마음을 덮고 실상을 가리는지가 이 사건을 통해 분명해졌다.

남자들의 마음속에 있던 것도 아내에 대한 믿음은 아니었다. 아내를 순장시키는 남자들은 '나 죽은 후 아내가 다른 남자에게 가면 어쩌나.' 하는 두려움과 부끄러움을 감추고 싶었던 것이다. '아내의 헌신과 사랑 때문에' 자기가 가야 할 길을 가지 못하는 남자는 아내에 대한 착각과 무지의 꺼풀로 자신을 감싸고 있는 것이다. 두려움 때문이든, 착각 때문이든 사람들은 사물을 투명하게 보기보다는 차라리 안도감을 주는 꺼풀을 마음에 뒤집어쓴다. 바깥 물체는 보지만 마음은 보지 못하는 무지가 그 꺼풀의 두께만큼 두꺼워졌다.

삼장법사

7세기 말 한반도 신라의 효소왕은 '덕 쌓이길 바라는 절(望德寺)'을 짓고는 친히 행차하여 공양하였다. 그때 행색이 초라한 비구승이 먼 곳에서 와서 이 제사에 참여하려 청하였으나, 왕은 맨 끝자리를 허락했을 뿐이다.

제사가 끝나고 왕은 이 초라한 비구승에게 다가와 말했다.

"돌아가거든 국왕이 직접 공양하는 제사에 참여했다는 말은 하지 마라."

비구승은 웃으며 대답했다.

"폐하께서도 다른 사람들에게 진신석가께 공양하였다는 말씀은 하지 마십시오."

말을 마치자 그는 몸을 솟구쳐 하늘로 올라가더니 남쪽으로 가버렸다. 왕은 놀라고 부끄러워 사라진 쪽으로 신하를 보냈으나, 먼 곳의 큰 바위에 지팡이와 바리때만 남겨져 있었다.

왕은 참배객의 남루한 행색이 부끄러웠다. 그러나 남루한 비구는 왕이 부처님께 공양할 마음이 없는 게 부끄러웠다. 아담과 이브가 무화과 나뭇잎으로 만들었던 옷은 이제 부처님에 대한 마음의 공양보다 더 중요한 것이 되어버렸다. 삼장법사가 왕에게 알린 것은 '당신의 옷이 당신의 마음까지 가려버렸다.' 는 진실이었다.

삼장법사는 촌락에서 멀리 떨어진 곳에서 수행하는 스님이었다. 그가 한 절에 도착하니 큰 모임이 열리고 있었다. 문지기는 그의 옷차림이 허름한 것을 보고는 문을 막고 들어가지 못하게 하였다. 여러 차례 들어가려 시도했으나 번번이 막혔다.

그가 임시로 좋은 옷을 빌려 입고 다시 들어가려 하니 이번에는 문지기가 막지 않았다. 갖가지 좋은 음식이 나오자 스님은 입고 있는 옷에게 먼저 음식을 주었다. 사람들이 이유를 묻자 삼장법사가 대답했다.

"매번 옷이 허름하여 들어오지 못했는데 이번에는 이 옷 때문에 이 자리에 앉게 되었으니, 옷에게 먼저 음식을 드려야 하지 않겠는가."

마음을 닦는 것이 본업인 승가에서도 옷이 먼저 닦여 있지 않으면 출입을 막는 지경에 이른 인간계의 형편을 드러낸 사건이다. 마음을 보는 눈을 잃은 사람들은 옷에게 음식을 대접하고 옷을 경배한다. 또는 반대로 옷에게 출입을 막고 옷을 무시한다. 그들은 사람의 마음을 대하는 것이 아니라 옷을 대하고 있을 뿐이다.

이 단순한 진실을 밝힐 수 있는 사람도 삼장법사나 요가 선생님처럼 소수의 공력이 높은 이들뿐이다. 닫힌 세계에 퍼져 나간 위선과 착각은 이 정도로 사람들의 마음을 두껍게 가리게 되었다.

요사이 사람들의 눈은 더욱 밝아졌다. 그들은 단순히 부끄러움 때문에 옷을 입는 게 아니다. 몸 가리개는 피부로 변해버렸고, 옷은 그들이 애지중지하는 몸이 되었다. 뚱뚱하고 늙고 꺼칠꺼칠한 몸과 피부의 가리개는 자아가 되었다. 자신까지도 속이는 착각이 일반화되면서 진실을 보는 마음의 눈은 두꺼운 암흑 속에 갇혀갔다.

결과적으로 사람은 신령이 보고, 벌레가 보고, 나무가 보는 것을 못 본다. 과학 신화는 인간의 한정된 가시광선의 세계만을 지식의 대상으로 삼고, 나머지는 미신이라고 멸시한다. 이로써 무지는 인간 지식의 토대가 되었다. 닫힌 세계는 두꺼운 마음 꺼풀과 짝을 이룬다.

■ 토마스 벌핀치, 이윤기 옮김, 〈아드메토스와 알케스티스〉, 《그리스와 로마의 신화》, 대원사, 1989.
■ 에리얼 글룩리크, 임희근 옮김, 〈아내의 사랑〉, 《차문디 언덕을 오르며》, 김영사, 2004.
■ 일연, 김원중 옮김, 〈진신석가가 공양을 받다〉, 《삼국유사》, 을유문화사, 2002.

‘나’의 탄생

닫힌 세계는 마음 꺼풀을 낳고,

마음 꺼풀은 무지를 낳고,

무지는 ‘나’를 낳아

인간 세상을 지배하였다.

메두사와 카시오페이아

발칸 반도 사람들은 몸뚱이에 얽힌 욕망이 지어내는 어마어마한 결과를 보는 데 아주 날카로웠다. 그들이 아니었으면 트로이 전쟁처럼 에게 해를 뒤흔든 거대한 사건이 아프로디테, 헤라, 아테나 등 세 여신 사이의 미모 경쟁에서 발발했다는 사실을 후대인들이 모를 뻔했다. 여신들이 어느 몸뚱이가 더 예쁘냐를 놓고 다툰 단순한 사건에서 인간들의 대규모 전쟁이 시작되었던 것이다.

페르세우스의 빛나는 무용담에서는 쳐다보기만 하면 돌로 변해버리는 그의 방패가 큰 역할을 한다. 여기서도 몸뚱이에 얽힌 욕망에 대한 통찰이 두드러진다.

페르세우스의 방패에 붙어 수많은 남자들을 돌로 만들어버린 괴물 메두사. 본래 이 괴물은 빼어나게 아름다운 처녀였다. 특히 그녀의 머리채는 쳐다보는 남자들의 가슴을 마구 흔들어놓을 정도로 아름다웠다.

이러다 보니 메두사는 도를 넘었다. 감히 아테나 여신과 아름다움을 겨루겠다고 나선 것이다. 여신들의 미모 대회에까지 출전했던 아테나 여신이 대로한 것은 당연한 결과. 여신은 메두사의 아름다움을 빼앗고, 특히 아름다운 머리카락들을 올올이 쉭쉭 소리 내는 뱀으로 만들어버렸다. 그녀는 흉한 얼굴만큼이나 잔인한 괴물이 되었는데, 사람이든 짐승이든 한 번 보기만 해도 모두 돌이 되어버릴 만큼 무시무시했다.

아테나 여신의 분노는 여기에 그치지 않았다. 괴물 메두사를 처치하려고 나선 영웅 페르세우스에게 자신의 빛나는 방패를 빌려주었다. 페르세우스는 메두사가 잠자는 동굴로 숨어들어, 그 얼굴을 보지 않도록 조심하면서 빛나는 방패에 비친 메두사의 목을 잘라버렸다. 페르세우스가 메두사의 머리를 아테나 여신께 바치자, 여신은 자기 방패 한가운데에 메두사의 머리를 붙였다.

자신의 미모로 신을 능멸하면 안 된다는 교훈이 수차례에 걸쳐 널리 퍼졌음에도 불구하고, 예쁜 여자들은 이런 교훈을 잊어먹기 일쑤이다. 케페우스 왕국의 왕비 카시오페이아는 과년한 딸이 있음에도 불구하고, 제 미모를 뽐내며 감히 바다 요정들의 아름다움에 비교했다. 이 때문에 단단히 화가 난 바다 요정들은 거대한 괴물을 보내 이 나라 해안을 쑥대밭으로 만들었다.

왕이 신탁을 청하니, '딸 안드로메다를 바쳐야 노기를 풀 수 있다.'는 것이었다. 부모의 슬픔을 뒤로하고 안드로메다는 사슬로 묶여 바위 절벽에서 바다 괴물이 오기만을 기다리는 슬픈 운명이 되었다.

헤르메스 신이 빌려준 비행 신발을 신고 이 지역 상공을 날던 페르세우스가 안드로메다의 미모에 놀라 내려왔다. 그는 이 아름답고 불쌍한 여인을 구하기 위해 괴물과 싸워 물리쳤고, 후에 그녀를 아

Phineus mente
furens coñubia cædibus implet
Hospitis invisi : surgit
Danaëius heros,
Attollensque manu lethales
Gorgonis angues,
In silicem versos saxo
compescuit hostes.

〈메두사와 카시오페이아〉

내로 삼았다. 이리하여 중년 부인 카시오페이아가 자기 몸뚱이를 지나치게 사랑하여 촉발된 위기는 일단락되었다.

메두사의 교훈이 여인들 사이에 퍼져 나갔어도, 남자들이 다가와 입술에 침을 바르며 칭송해 마지않는 미모는 허영과 자만을 한껏 부풀렸다. 하늘거리는 멋진 몸매, 영롱한 이슬이 구르는 예쁜 눈, 빛나게 흐드러진 머릿결은 자신을 여신처럼 높여준다는 믿음이 여자들 사이에 퍼져 나갔다. 반면 내세울 것이 하나도 없는 몸을 가진 여자들은 머리를 숙이고 다닐 뿐 아니라, 심지어 자살까지 감행하는 사태도 발생하였다. 몸이 잘나고 못난 것은 목을 치켜드는 각도를 결정했다.

사람들은 ‘몸이 바로 자신’이라고 생각하기 시작한 것이다. 인간들이 빛나는 존재에서 거친 몸을 가진 존재로 변화하면서, 이 몸이 잘났느냐 못났느냐는 자기 인격의 우월감과 열등감으로 갈렸다. 몸은 자아가 깃드는 곳, 또는 몸 자체가 자아라고 생각하게 되었다. 숱한 손길로 몸을 치장하고, 몸에 대해 숱한 평을 구하며, 거울을 통해 자기 몸을 셀 수 없이 쳐다보면서, 몸뚱이를 중심으로 ‘나’라는 개념이 출현했다.

‘나’는 ‘너’를 통해서 분명해진다. 너와 같은 점과 다른 점, 너보다 나은 점과 못한 점 등 너와 구분된 차이와 우열이 ‘나’를 지탱해준다. 우월감과 열등감, 경쟁을 통한 승리와 패배, 남과 같아지려는 노력 등이 ‘나’를 중심으로 전개된다. ‘나’는 구분과 비교의 산물이면서, 구분과 비교를 끊임없이 불러오는 시발점이다.

'나'는 닫힌 세계를 만들어온 최고의 힘이자 닫힌 세계의 최고 산물이다. 너와 나의 구분과 비교는 끊임없이 벽을 만들어낸다. 그 벽이 신의 세계, 동식물의 세계, 무기물질의 세계 사이에서, 그리고 인간계 안에서도 계속 만들어지면서 세계는 닫혀간다.

메두사의 운명은 '나'의 작동 체계와 동일하다. 내 머릿결이 모두가 찬탄할 정도로 아름다운데, 나보다 아름다운 '너'가 존재하면 나의 우월감과 존재감, 그리고 행복이 유지될 수 없다. 따라서 '너'가 비록 신일지라도 비교를 통해 우열을 가려서 나의 행복을 유지해야 한다. 아니 행복까지는 가지 않더라도, '나'를 위협하는 '너'를 물리쳐 불안과 두려움에서 벗어나야 한다. 그 불안 때문에라도 경쟁에 나서야 한다. 그것이 '나'의 자동적 메커니즘이다.

경쟁의 수레바퀴는 무한히 굴러 신까지 건드리게 되었고, 화가 난 신들은 반격을 가한다. '나'의 토대였던 얼굴을 흉측하게 망가뜨리고, '나'의 생명이었던 머릿결도 징그러운 뱀으로 바꾸어버린다. 요사이에도 그런 일은 많이 일어난다. 그토록 청순한 아름다움을 간직했던 여자들도 텔레비전에 나와 숱한 남자들의 칭송을 받다보면, 그 청순함과 아름다움이 이내 사라져버리고, 허영과 자만의 괴물 같은 모습으로 변한다. 이것이 '나'가 나를 이끌어가는 행로이다. '나'는 나를 키워주지만 동시에 나를 파괴한다.

이처럼 '나'는 파괴의 씨앗을 안고 있다. 상승과 우월의 순간에는 행복이 따라준다. 그러나 경쟁자들은 항상 있다. 그 불안에 시달리는 '나'는 더 높은 곳을 향하고, 어느 순간 추락밖에 없는 막다른 지점에 도달한다. '나'는 비교 우위를 위한 경쟁을 불러일으키면서 인간의 문명을 일구어왔다. 그러나 문명의 실패는 그 성공의 필연적 부산물이었다.

유럽 대륙에서 신에게 대거 도전한 휴머니즘 운동은 강력해진 '나'가 불러온 것이다. 지식과 기술로 '나'를 강화한 인간들이 신과 자연이 이 세상에서 관장했던 권한을 빼앗는 데 성공했다. 그 실패의 조짐은 요사이 점점 더 파괴적인 모습으로 드러나고 있다.

다이달로스

여자들이 몸을 통해 '나'를 강화시켜왔다면, 남자들은 힘과 능력을 통해 '나'를 키워왔다. 그들은 자신의 힘과 능력이 자기 자신이라고 동일시하기 시작했다. 일하는 능력, 사회적 권력과 부가 남자들의 '나'를 강화시키거나 위축시켰다.

발칸 반도의 최고 기술자이자 발명가인 다이달로스는 그런 남자들의 대표이다. 다이달로스가 크레타의 왕 미노스를 위해 만든 미궁은 전설에 가까운 창조적 건축물이었다. 이 미궁 속의 길은 서로 통하고 있어서 도무지 시작도 없고 끝도 없는 듯했다. 이 길들은 앞으로 흐르는가 하면 다시 원류를 향해 역류하는 저 마이안드로스 강과 흡사했다. 영웅 테세우스가 이 미궁 속의 괴물을 죽이고 탈출할 수 있었던 것은 그를 사모한 공주 아리아드네가 준 실타래를 풀고 들어갔다가 실을 따라 나왔기 때문이다.

이 미궁을 창조하고 나서 자기 실력을 뽐내던 다이달로스의 '나'는 한껏 커져 있었다. 그는 신하의 위치를 망각하고 왕비와 포세이돈 신의 황소 사이에서 벌어진 간음을 방조하였다. 이 일이 발각되자 그는 왕의 총애를 잃고 자기 아들과 함께 탑 속에 유폐되는 신세로 전락했다.

'나'가 한없이 부풀 수는 없다. 어느 임계점을 넘으면 '나'를 키워주었던 바로 그 원인에 의해 자신을 파멸시키는 결과를 낳는다. 그러나 발칸 반도 최고 발명가의 에고가 여기서 죽을 수는 없었다.

다이달로스는 탑 감옥을 탈출하기로 마음먹었다. 그러나 왕의 군사들과 선박들이 엄중히 감시하고 있었기에, 거기에서 빠져나갈 육로와 해로는 모두 막혀 있었다. 발명가의 에고는 선언했다.

"미노스 왕이여, 당신이 땅과 바다는 지배할 수 있어도 하늘은 지배할 수 없을 것이다. 내가 하늘로 도망쳐 보이리라!"

그는 새의 깃털을 모아 실과 밀랍으로 붙여 날개를 만들었다. 탈출 전날 다이달로스는 아들 이카로스에게 나는 법을 설명했다. "너무 낮게 날면 습기로 날개가 무거워지고, 너무 높이 날면 태양 열기에 밀랍이 녹아버릴 것이니 적당한 높이로 날아야 한다."

마침내 이 탁월한 기술자의 창작품으로 두 남자가 인류 최초로 하늘로 날아올랐다. 그와 더불어 탑 감옥에 갇혔던 다이달로스의 '나'도 한껏 날아올랐다. 하늘을 나는 데 신이 난 아들 이카로스의 '나'도 날아올랐다. 소년은 하늘을 나는 데 환희에 찼을 뿐 아니라 자신의 비행 기술에 점점 자신감이 붙었다. 이윽고 자신감은 자만으로 변화했다.

〈이카로스의 추락〉 카를로 사라체니

이카로스는 아버지의 경고를 잊고 하늘에 닿을 정도로 높이 솟아올랐다. 이글거리는 태양이 그 날개의 이음새 밀랍을 녹여버렸다. 이카로스는 두 팔을 허우적거리면서 아버지에게 도와달라고 부르짖으며 후일 자신의 이름을 딴 이카리아 해의 시퍼런 바다 속으로 곤두박질했다. 바다 위에 뜬 깃털만 찾아낸 다이달로스는 자기 기술에 가슴을 치며 탄식할 수밖에 없었다.

부풀어오른 에고 때문에 사회적 지위도 잃고 아들도 잃었다. 그러나 '나'는 아들을 잃었다고 시들어질 만큼 취약하지가 않다.

그의 누이는 아들 페르딕스를 다이달로스에게 보내 기계 기술을 배우도록 했다. 그런데 페르딕스의 재능과 열정은 놀라웠다. 배운 지 얼마 되지 않아 톱을 발명할 정도였다. 이에 시기심을 느낀 다이달로스의 '나'는 생질을 높은 탑으로 데려가 밀어서 떨어뜨렸다.

창조적 아이디어와 기술은 그 성취감과 사회적 인정 때문에 행복을 가져다준다. 그러나 바로 자신을 행복하게 한 그 기술 때문에 '나'가 부풀어오르고, 비교 우위를 위한 무한 경쟁의 불안감에 몰아넣는다. 결국 누이의 아들마저 벼랑 밑으로 밀어버려야 '나'는 유지될 수 있다. 비록 그가 수명을 다 했을지는 모르나, 아들을 죽게 만들고 친족을 살해한 '나'의 죄과는 그를 저 무한 지옥에 떨어뜨리기에 충분하다.

뛰어난 몸과 탁월한 정신, 또는 못생긴 몸과 못난 정신 등 육체와 정신은 '나'를 만들어내는 질료들이다. 그러나 몸과 마음은 '나'라 불리는 자아, 에고, 정체성을 충족시켜주기에는 불안정한 질료들이다.

몸은 질병에 시달리고 늙고 결국은 벌레들이 파먹거나 화장터의 재로 변할 것들이므로 '나'를 지탱해줄 만한 것이 못 된다. 멋진 얼굴과 몸매를 가진 사람도 더 나은 몸뚱이를 가진 사람에게 항상적인 위협을 받는다. 그러하기에 몸을 '나'라고 생각한다면, 병들고 없어질 것으로, 그리고 비교 경쟁의 위협을 받는 것을 '나'라고 믿는 것이다.

정신은 몸보다도 더 가변적이다. 생각은 어느 한순간 지속적으로 흐르는 경우가 거의 없이 폭포수처럼 흐르며 달라진다. 위대한 사상이나 아이디어나 지식이라고 해도 이리저리 흐르는 것들이 임시로 짜 맞추어진 것이다. 이것도 항상적인 비교 경쟁의 위협에 시달린다. 그것을 '나'라고 생각한다면 잠시 모였다 흩어질 신기루 같은 것, 그리고 비교 경쟁의 불안에 시달릴 것을 '나'의 정체라고 믿는 것이다.

'나'라는 것은 닫힌 세계에서 인간들의 마음에 씌워진 꺼풀의 최고 산물이다. '나'는 마음 꺼풀이 만들어내는 무지의 최고봉이다. 병들고 늙어버릴 몸과 순간순간 변하는 정신을 '나'라고 믿고 의지하고 달라붙은 것이 모든 고통의 원인이 된다는 사실은 인도 대륙의 고타마 싯다르타에 의해 예리하고 치밀하게 밝혀진 바 있다. 그럼에도 보통 사람은 물론, 심지어 그의 제자들까지도 그 '나'로부터 벗어나기가 힘들다.

연회

인도 대륙 북부에서 정리된 고타마 싯다르타의 가르침은 저 멀리 한반도에까지 이르렀고, 그 동남쪽 영취산에는 고승 연회(緣會)가 세속과의 인연을 끊고 숨어살면서 '나' 라는 착각을 벗기 위해 수행하고 있었다. 그의 도력 때문에 수행처 뜰에 있는 연못에는 연꽃 몇 송이가 사시사철 시들지 않고 아름답게 피어 있었다. 8세기 말엽 신라에서의 일이다.

그 기이하고 상서로운 일을 들은 왕이 연회를 '나라 스승(國師)'으로 삼고자 전갈을 보냈다. 법사는 그 말을 듣고는 암자를 버리고 달아났다.

어느 고개 바위를 지나가는데 한 노인이 밭을 갈다가 물었다.

"스님, 어디 가십니까?"

법사가 대답했다.

"나라에서 벼슬로 나를 얽매어두려고 하기에 그것을 피하려는 것이오."

그러자 노인이 한마디를 덧붙였다.

"법사의 이름은 여기서도 팔 수 있는데, 왜 힘들게 멀리 가서 팔려 하십니까? 법사야말로 이름 팔기를 좋아하시는군요."

연회는 자신을 조롱하는 말을 듣자 훌쩍 떠나버렸다.

불경의 번역과 전파를 위해 여행하는 순례승의 모습

어떤 시냇가에 이르니 한 노파가 또 '어디를 가냐.'고 물었다. 똑같이 대답하니 노파가 엉뚱하게 '앞서 사람을 만난 적이 있느냐.'고 물었다. 법사는 "어떤 노인이 날 모욕하기에 화를 내고 왔습니다."라고 대답했다. 그러자 노파가 말했다.

"그분은 문수보살인데, 어찌 그 말씀을 듣지 않았습니까?"

이 말에 놀란 연회가 급히 돌아가 밭을 갈던 노인에게 머리 숙여 사과하며 물었다.

"시냇가의 노파는 누구신가요?"

노인은 "변재천녀이시다."라고 말하곤 사라져버렸다. 변재천녀(辯才天女)는 여덟 개의 팔을 가지고 비파를 타고 아름다운 소리로 중생을 즐겁게 하는 대승불교의 여신이다. 연회는 크게 깨달은 바가 있어 왕의 조서를 받고 대궐로 나아가 나라 스승이 되었다.

연회가 나라에서 중에게 내리는 최고 지위를 마다하고 달아난 것은 세속사에 휩쓸리지 않으려는 도인의 순수한 행동으로 보인다. 그러나 문수보살과 변재천녀가 친히 내려와 그의 잘못을 깨우쳤을 정도로 그는 크게 빗나갔다. 그는 세속 벼슬과 '나'를 대립적으로 구분하고, 세속을 벗어나 숨어사는 '깨끗한 나'에 집착하면서 고상한 명성을 높이려 한 것이다.

'깨끗하고 순수한 나'를 자아로 동일시하고 그 명성에 집착한 것은 그토록 벗기려 했던 마음 꺼풀 '나'에게 다시 얽혀든 꼴이다. 그나마 그 마음의 순수성이 높아 연꽃도 감화하고 문수보살과 변재천녀도 그를 도우려 한 것이다. 그 결과 '더러운 나'와 구분되는 '깨끗한 나'를 다시 깨기 위해 연회는 '더러운 벼슬'을 받아들이는 수행 길에 올랐다.

사람들은 보통 자신의 몸과 정신을 '나'라고 생각하는 착각에서 잠시도 벗어나길 못한다. 그 만큼 '나'의 지배는 강고하다. 심지어 '나'를 벗기려고 출가까지 하여 인생을 바치는 사람조차 제 발 아래 다시 꿇릴 정도로 '나'의 지배는 교묘하고 끝이 없다.

무지가 몸을 질료로 하여 만들어낸 '나'는 이제 기술과 지식 등 정신까지도 포섭했을 뿐 아니라, 그 '나'를 벗겨내려는 시도도 교묘히 자기 휘하에 끌어넣는다. 에고의 마력은 이제 삶의 모든 물질적이고 정신적인 질료들을 '나' 또는 '우리'로, 또는 '너'나 '너희'로 구분하여 비교 경쟁을 시킴으로써 인간에 대한 지배를 완성했다.

닫힌 세계의 마음 꺼풀은 무지를 낳고, 무지는 자신의 가장 믿을 만한 심복으로 '나'를 낳아 인간 세상을 지배하였다. '나'는 '나'로 착각하는 인간 존재들에게 순간적인 기쁨을 주는 대신에 쓰라린 파멸의 길로 이끌었다. '나'의 지배는 대단히 교묘하여, 보통 사람들은 '나'가 내미는 개 목걸이에 자발적으로 자기 목을 맡긴다. 그로부터 벗어나려는 시도는 용맹한 혁명가들도 생각조차 못한다. 이제 인간계는 완벽히 '나'의 세상이 되었다.

■ 토마스 벌핀치, 이윤기 옮김, 〈페르세우스와 메두사〉, 《그리스와 로마의 신화》, 대원사, 1989.
■ 토마스 벌핀치, 이윤기 옮김, 〈바다의 괴물〉, 《그리스와 로마의 신화》, 대원사, 1989.
■ 토마스 벌핀치, 이윤기 옮김, 〈다이달로스〉, 《그리스와 로마의 신화》, 대원사, 1989.
■ 일연, 김원중 옮김, 〈연회가 이름을 피하다〉, 《삼국유사》, 을유문화사, 2002.

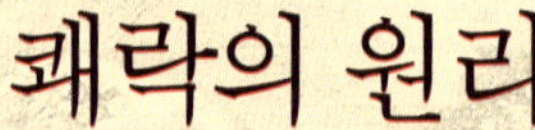

쾌락의 원리

'나'는 다시 쾌락의 원리를 낳아
심복으로 삼았다.
쾌락의 원리는 인간들을 물어다
'나'에게 갖다 바쳤다.

파에톤

아비 없이 자란 자식이 제일 화나는 일은 친구들의 놀림이다. 태양의 신 아폴론과 요정 클리메네 사이에서 태어난 파에톤이 그러했다. 친구 하나가 가소롭다는 듯이 '네가 무슨 아폴론의 아들이냐.'고 비웃었다. 화도 나고 부끄럽기도 한 사내자식이 행패를 부릴 데라고는 어머니밖에 없었다.

"제가 정말 신의 아들이라면 뭐라도 좋으니 증거를 보여주세요."

속이 뒤집힐 얘기를 듣고 클리메네는 보통 어머니들과는 달리 두 팔을 들고 경건하게 말했다.

"우리를 굽어보시는 저 태양신께 맹세하거니와 지금까지 너에게 한 말은 모두 진실이다. 만일 내가 거짓말을 했다면 지금부터 내 눈으로 태양을 볼 수 없으리라. 그리 어렵지도 않으니 네가 가서 직접 확인해보는 게 좋지 않겠느냐?"

어미는 아들에게 태양이 솟는 동쪽으로 가는 길을 알려주었다. 파에톤은 희망에 부푼 가슴으로 아폴론이 태양의 운행을 시작하는 곳을 찾아 나섰다.

마침내 그는 아폴론이 사는 궁전으로 들어갈 수 있었다. 봄의 신, 겨울의 신, 월의 신, 연의 신 등 온갖 신들에 둘러싸여 옥좌에 앉아 있던 태양의 신은 두 눈이 휘둥그레진 젊은이를 내려다보며 무엇 때문에 왔느냐고 연유를 물었다.

"빛나는 태양신이시여. 이렇게 불러도 좋을지 모르겠습니다만, 제 아버님이시여. 만인에게 제가 아버님의 아들임을 드러내어 밝힐 증표를 주소서."

아폴론은 젊은이에게 가까이 오라고 명하고는 아들을 끌어안으며 말했다.

"네 어머니가 한 말은 틀린 데가 없다. 소원을 하나 말해보거라. 내 저 무서운 스틱스 강에다 맹세하마. 우리 신들은 지엄한 약속을 할 때마다 저 강에다 맹세하느니라."

이 말에 기뻐 힘을 얻은 파에톤은 이 순간을 위해 가슴에 품어온 소원을 말했다. '이륜 태양마차를 하루만 몰게 해달라.'고. 그 말이 나온 순간 아폴론은 곧바로 후회했다. 스틱스 강에다 맹세한 아비는 격을 낮추어 아들을 설득했다. 불타는 태양 마차를 모는 일은 제우스도 할 수 없는 일이다, 이 아비조차 회전하는 천공을 살피고 저 아래 아찔한 산과 바다를 조심하느라 정신을 바짝 차리고 몰아야 한다는 등 구차하게 설명하고 나서 말했다.

"이 아비가 어찌 아들의 생명을 위태롭게 할 소원을 들어줄 수 있겠느냐? 네가 바라는 것은 명예가 아니라 파멸이다."

아폴론은 거듭된 경고로 달래고 또 달랬으나, 아폴론의 아들임을 친구들과 만천하에 알리려는 파에톤의 지극한 소망은 흔들리지 않았다. 마침내 태양의 신은 한숨을 내쉬며 태양 마차를 내주면서 각종 주의사항을 일러주었다.

"너무 높으면 천상에 있는 신들의 처소를 불태우고, 너무 낮게 잡으면 땅에 불을 지를 것이니, 중도가 가장 안전하고 좋은 길이다.
이제 모든 것은 네 운명에 맡기겠다."

천마들은 불길을 내뿜는 숨결을 식식거리며 달렸다. 그러나 무게
가 가벼워진 태양 마차는 빈 마차처럼 덜컹거리며 궤도를 벗어나기
시작했다. 파에톤은 고삐를 어떻게 다뤄야 할지도 까맣게 잊은 채
허둥거렸다. 태양 마차가 치솟자 큰곰자리와 작은곰자리에서 시작
하여 하늘 존재들이 불타기 시작했다. 천공에 산재한 괴물들에 놀
란 파에톤은 자신도 모르는 사이에 고삐를 놓치고 말았다.

태양 마차가 바닥으로 곤두박질치면서는 구름이 연기를 내고, 추
수할 곡식들이 불덩이로 변하고, 산과 도시들이 불탔다. 곡물의 여
신 데메테르가 제우스에게 호소했다.

"하늘과 땅이 무너지면 다시 옛날 카오스로 되돌아가고 맙니다."

마침내 제우스는 파에톤에게 벼락을 던졌다. 파에톤은 머리에 불
이 붙은 채 유성처럼 연기 꼬리를 물며 떨어졌다.

이탈리아의 샘과 강의 요정 나이아스는 그를 위해 묘석을 세우
고 다음과 같은 비문을 새겼다.

"파에톤, 벼락에 맞아 이 돌 아래 잠들다. 아버지의 불 수레는 제
대로 몰지 못했으나, 그 뜻만은 가상했다."

파에톤이 자신의 근원을 물으며 찾아갈 때까지만 해도 그 기백은
가상했다. 인간들 모두가 태양의 자손임을 잊고 서로가 서로에게 멸
시의 시선을 던질 때, 그는 자신이 태양의 아들임을 입증하려고 하
였다.

〈아폴론의 마차 앞에서 구애하는 파에톤〉 니콜라스 푸생, 1630년경

아버지 태양을 향한 끌림은 매우 원초적인 것이다. 어머니 클리메네의 깊고 당당한 믿음을 따라 아버지 태양을 만나러 떠난 것은, 빛을 잃고 사는 인간들이 다시 빛의 존재를 회복하려는 용기였다. 인간이 우주의 중심 태양으로부터 독립을 선언할 때, 언젠가 다시 '스스로 빛나는 존재'가 되어 돌아오겠다고 약속한 저 원대한 카발라식 비전을 좇는 위대한 발걸음이었다.

그러나 파에톤은 그 비전을 실현하는 데 결정적인 장애인 에고의 꾐에 넘어갔다. 그는 아버지의 자애로운 포옹에도 평안을 찾을 수 없었다. 아무런 증표 없이 포옹만으로는 자신이 태양의 아들임을 친구들에게 입증할 수 없었던 것이다. 그가 추구한 것은 '만인에게 보여줄 증표'였으며, 그에 따라 친구들에게서 받을 '명예'였다.

이것이 바로 인류의 원대한 비전을 뒤틀어버리는 '나'의 교묘한 조작이다. '남들보다 나은 나'라는 비교 우위의 속임수에 사로잡힌 것이다.

에고는 존재가 태어난 근원으로 돌아가 창조주와 합일하려는 원초적 자력을 사회적 비교 우위의 충동으로 바꾸어버린다. 그 충동이 에고의 작동 방식인 '쾌락의 원리'다.

존재의 원천을 확인하고 그 원천과의 합일이라는 위대한 지향을 뒤틀어버리는 것은 '내 에고를 즐겁게 만든다.'는 쾌락의 원리다. 이 세상을 에고와 자아 정체성이 지배해버린 이후, 인간은 저 원초적 자력을 제대로 감지하지도 못한 채, 비교 우위에 서려는 '나'를 만족시키려는 충동의 노예가 되었다. '나'라고 간주된 몸의 감각, 사회적 성취, 정신적 즐거움을 만족시키는 것이 사람들이 행동하는 목적이 되었다.

쾌락의 원리는 '나'와 마찬가지로 지속적인 만족의 기반이 되지 못한다. 한 번 만족된 쾌락은 지겨움으로 쉽게 변해버리고, 더 큰 쾌락을 향해 부단히 움직인다. 사실상 쾌락의 충족이란 지겨움의 해소, 또는 '더 큰 쾌락이 필요하다'는 초조와 불안의 해소에 불과하다. 그러하기에 '나'를 만족시킬 쾌락이란 순간에 불과하며, 그것도 초조와 지겨움, 불안의 해소 순간에 반짝하고는 사라지는 느낌이다.

그리하여 쾌락의 원리는 벌을 꿀단지로 유인하는 꿀과 같다. 순간의 단맛에 황홀하지만, 그 즐거움을 '나'라고 생각하면서부터 점차 단지 안으로 깊이 빠져들게 하고, 마침내 벌의 존재 자체를 소멸시킨다. 태양 마차를 몰았다는 사실을 친구들에게 신나게 자랑할 '나'의 꿈에 이끌린 파에톤이 그 '나'를 지탱해줄 몸마저 불태워 유성처럼 떨어져버린 것처럼.

우렁각시

한반도에 사는 한 가난한 농촌 총각이 밭에서 일을 하다가 한숨을 쉬며 푸념했다.

"이 농사지어서 누구랑 먹고 산담?"

다른 날도 똑같은 푸념을 했다. 그러자 어디선가 소리가 들렸다.

"나랑 먹고 살지 누구랑 먹고 살아?"

잘못 들었나 싶었으나, 다시 똑같이 푸념하자 똑같은 대답이 들렸다. 소리가 나는 곳을 찾아보니 땅 위에 우렁이 하나가 있었다. 이상하다 싶어 우렁이를 가져다 물독에 넣었다.

그 후 들에서 일하고 돌아오면 항상 밥상이 예쁘게 차려져 있었다. 이상하게 여긴 총각이 하루는 일하러 나가는 척하고는 숨어서 지켜보았다. 얼마 후 물독에서 예쁜 처녀가 나와서 밥을 지어 밥상을 차려놓고는 다시 물독으로 들어가는 것이 아닌가.

눈을 의심했으나 같은 일이 반복되었다. 이에 숨어 있던 총각은 밥상을 차려놓고 물독으로 들어가려는 처녀에게 달려들었다. 그리고는 다짜고짜 같이 살자고 졸라댔다. 처녀가 대답했다.

"아직 때가 되지 않았어요."

총각은 더욱 졸랐다. 처녀가 사연을 풀어놓았다.

"저는 원래 하늘나라 선녀인데 죄를 짓고 우렁이로 내려왔습니다. 이제 당신과 인연이 닿았으나, 몇 달을 참아야만 당신과 함께 살 수 있습니다. 만약 그 기한을 참지 못하면 슬픈 이별을 해야 할 것입니다.”

마음이 달아오른 총각은 ‘몇 달을 어떻게 참느냐.’ 며 막무가내였다. 처녀는 할 수 없다는 듯이 우렁이 몸을 벗고 인간 처녀로 변해 총각과 같이 살았다. 깨가 쏟아지는 나날이 지나갔다.

하루는 우렁각시가 들에 나가 일을 하고 있는데, 고을 원님의 행차가 지나가 덤불에 숨었다. 원님은 “저 덤불 속에 무엇이 있길래 저렇게 빛이 서려 있는가?” 하며 부하에게 확인해오라고 명했다. 부하에게 들킨 우렁각시는 신을 한 짝 주며 사태를 모면코자 했다. 부하가 신발을 들고 원님에게 갔으나 여전히 빛이 서려 있자 ‘다시 가보라.’ 고 하였다. 이렇게 수차례 하는 동안 은가락지도 빼주고, 치마도, 저고리도 벗어주었다.

그래도 빛이 사라지지 않자 마침내 속옷만 입은 우렁각시가 원님 앞에 끌려 나왔다. 그녀의 아름다움에 취한 원님은 울부짖는 빛나는 여인을 가마에 태워 끌고 갔다.

아내가 사라지자 남자가 수소문하여 원님 앞에 나아갔다. ‘아내를 돌려달라.’ 는 간절한 소원에 돌아오는 것은 쫓겨나는 일뿐. 절망에 지친 남자는 피를 토하며 쓰러졌다. 그 후 그 시체에서 파랑새 한 마리가 튀어나와 아내가 있는 관아로 날아갔다.

파랑새의 울음소리에 우렁각시도 하염없이 울었고, 모든 음식을 거부하다가 마침내 죽었다. 그녀의 시체가 놓여 있던 자리에는 참빗 하나가 동그마니 놓여 있었다.

이 슬픈 사랑의 사건은 서두름에서 비롯되었다. 인연으로 얽힐 총각이 '누구랑 먹고 살지?' 하며 뱉어낸 한숨이 우렁이의 촉촉하고 여린 살결로 스며들었다. 그 순간 우렁이로 내려온 선녀는 이 세상에 귀양을 와 속죄 기간을 채워야 하는 하늘나라의 명령과 살결에 떨려오는 총각의 한숨 사이에서 우왕좌왕했다. 조금 있으면 그이와 알콩달콩 살 것이지만, 그의 한숨이 애처로워 견딜 수 없었다.

자기도 모르는 사이에 '나랑 살지 누구랑 살아?' 하는 소리를 토해버렸다. 그 덕분에 그이 집으로 들어가 더 가까운 데서 미래의 낭군을 지켜볼 수 있었다. 선녀는 미래의 남편을 위해 하게 될 일을 미리 해보고픈 충동에 견딜 수 없었다. 인간으로 변해 밥상을 차리고, 총각이 돌아와 놀라며 맛있게 먹는 것을 엿보면서 미래의 행복을 먼저 느꼈다.

숨어 있던 남자가 다가와 '몇 달을 어떻게 기다리냐.' 며 보채자, 형기를 채워야 한다는 하늘나라의 엄중한 명보다는 남자의 온기가 더 가까웠다. 남자도 오매불망 바라던 아름다운 여인이 자기의 아내가 될 여자라는 것을 안 이상 '슬픈 이별'과 같은 경고는 안중에도 없었다. 마침내 그들의 쾌락은 만족되었다.

우렁각시는 더 기다려야 이 남자와 행복하게 살 수 있다는 것을 알고 있었다. 그러나 그녀의 앎은 명령에 대한 이해 수준이었지, 행동 원칙으로까지 소화한 지혜는 아니었다. 남자의 목소리와 땀내가 끄는 자력이 하늘의 명령보다 더 가까이 있었다. 쾌락의 원리는 때를 앞지르라고 보챘다. '모든 것은 때에 따라 합하고 헤어진다.' 는 실천적 지혜가 박약했기에, 둘은 부둥켜안았다. 쾌락 추구의 갈증은 충족되었고, 짝이 없는 허기증을 느껴왔던 '나'는 만족했다.

뒤이어 슬픈 파랑새가 우짖었고, 여인네들의 머리카락을 빗는 참빗이 파랑새의 울음에 공명했다. '알콩달콩 사는 나'를 위한 쾌락에 서두른 결과이다. 쾌락의 원리는 지성이나 지혜보다 더 강한 힘으로 끌어당긴다. 무지가 그 바탕이기 때문이다.

에리시톤

발칸 반도에 아주 오래된 나무가 한 그루 있었다. 식물의 여신 데메테르에게 봉헌된 이 참나무는 그 한 그루만으로도 가히 숲이라 불릴 정도로 컸다. 숲의 요정 드리아데스는 손에 손을 잡고 이 나무를 돌며 춤추곤 하였다. 데메테르에게 봉헌된 꽃 바퀴와 나무 요정에게 빌어 소원을 이룬 데 대한 보답으로 새긴 글과 그림들이 요정들의 춤을 더욱 아름답게 만들었다.

그 나무가 있던 지방에는 에리시톤이라는 권세 있는 남자가 살았다. 그는 신앙심을 우습게 여기며 신들을 업신여기는 일도 마다하지 않는 사내였다. 그가 데메테르에게 봉헌된 숲을 모조리 쳐내려고 하였다. 나무를 쳐내러 가던 그의 하인들은 이 참나무 앞에서 망설였다. 에리시톤은 큰 나무라고 해서 못 찍어낼 이유는 없다며 이 나무를 찍으라고 하인들에게 소리쳤다.

하인들이 그래도 망설이자 도끼를 뺏어 든 에리시톤의 입에서 험한 말이 쏟아졌다.

"이것이 여신이 사랑하는 나무든 아니든 내 앞을 막고서야 어찌 무사하랴?"

참나무는 몸을 떨며 신음했다. 에리시톤이 도끼로 일격을 가하자, 참나무의 파인 자국에서 피가 흘렀다.

주위 사람들은 두려움에 떨었고, 한 사람이 나서서 에리시톤을 저지했다. 하지만 그는 나무 둥치에서 뽑아낸 도끼로 그 사내의 목을 찍었다. 무수히 도끼질 당한 거목은 마침내 쓰러졌다.

드리아데스는 하늘을 우러러 탄식하다가 모두 상복을 차려입고 떼 지어 곡물의 여신 데메테르에게 찾아갔다. 그들이 에리시톤에게 죗값을 물리라고 간청하자 여신이 고개를 끄덕였다. 그 순간 논밭의 곡물들도 모두 고개를 끄덕였다. 데메테르는 기아의 여신에게 에리시톤의 뱃속에 들어가 진을 치고 있으라고 부탁했다. 기아의 여신들은 잠자고 있는 에리시톤의 핏줄 구석구석까지 시장기의 독을 불어넣었다.

꿈에서부터 정신없이 먹기 시작한 에리시톤은 모든 강물을 마셔버리는 바다처럼 먹어댔다. 모든 재산이 거덜 나고, 하나 남은 딸도 노예로 팔아버렸다. 딸은 해변에 서서 두 손을 모아 바다의 신 포세이돈에게 빌었고, 바다의 신은 이 딸을 노예 상인에게는 어부로 보이도록 변신시켰다. 노예 상인을 피해 다시 집으로 돌아온 딸을 에리시톤은 다시 팔았다. 그때마다 딸은 포세이돈의 도움으로 돌아왔다.

그러나 먹어도 먹어도 에리시톤의 시장기는 가시지 않았다. 마치 쌓여 있는 땔감을 모조리 태우고도 지칠 줄 모르고 혀를 날름거리는 불꽃같았다. 마지막에는 자기의 팔다리까지 잘라 먹지 않을 수 없게 되었다. 결국 그는 숨이 끊어지고 나서야 데메테르의 복수에서 벗어날 수 있었다.

이 이야기는 쾌락 추구욕이 전개되는 과정을 적나라하게 보여준다. '나'가 한껏 커진 에리시톤은 신이든, 요정이든, 푸른 종족이든 자신의 뜻을 가로막을 수는 없다고 생각했다. 여신이 사랑하는 나무를 베어낸다는 것, 그것은 미신에서 해방된 인간 자아의 선언이었다.

겁을 상실한 '나'는 쾌락 추구욕을 한껏 부풀렸다. 멋진 도시를 건설하기 위해서건, 경관을 위해서건, 그의 이상을 실현하기 위해 숲을 제거하는 것은 불가피했다. 그는 자신의 이상과 아이디어를 '나'라고 생각했다. 생각 속의 '이상적인 나'를 실현하는 것은 쾌락을 추구하는 것이다. 따라서 그 이상을 방해하는 모든 것은 쾌락을 방해하는 것일 뿐 아니라 '나'라는 최고 존재를 방해하는 것이었다.

그러나 '나'를 위해 나무를 베는 일은 '나'를 지탱해준 내 생명을 잘라먹는 일이다. 인간의 팔다리는 푸른 종족의 몸으로 채워진 것이고, 푸른 종족으로 몸을 채운 다른 움직이는 종족들의 살로 채워진 것이다. 결국 푸른 종족을 베어버리는 일은 나와 주변 동물들의 몸을 만들어온 살을 베어버리는 일이었다.

데메테르의 벌은 에리시톤의 쾌락 추구욕을 순리대로 풀어놓은 것뿐이다. 식물의 여신다운 벌이다. 욕망이 고삐에서 풀려나면 이곳저곳을 뛰어다니며 닥치는 대로 쾌락을 먹어치운다. 그 최종 결과는 욕망을 일으키는 원천까지 먹어치우는 것이다. 욕망의 원천은 자신의 몸이었으니, 고삐 풀린 쾌락 추구욕은 몸까지 먹어치우고도 허공에서 허기진 혀를 날름거린다.

마음 꺼풀 속의 어둠 속에서 자란 '나'는 그 파트너인 쾌락 추구욕을 통해 내 삶의 터전을 먹어치운다. 욕망의 종착역은 항상 그곳이다. 푸른 종족의 여신은 과거 에리시톤에게 주었던 벌, 욕망의 고

〈파에톤의 추락〉 피터 폴 루벤스, 1636년

뼈를 풀어놓는 벌을 오늘날 인간에게도 이미 내린 듯하다.

아담과 이브는 선악과를 따먹고 선과 악을 구분하기 시작했다. 선과 악은 도덕적 기준일 뿐 아니라, 좋음과 나쁨, 쾌와 불쾌 등 감정적 기준이기도 하다. 감정적인 쾌와 불쾌를 나누는 것은 '나'이므로, 좋음과 싫음을 구분하는 잣대는 자아이다.

선악과를 따먹은 후부터 인간은 '나'에게 즐거운 것, 자아에게 좋은 것, 에고를 만족시키는 것을 목마르게 갈구하며 추구하고, '나'에게 싫고 자아에게 불쾌하며 에고에게 나쁜 것을 피하고 죽이는, 이른바 '쾌락의 원리'를 따르기 시작했다. 쾌락의 원리는 자아와 짝을 이루며 서로가 서로를 키워준다.

쾌락의 원리는 대단히 맹목적이다. 순간의 기쁨이 깊은 고통으로 바뀔 게 뻔해도, 사람들은 그 쾌락을 선택한다. 순간의 고통이 장기적인 쾌락으로 바뀔 게 분명하더라도 사람들은 불쾌를 피해 다닌다. 쾌락의 원리가 이처럼 맹목적이고 무지한 이유는 그 기반인 '나'가 무지의 산물이기 때문이다. 닫힌 세계는 마음의 꺼풀을 낳았고, 그 꺼풀 안에서 자란 어두운 무지는 '나'를 낳았으며, '나'는 쾌락의 원리를 낳았다. 쾌락 추구의 욕망이 고삐가 풀린 것은 세계가 완전히 닫혀 '나'의 무지가 시커멓게 마음을 덮었기 때문이다. 지금도 '나'는 내 팔다리를 뜯어먹으라고 명한다.

■ 토마스 벌핀치, 이윤기 옮김, 〈파에톤〉, 《그리스와 로마의 신화》, 대원사, 1989.
■ 〈우렁각시〉, 한국 설화.
■ 토마스 벌핀치, 이윤기 옮김, 〈에리시톤〉, 《그리스와 로마의 신화》, 대원사, 1989.

쪼갬의 원리

'나'는 쾌락의 원리 옆에
쪼갬의 원리를 또 다른 심복으로 두었다.
쾌락의 원리와 쪼갬의 원리가 양편에서
'나'를 지탱하면서 닫힌 세계의 원리가 완성된다.

쪼개진 몸

발칸 반도의 철학신화 작가 플라톤이 간접적으로 전하는 바에 따르면, 처음에 인간 조상들은 남녀의 두 몸이 한 몸으로 붙어 있었다. 그들은 두 머리와 네 발을 자유로이 사용하며 무서운 힘을 지녔을 뿐 아니라 야심도 대단했다. 자신들의 지식과 힘에 대한 자신감이 자만으로 바뀌자, 마침내 그들은 신들을 공격하기에 이르렀다.

그러다 고민하던 제우스가 결단을 내렸다. '잘 삶은 달걀을 머리카락으로 가르듯 인간들의 한가운데를 갈라 두 조각으로 쪼갠다.'는 것이었다. 갈라진 인간들은 힘이 대폭 줄어들었다. 뿐만 아니라 쪼개져 나간 상대가 그리워 견딜 수 없었다. 그리하여 지금도 남자는 여자를, 여자는 남자를 자신의 분신처럼 찾아다니게 된 것이다. 물론 일부 동성 짝을 찾는 경우는 옛날에 붙어 있던 짝이 동성이었기 때문이다.

이로부터 인간계에는 하나였던 것을 둘로, 넷으로, 아홉으로 나누는 '쪼갬의 원리'가 번져 나갔다. 쪼갬의 기본 과정은 하나였던 것을 둘로 나누고, 나누어진 것들을 반대되는 양극으로 설정하는 것이다. 쪼갬이 진행되면 사람들은 본래 하나였던 것들을 반대 또는 대립하는 것이라 생각하게 되었다.

제우스가 인간의 몸을 가른 후 대부분의 사람들은 쪼개진 몸과

〈양성인간〉 살로몬 트리스모신, 1612년

쪼개진 마음을 자아라고 생각하여, '나는 여자,' '너는 남자' 라고
믿어 의심치 않았다. 그러나 일부 인간들은 옛날 몸이 붙어 있던 때
를 기억하고 있었다.

아탈란테

발칸 반도에는 '여자라고 하기에는 너무 남자 같고, 남자라고 하기에는 너무 여자 같은' 처녀가 살았다. 이름은 아탈란테.

아들을 바란 그녀의 아버지가 딸이 태어나자 산속에 버렸다. 처음에는 암곰이 젖을 먹여 그녀를 키웠고, 후에는 사냥꾼이 그녀를 데려다 키웠다. 곰의 젖과 사냥꾼의 기개로 자란 아탈란테는 달리기에서 누구보다 뛰어났고, 레슬링에서도 결코 뒤지지 않아, 아르고 원정대에 참가하여 남자 영웅들과 어깨를 나란히 할 정도였다.

아탈란테는 여자이면서도 남자 이상인 자신의 기구한 운명에 관해 신의 뜻을 물어본 적이 있었다. 신의 뜻은 '결혼하면 안 된다. 결혼하면 그 길로 끝장이다.'였다. 신의 뜻을 두려워한 아탈란테는 남자들과의 교제를 피하고 오직 사냥에만 열중했다. 구혼해오는 남자가 있으면 살벌한 조건을 걸었다.

"달리기 시합을 하여 당신이 이기면 나를 당신에게 맡기지만, 지면 당신의 목숨을 맡겠습니다."

아탈란테는 여자라고 우습게보고 덤벼든 남자들을 겨루는 족족 이겼고, 진 사내는 용서 없이 죽여버렸다.

어느 날 아탈란테의 달리기 시합 심판을 본 히포마네스가 그녀에게 반해버렸다. 웃옷을 벗고 달리는 아탈란테의 몸매와 장밋빛으로 물든 살갗, 어깨 위에서 춤추는 머리카락이 그렇게 아름다울 수가 없었다. 그는 목숨이 걸려 있다는 사실도 잊고 아탈란테에게 말했다.

"이런 느림보들을 이기고 뽐내는 것이오? 내가 상대해드리리다."

히포마네스의 준수한 용모를 본 아탈란테는 그의 목숨이 가여워 스스로 포기해주기를 마음속으로 바랐다. 그러나 주변에서는 겨루기를 재촉하는 성화가 보통이 아니었다.

정신이 든 히포마네스는 사랑의 여신 아프로디테에게 매달리며 호소했다.

"여신이여, 도와주소서. 사랑에 빠지게 만든 건 당신 아닙니까?"

여신은 그러겠다고 하고는 황금 사과 세 개를 아무도 모르게 건네주면서 어떻게 사용할지 가르쳐주었다.

마침내 둘 사이에 달리기 시합이 시작되었다. 점차 숨이 거칠어지고 갈증까지 느낀 히포마네스는 아프로디테 여신이 가르쳐준 대로 사과 한 개를 던졌다. 처녀가 놀라 그것을 줍는 동안 히포마네스는 처녀를 앞섰다. 그녀가 뒤쫓아 왔을 때 청년은 또 사과를 던졌고, 처녀는 또 멈추었으나, 또 이내 따라잡았다.

결승선이 눈앞에 보이자 히포마네스는 여신께 "당신 선물에 힘을 내리소서."라고 기도하며 옆으로 멀찍이 던졌다. 아탈란테가 주저했으나, 여신이 힘을 써서 줍지 않고는 못 배기게 했다. 이리하여 히포마네스는 아탈란테를 아내로 얻어 집으로 돌아왔다.

두 사람은 막혔던 운명의 벽이 뚫린 폭포처럼 결합의 행복을 만끽했다. 그러나 자기들의 행복에만 취해 아프로디테 여신께 감사의 인사를 차리지 못했다. 뿐만 아니라 키벨레 여신의 신전에서 알몸을 뒤섞는 무례를 범했다. 화가 난 아프로디테는 배은망덕한 두 사람을 올림포스 신들의 어머니인 키벨레에게 처분토록 맡겼다. 키벨레는 그들에게서 인간의 모습을 빼앗고, 그들의 성격에 걸맞게 사자로 변신시켜 고삐를 매달아 자기 양 옆에 두었다.

아탈란테는 여성의 아름다움과 청년의 용기를 합한 중성이었다. 그녀는 한 몸에서 선조들이 즐겼던 합체를 이루었다. 몸은 쪼개진 한편이었으나, 마음은 선조들의 합체 상태를 뚜렷이 기억하고 있었다. 그 이름에서도 선조 때 살던 대륙 아틀란타를 기억할 정도이다.

합체 때의 지식과 힘을 기억하고 있기에, 처녀 아탈란테는 힘도 강하고 성격도 야생적이었다. 그 운명에 끌려 다가온 곰이 젖으로 맹수의 기운을 불어넣었고, 사냥꾼이 데려다가 들판을 뛰어다니는 야생적 기질을 발현시켜주었다. 달리기를 할 때도, 시합에 진 남자들을 가차 없이 죽여버릴 때도 신에 도전했던 합체 선조들의 힘이 되살아났다.

이처럼 제대로 쪼개지지 않은 사람에게 쪼개진 인간들이나 하는 결혼은 신탁을 받아보지 않아도 '끝장'을 예고하는 것이었다. 그 기구한 운명이 슬프나 신들의 뜻을 따를 수밖에 없었다.

그러나 이런 통합형 인간에게도 쪼갬의 원리는 강고하게 작용했다. 사랑의 여신 아프로디테의 후원을 받는 남자가 나타나, 그녀의 남성성을 깨뜨리고 웅크리고 있던 여성성에 불을 질렀다. 남성이 무너지고 여성만 남은 쪼개진 존재에게 분신을 만난 환희는 자제할 수가 없었다. 갈라졌던 자들이 합치자 신전에서 여신의 조각상이 고개를 돌릴 정도로 음탕한 짓들을 해대질 않나, 운명을 바꾸어주면서까지 도와준 여신께 감사의 예물을 올리는 인사도 잊어먹질 않나……. 쪼개진 존재로서의 여자 아탈란테의 행복은 거기서 '끝장'이 나버렸다.

성(性, sex)이란 말의 원뜻은 '쪼개다'이다. 제우스가 합체된 인간의 몸을 남과 여로 쪼갰기 때문이다. 이후 유럽의 인간들이 쓰는 언어는 사물을 모두 남성과 여성으로 쪼개면서, 쪼갬의 원리를 모든 사물에 적용했다. 하늘은 남성, 땅은 여성, 나무는 남성, 꽃은 여성……. 이런 식으로 모든 사물은 암컷과 수컷으로 정돈되었다.

쪼갬의 원리는 신들이나 요정들에게도 작용했다. 계절의 신의 통합시대는 끝나고, 머리에 화관을 쓴 봄의 여신, 옷을 벗은 여름의 신, 포도를 밟아 터뜨리는 가을의 신, 서릿발 머리카락의 겨울 신 등으로 나뉘었다. 똑같았던 요정들도 물고기를 타고 노는 요정, 바위에 앉아 파란 머리카락을 말리는 요정, 나무에 살며 빨간 열매를 키우는 요정 등등으로 나뉘었고, 땅 위에는 마을의 신, 숲의 신, 강의 신, 들판의 신들로 그 숫자를 헤아릴 수 없을 정도로 신들이 갈라져 나왔다.

이후 인간에게는 육체뿐 아니라 정신도 쪼갬의 원리를 구현하게 되었다. 바로 이때 정신의 쪼갬 원리를 극대화한 언어가 탄생한다.

바벨탑

13세기 중동의 이븐 아라비가 시간을 거슬러 관측한 바, 만물이 생겨난 것은 무수한 '신의 이름'이 생겨나면서부터였다. 중국 대륙에서도 노자가 동일한 과정을 관측했는데, 그에 따르면 '이름은 만물을 낳는 어머니'였다. 새 신의 이름이 생긴다는 것은 새 사물이 쪼개져 지각되고, 마침내 완전히 구분된 존재로 정착한다는 것을 뜻했다. 언어는 숱한 사물들을 쪼개어 낳는 어머니가 되었다.

이름이 없을 때 만물은 하나였다. 비록 조금씩 다르게 지각되더라도 서로서로가 연결되어 있었다. 그러나 이름이 생기면서 연결된 사물도 나뉘어 독립된 존재가 되었다. 이름은 만물을 다채롭게 창조한, 인간계의 중요한 창조 도구였다.

언어는 자연을 분석하고 가공하는 도구가 되었고, 그 지식의 힘으로 인간의 자만심을 키웠다. 보통 흙의 이름은 몇 개 안 되지만, 사막 지역에서는 수십 종의 이름으로 나뉘었고, 그 다른 특성에 맞게 다른 방식으로 이용되고 가공되면서 사람들의 에고를 강화했다. 흙에 대한 이러한 분석적 지식이 중동에서 바벨탑을 세워 신에게 도전한 원인이 되었다.

초기에는 모든 사람이 하나의 말만 썼고, 당연히 낱말도 다 같았다. 서로서로 잘 협력했고, 지식도 공동으로 축적하고 전승될 수 있었다. 흙을 분석하고 가공할 지식이 늘자 사람들은 말했다. "돌 대신 벽돌을 빚어 불에 단단히 구워내자." 이후 돌 대신 벽돌을, 흙 대신 역청을 쓰게 되었다. 새 기술에 자신감을 얻은 사람들은 배포 있게 말했다.

"도시를 세우고 그 가운데 꼭대기가 하늘에 닿게 탑을 쌓아 우리 이름을 날리자."

그들은 모여서 큰 도시 바벨을 만들고, 하늘로 치솟는 탑을 짓기 시작했다. 이름이 지식을 낳고, 지식이 기술을 낳고, 그 지식과 기술의 힘으로 커진 '나'가 자신들의 이름을 하늘 끝까지 드높이고자 했다.

저 밑의 바벨 땅에서 시작된 탑이 자신이 사는 하늘에 닿을 듯 올라오는 모양을 위험스레 쳐다보던 야훼 신은 생각했다. '이것은 사람들이 하려는 일의 시작에 불과하겠지. 앞으로 하려고만 하면 못할 일이 없겠구나. 당장 땅에 내려가서 사람들이 쓰는 말을 뒤섞어 놓아 서로 알아듣지 못하게 해야겠다.' 그의 뜻대로 되었다.

사람들의 말이 사분오열되자 협력이 이루어지지 않았다. 지식의 축적과 전승도 같은 말을 쓰는 사람들끼리만 가능해졌다. 사람들은 언어권별로 싸우다 흩어져 나갔다.

언어의 쪼갬 기능은 언어 자체의 성질이다. 언어는 스스로를 나누어야만 의미가 발생하여 언어로서의 기능을 수행할 수 있다. 흙이란 단어는 모래 · 진흙 · 자갈 등으로 스스로를 차별화해야 대상

도 쪼갤 수 있고, 구체적인 의미를 가지면서 분석적인 지식의 토대
가 될 수 있다. 쪼갬의 원리는 언어의 의미를 발생케 하고, 사물을
구분하고 분석적 지식과 기술을 낳게 한다.

쪼갬의 원리로 축적한 지식의 힘 때문에 인간들은 '하늘에 닿게
탑을 쌓아 우리 이름을 날리자.' 고 호기를 부렸고, 야훼도 '앞으로
하려고만 하면 못할 일이 없겠구나.' 라고 우려하게 되었다. 비록 야
훼가 언어를 나누어 지식 축적과 전수의 장벽을 쌓긴 하였으나, 오
늘날 인류 문명이 도달한 수준은 '하려고 한 일을 거의 이루어온'
경지에 이르렀다.

언어가 사물을 쪼갤 때면 '나' 가 달라붙어 그 대립을 격화시킨다.
쪼갠 것의 어느 한편이 '나' 라고 동일시되면, 다른 편은 '나' 와 다
르거나 대립되는 '너' 가 된다. 여기에 쾌락의 원리가 또 달라붙어
'좋은 나' 와 '나쁜 너' 가 나뉜다.

야훼가 한 일은 언어의 차별화와 대립화 기능을 언어 자체에 실
현시킨 것일 뿐이다. 언어가 나뉘자 문화가 나뉘고, 문화가 나뉘자
부족들이 갈라섰다. '선한 내 민족의 신' 과 '악한 너희 종족의 신'
이 나뉘면서 무차별한 투쟁이 이어졌다.

언어의 차별화와 대립화 기능은 분석적 지식의 성과와 더불어 갈
등과 투쟁을 불가피하게 일으킨다. 언어적 지식은 문명을 일구어냈
지만, 숱한 대립도 같이 키워냈다. 언어는 인간계의 축복이자 저주
였다.

〈바벨탑〉 피터 브뢰겔, 1953년

꽃과 악마

한반도의 시인 김춘수는 '꽃'을 다음과 같이 노래했다.

내가 그의 이름을 불러주기 전에는
그는 다만
하나의 몸짓에 지나지 않았다.

내가 그의 이름을 불러주었을 때
그는 나에게로 와서
꽃이 되었다.

애초에 있었던 것은 '이름도 없는 그의 몸짓' 뿐이었다. 내가 이름을 붙이자 그 몸짓은 꽃이 되어 내게 다가왔다. 우리는 이름을 붙이기 전의 '몸짓'에 대해서는 알 능력을 잃어버렸다. 언어에 의해 창조되고 전달되는 지식은 '이름도 없는 몸짓'을 모른다는 점에서 무지스런 지식이다. 그 지식은 유용성은 있으나 사물이 있는 그대로의 진실은 담을 수 없다.

언어가 개입하는 순간, 몸짓이 쪼개져버리기 때문이다. 이 과정을 세밀하게 들여다본 물리신화 작가 하이젠베르크는 '불확정성의 원리'를 제창했다. 소립자에 대해 들여다보는 행위, 그 행위 자체가 소립자의 '반응'을 다르게 만든다. 어떤 식으로 쳐다보느냐에 따라 소립자의 드러남이 다르므로 '소립자 자체'에 대해서는 알 수 없다. 즉 불확정이다. 소립자는 인간의 시선에 따라 다르게 드러나는 몸짓일 뿐이다. 이름을 붙여줄 때 드러남은 있지만, 몸짓 자체는 이름 저편으로 사라진다.

그렇다면 어떤 시선으로 몸짓을 바라보느냐가 자연이 드러나는 양태를 좌우하는 결정적 요소가 된다. 몸짓이 꽃으로 변해 다가온 것은 호의적인 시선으로 이름을 붙였기 때문이다. 만약 악의적인 시선으로 이름을 붙이면 어떻게 될까? 그 몸짓은 악마가 되어 나를 위협한다. 나는 꽃과 악마에 대해 '나'와 '너'라고 대립시키며 상반

되게 반응한다. 몸짓은 사라지고 남는 것은 꽃과 악마뿐이다. 이런 기제가 인간을 조울증으로 분열시킨다.

쪼갬의 원리는 인간의 관심에 따라 대상에 대한 분석적 지식을 축적시킨다. 관심이란 상당 부분 쾌락의 원리에 따른다. 쪼갬의 원리에 쾌락의 원리가 결합하면서, '나'를 위한 언어들이 사물을 차별적으로 드러낸다. 몸짓은 언어 저편으로 사라지고, 꽃과 악마라는 차별과 대립이 지식으로 남는다.

그런 점에서 언어에는 닫힌 세계의 모든 원리가 응축되어 있다. 언어의 감옥에 갇힌 사람들이 닫힌 세계를 끊임없이 창조해내는 이유도 거기에 있다.

■ 플라톤, 최명관 옮김, 《향연》, 을서문화사, 1972.
■ 토마스 벌핀치, 이윤기 옮김, 〈아탈란테〉, 《그리스와 로마의 신화》, 대원사, 1989.
■ '바벨탑 이야기', 〈창세기〉, 《구약 성서》.
■ 김춘수, 〈꽃〉, 《金春洙詩選》, 정음사, 1981.

항구 없는 항해

삶을 여행이라고도 하고 항해라고도 한다.

어 지역 저 문화를 돌아다니거나,

이 항구 저 항구를 찾아다니는 것이 인생이라는 것이다.

여행을 하면 정말 새로운 것을 찾을 수 있을까?

항구 없는 항해

미다스

미다스 왕이 술의 신 디오니소스의 스승인 실레노스를 따뜻하게 영접하고 열흘간이나 술잔치를 베풀어 대접한 것은 순수한 뜻이 아니었다. 술 취해 비틀거리다 농부들에게 이끌려 궁전에 들어온 자가 저 유명한 실레노스라는 것을 알았기 때문이다.

실종된 스승을 찾아온 디오니소스는 미다스 왕에게 스승에 대한 환대의 답례로 한 가지 소원을 들어줄 터이니 무엇이든 말해보라고 했다. 미다스는 마치 기다렸다는 듯이, 자기 손으로 만지는 것은 모조리 황금으로 변하게 해달라고 부탁했다. 디오니소스는 이런 소원에 내심 못마땅해하면서도 약속대로 그것이 이루어지도록 해주었다.

참나무 가지도, 사과도 손에 닿는 대로 다 황금으로 변하자 미다스의 기쁨은 이루 말할 수 없었다. 그러나 빵을 먹으려는 순간 사단이 났다. 빵이 딱딱하게 굳어져 씹을 수 없게 되었고, 포도주도 녹은 황금이 되어 목구멍을 따라 흘러들었다. 이제 기쁨은 공포의 횡액으로 바뀌었다. 그는 금빛 찬란한 두 팔을 벌리고 '황금빛 파멸'에서 구해달라고 디오니소스에게 애원했다. 자비로운 디오니소스는 그의 애원을 들어주었다.

황금이 지긋지긋해진 미다스는 부귀영화를 버렸다. 그리고는 시골에 들어가 살면서 들의 신 판의 숭배자가 되었다. 도시 생활이 지겨워 농촌으로 돌아가는 사람들의 선조가 된 것이다. 여기서 벌어진 사건, 즉 판과 아폴론의 음악 연주 대결에서 아폴론의 승리에 항의한 결과 아폴론에 의해 그의 귀가 당나귀 귀로 변하고, 그 비밀이 갈대숲에서 계속 울리게 된 사건은 이미 다 아는 바이다.

쾌락의 원리는 그 욕망의 주인을 파멸시켜왔다. 여기서도 그 원리가 빗나가지 않고 황금 궁전의 기쁨은 죽음의 공포로 순식간에 바뀌었다. 디오니소스의 자비로 황금 손의 횡액에서 벗어나긴 했으나, 스스로 그 죗값을 치르지는 못했기에 쾌락 추구욕이 사라진 것은 아니었다. 단지 욕망의 대상이 바뀌었을 뿐이다.

그의 쾌락 추구욕은 황금에서 전원과 음악으로, 세속에서 탈세속으로 방향을 바꾸었다. '풍요한 물질'과는 전혀 다른 '고상한 정신'을 숭배하게 된 것이다.

데카르트라는 유럽의 걸출한 철학신화 작가는 미다스의 변신을 합리화해주었다. 그는 정신과 육체를 이원적으로 쪼개고 나서, 정신을 육체나 물질보다 우위에 두었다. "나는 생각한다. 고로 존재한다."는 그의 명귀는 생각과 자아를 동일시하면서, 정신에서 존재의 근원을 찾으려는 시도였다. 그의 해석으로 보면 미다스는 '이제 나는 음악과 전원의 숭배자다. 고로 나는 고상하게 존재한다.'라고 선언한 셈이다.

그런데 그는 '나'라는 괴물이 물질뿐 아니라 정신세계도 깊이 장악하고 있다는 것을 몰랐다. 정신과 자신을 동일시한 것도 바로

 신화, 이야기를 창조하다

〈바쿠스〉 미켈란젤로, 1496~1497년

'나'의 장난이었다. 처음에 미다스는 자연과 음악의 세계를 '나'로 동일시하며 비교 우위의 쾌감을 즐겼다. 그런데 그 정신세계도 쪼개져 있었다. 들판의 음악인 판만 있는 게 아니라 햇빛의 음악인 아폴론도 있었다. 비교 우위를 설정하기 위한 '나'의 시도는 양자를 다시 대결시켰고, '나'의 우상인 판이 열등한 것으로 판정 받던 불쾌가 일어났다.

옹고집으로 뭉친 '나의 귀'가 참패하고도 항의하자 당나귀 귀로 바뀌는 수모를 당하게 되었으니, 실상은 애초부터 당나귀 귀였던 것이다. 고상한 정신이라는 것도 그 자체로 고상한 것이 아니라 '나의 쾌락'을 위해 고상해야 했던 것이다.

'나'의 입장에서는 물질이나 정신이나 큰 차이가 없는 지배 대상이다. 달리 보면 '나는 정신이다.'라고 선언하는 것은 '너는 물질이다.'라고 선언하는 행위다. 결국 물질과 정신의 이원론조차 차별화와 비교 우위를 추구하는 '나'의 꼼수일 뿐이다.

물질과 정신은 대립하는 것으로 간주되지만, 욕망이라는 시계추의 입장에서 보면 왔다 갔다 하는 양극을 의미할 뿐이다. '고상한 정신'은 '풍요한 물질'에 지겨워진 욕망이 새로운 만족을 위해 찾아가는 외양만 다른 먹잇감일 뿐이다.

쪼갬의 원리에 따라 사물이 쪼개져 나가면, 욕망도 쪼개진 대상을 옮겨 다니며 '다른 것'을 추구한다. 그러나 원래는 하나였던 것이 쪼개진 것이므로, 본질상 큰 차이가 있는 것은 아니다. 그럼에도 쾌락 추구욕은 지겨움을 피해 이 사람 저 대상으로 메뚜기처럼 옮겨 띈다.

쌀밥에 지겨워진 욕망은 고기에 대한 미각을 찾아, 고기 맛이 지겨워지면 보리밥의 미각을 찾아, 그것도 지겨워지면 웰빙 채소들에 대한 미각을 찾아 옮겨 뛴다. 의학신화의 작가들은 새로운 병명을 계속 쪼개어 만들어냄으로써, 한 병의 공포에 둔감해진 사람들의 불쾌 도피욕을 자극한다. 불쾌 도피욕과 새 쾌락 추구욕이 결합하여 인생을 이 대상 저 기쁨을 찾아 정처 없이 옮겨 다니는 메뚜기 뜀으로 만든다.

이제 미다스에게 남은 것은 체면뿐이었다. 물질도 버리고 정신세계에서도 쫓겨났으니, 남는 것은 왕으로서의 사회적 위신뿐이었다. 그의 마지막 의지는 자신의 귀가 당나귀 귀라는 진실을 은폐하려는 시도에 집중되었다.

쾌락의 최소 버팀목인 체신(體身). 욕망은 체신을 지키기 위한 방어벽을 쌓는 데 열중했다. 머리에 쓴 두건과 이발사에 대한 협박은 '나'를 지키고자 하는 몸부림이었다. 이런 가련한 노력에도 불구하고 그의 귀가 저질 에고의 귀였다는 사실은 바람을 타고 온 세계에 알려졌다. 물질에서도, 정신에서도, 사회적 체신에서도 나의 안주처는 없다는 메시지와 함께.

욕망은 지각과 언어가 차별화해놓은 대상을 따라 이리저리 옮겨 다니나, 아무리 다르고 새로운 대상으로 옮겨도 마지막 충족은 있을 수 없다. 그 허기진 쾌락 추구 과정에서 주인은 결국 '나'의 노예로 전락한다. 마침내 노예의 삶이 마지막 숨을 내쉬고 나서도 '나의 욕망'은 허공에서 기분 나쁘게 웃으며 새 노예를 찾아 나선다.

오디세우스

여행자들은 목적지를 정하고 그곳으로 가기 위해 배를 탄다. 그러나 아무리 계획을 철저히 세워도 여행 중에 발생하는 일은 예측할 수 없다. 갑작스레 나타난 사람이 너무 좋아 일정을 바꿔 같이 다니기도 하고, 새로 도착한 곳의 풍토가 너무 험해 부랴부랴 도망치기도 하며, 나긋나긋한 인심과 선계 같은 풍경 때문에 떠나기가 싫어 늘어지기도 한다. 탐스런 대상에 붙들려 머무르고, 징그러운 대상에 쫓겨 헤매다보면, 본래의 목적지가 어디였는지조차 기억할 수 없는 상황에 이른다. 오디세우스도 그랬다.

에게 해 동북쪽의 트로이를 10년에 걸쳐 점령하는 데 성공한 꾀 많은 그리스 장수 오디세우스가 고향을 향해 힘차게 닻을 올렸다. 그때만 해도 목적지 이타케는 두말할 나위 없이 분명했다. 아무리 길게 잡아도 한 달이면 예쁜 부인과 한방에서 발 뻗고 쉴 수 있으리라. 그때만 해도 귀향단 가운데 오직 한 사람만이 고향에 돌아갈 수 있으리라고는 아무도 생각하지 못했다.

그런데 첫 사건에서부터 피해가 발생했다. 귀향길에 처음 들른 항구에서 주민들과 오디세우스 부하들 사이에서 무력 충돌이 발생해 배 한 척당 여섯 명씩의 부하를 잃었다.

항구에서의 참화에 겁을 먹고 아흐레나 해상을 표류하다 '연꽃을
먹는 사람들'의 나라에 닿았다. 오디세우스는 조심스레 정찰대를
보냈는데, 이들은 주민들이 권한 연꽃 열매를 먹고서는 세상없어도
그 나라에 머물러 살겠다고 늘어졌다. 이 열매에는 고향을 깡그리
잊고 언제까지나 그 나라에 살고 싶게 만드는 힘이 있었다. 오디세
우스는 우격다짐으로 이들을 배로 끌고 가 긴 의자에 묶어놓고서야
떠날 수 있었다.

다음으로 들른 곳은 이마 한가운데에 둥그런 눈알 하나만이 있는
거인족 키클롭스의 섬이었다. 오디세우스는 본대를 작은 섬에 정박
시키고 배 한 척만 끌고 갔다가 키클롭스의 동굴에 사로잡혔다. 키
클롭스는 한 개의 큰 눈을 부라리며 부하들을 집어 동굴 벽에 던져
서 잡아먹었다. 오디세우스는 이 거인 괴물에게 술을 먹이고 곯아
떨어진 괴물의 외눈을 찌르고서야 소리 나지 않게 도망칠 수 있었
다. 쫓아오며 큰 바위를 집어던지는 키클롭스에게서 벗어나기 위해
오디세우스 일행은 젖 먹던 힘을 다해 노를 저어야 했다.

이어서 그들이 당도한 곳은 바람의 지배자 아이올로스가 사는 섬
이었다. 아이올로스는 오디세우스 일행을 후하게 대접하고, 그들이
고국으로 무사히 갈 수 있도록 순풍을 불어주고 역풍은 자루에 담
아 은사슬로 주둥이를 매어 오디세우스에게 건네주었다. 배는 순풍
을 타고 잘 가고 있었다. 그런데 자루를 눈여겨본 부하들은 그 자루
에 아이올로스가 대장에게 준 보물이 들어 있을 것이라고 생각했
다. 그들은 오디세우스가 잠든 사이에 은사슬을 풀었고, 그때 자루
에 잡혀 있던 역풍이 쏟아져 나왔다. 배는 하릴없이 아이올로스 섬

〈오디세우스의 여정〉

으로 돌아갔으며, 이에 아이올로스는 그들의 어리석음에 화를 내며 더 이상 도와주려 하지 않았다. 결국 일행은 왔던 길을 힘겹게 노를 저어 다시 가야만 했다.

오디세우스 선단은 참으로 안온해 보이는 강어귀를 발견하고 그 항구에 배들을 댔다. 그때 원주민 라이스트리고네스는 배들이 함정에 들어온 것을 확인하고 돌과 창으로 무참히 도륙했다. 모든 배가 부서지고 항구 밖에 정박시킨 오디세우스의 배만이 재난을 피하여 죽을 힘을 다해 도망쳤다.

안온한 항구에서 대부분의 동료를 잃어버린 오디세우스 일행은 슬픔을 안고, 태양신의 딸이자 마술의 여신 키르케가 사는 섬에 도착했다. 그녀는 정찰대를 맞아 음식을 배불리 먹이고 나서는 마법의 지팡이로 한 사람씩 건드렸다. 그러자 정찰대 모두가 돼지로 변해버렸다. 헤르메스 신의 도움으로 마법에 대항할 약초를 얻은 오디세우스는 키르케를 찾아갔다. 똑같이 잔뜩 먹이고 나서 마법의 지팡이로 주문을 거는 키르케에게 오디세우스가 칼을 빼들고 달려들었다. 키르케는 무릎을 꿇고 빈 후 부하들을 본래 모습으로 되돌리고 남은 부하들까지 잘 대접하였다. 그런데 이번에는 오디세우스가 고향에 갈 생각을 잊고 안일과 환락에 중독되어갔다. 부하들의 간곡한 충고를 들은 오디세우스가 떠날 채비를 하자, 키르케는 무서운 바다의 요정 세이렌을 벗어나는 법을 알려주며 환송했다.

세이렌은 배가 지날 때마다 노래를 불렀다. 이 노래는 듣는 자에게 불가사의한 힘을 발휘하여 뱃사람들이 스스로 바다에 몸을 던지지 않고는 못 견디게 만들었다. 키르케가 가르쳐준 대로 오디세우스는 몸을 돛대에 단단히 묶고 귀에 밀초를 넣어 막았다. 마침내 매혹적인 노래가 들려오자 오디세우스는 밧줄에서 빠져나오려 몸부림치면서 밧줄을 풀라고 명령했다. 부하들은 미리 지시 받은 대로 더 튼튼하게 묶었다. 노래가 들리지 않는 곳까지 가서야 오디세우스는 돛대에서 풀려났다.

이번엔 죽음의 해협을 지나야 했다. 바다에는 험한 소용돌이인 괴물 카립디스가, 그 옆 절벽 바위에는 여섯 개의 머리를 가진 괴물 스킬라가 협공하는 해협이었다. 소용돌이를 피하려다 스킬라에게 부하 여섯을 잡아먹힌 오디세우스 일행은 지칠 대로 지쳤다.

키르케가 조심하라고 이른 트라키아 섬이 나타나자 오디세우스는 이 섬을 지나치려 하였다. 그러나 피로에 지친 부하들이 잠깐 상륙해서 무엇을 좀 먹어야 항해를 계속할 수 있겠다고 주장했다. 대장은 하는 수 없이 태양의 신 히페리온의 가축이 방목되고 있는 섬에 닻을 내렸다. 이 가축들에 절대 손을 대지 말라는 키르케의 경고가 있었으나, 역풍으로 배를 띄울 수 없게 되자 부하들은 가축을 죽여 허기를 면하려 했다. 그러나 놀랍게도 벗겨놓은 짐승 껍질은 땅 위를 기어 다니고, 커다란 고깃덩어리는 꼬챙이에 꿰여 구워지면서도 징징 우는 소리를 냈다. 바람이 바뀌어 서둘러 배를 띄웠으나 폭풍우와 천둥으로 배는 산산이 부서지고, 오디세우스는 간신히 뗏목을 만들어 올라탔다. 부하들은 하나도 남김없이 모두 죽었고, 남은 것은 오디세우스의 가련한 몸뚱이 하나였다.

뗏목은 바다의 요정 칼립소가 사는 곳으로 오디세우스를 데려갔다. 칼립소는 그를 사모하여 따뜻하게 대접하고, 그를 불사신으로

〈세이렌 엠블렘〉 알키아토, 14세기경

만들어 영원히 자기 곁에 두고자 하였다. 그러나 오디세우스는 고향으로 돌아가겠다는 결심을 꺾지 않았다. 게다가 그를 돌려보내라는 제우스의 명령까지 하달되었다. 칼립소는 마지못해 그를 보내며 식량을 주고 순풍으로 뗏목을 밀어주었다.

다시 폭풍을 만나 마지막 의지처인 뗏목이 부서졌다. 그가 혼신의 힘을 다해 헤엄쳐 간 곳은 신들과 혈통이 닿아 있는 종족 파이아케스 사람들의 섬이었다. 오디세우스는 아테나 여신의 도움으로 파이아케스 왕의 호의를 얻어 만신창이가 된 몸과 마음을 추스를 수 있었다. 그리고 마침내 배를 얻어 타고 꿈에 그리던 고향 이타케에 도착하였다.

그러나 그의 여정이 여기서 끝난 것은 아니었다. 궁전에는 돌아오지 않는 남편을 기다리며 다른 사내들의 청혼을 지연시키고 있던 아내 페넬로페를 뻔뻔스런 청혼자들이 둘러싸고 점거해 있었다. 페넬로페는 그들의 성화에 못 이겨 활쏘기 시합으로 새 남편을 정하기로 했다. 경주용 활은 옛날 한 영웅이 오디세우스에게 주었던 것. 참가자들은 활을 구부려 시위를 메기는 일조차 불가능했다. 이때 거지 행색의 오디세우스가 활을 잡아 멋지게 과녁을 맞히고는 청혼자들 하나하나에게 활을 쏘아 쓰러뜨렸다. 그들이 반격하려 했으나, 이미 아버지를 알아본 아들이 그들의 무기를 치운 뒤였다.

이리하여 한 달도 안 걸릴 귀향 여행은 10년이란 세월이 흐른 뒤에야 대단원의 막을 내렸고, 오디세우스는 충절을 지키며 20년이나 기다려온 아내의 품으로 돌아갈 수 있었다.

오디세우스의 귀향길에 벌어진 사건들은 크게 두 종류로 나눌 수 있다. 하나는 사람을 손에 쥐고 벽에 던져 잡아먹는 거인 키클롭스, 배 채로 빨아들이는 소용돌이 괴물 카립디스, 여섯 개의 머리를 절벽에서 뻗어 뱃사람들을 한 입에 한 사람씩 잡아먹는 스킬라 등이다. 이들은 인생 여정에서 만나는 뚜렷한 위험이다.

이들을 만나는 것은 피할 수 없다. 재수가 없어서 만나는 게 아니라 만날 수밖에 없기 때문에 만난다. 그 위험을 피해 살아남느냐 잡아먹히느냐는 거의 운명에 달렸다. 잡아먹혔다 해도 전생의 악업 때문이라며 그 운명과 화해할 수밖에 없는 사건들이다. 그래도 이런 괴물들은 그 위험성이 뚜렷하기에 조심할 수가 있다.

그에 비하면 쾌락 추구나 불쾌 회피의 욕망에 이끌려 자발적으로 찾아간 곳들이 훨씬 위험하다. 험난한 귀향 항해에 지칠 대로 지쳐 있는 병사들에게 먹을 것을 얻을 수 있고 쉴 수 있는 땅은 사막의 오아시스 같은 것이다. 그래서 배부름과 안식을 찾는 욕망은 신기루들에 쉽게 이끌린다.

첫 번째 기착한 항구에서는 주민들과의 무력 충돌로 배마다 여섯 명씩이나 잃었고, 안온해 보이는 강어귀에 배들을 댔을 때는 그 안온함을 덫으로 걸고 기다린 라이스트리고네스의 공격으로 모든 배가 격침되었다. 고향이 아닌 여정의 모든 쉼터는 항해자가 마음을 놓기도 전에 쫓아낼 뿐 아니라, 돌아갈 배와 귀향자들의 생명까지 파괴한다.

키르케가 경고했음에도 불구하고, 지혜로운 장수 오디세우스도 트라키아 섬에 하룻밤 묵으며 무엇을 좀 먹어야겠다는 부하들의 성화를 억제하지 못했다. 허기진 욕망은 한 번 충족되기 시작하면 고삐에서 완전히 풀려난다. 오디세우스가 트라키아 섬에 상륙하는 조건으로 태양신 히페리온의 가축들은 절대 건드리지 말라고 명령했으나, 고삐 풀린 허기의 욕망은 쾌락을 찾아가느라 경고 같은 것은 안중에도 없었다. 짐승 껍질이 땅 위를 기어 다니는 모습과 커다란 고깃덩어리가 꼬챙이에 꿰어져 구워지면서 징징 내는 소리는 욕망의 결과를 예고하는 장송곡이었다. 이 욕망 충족의 섬에서 오디세우스 한 사람을 제외한 모든 귀향자가 전멸했다. 자발적으로 찾아가는 덫이 명시적인 위협보다 훨씬 위험하다.

키르케의 섬

항해라는 인생길에서 쾌락 추구욕이 삶을 어떻게 뒤틀어놓는지를 가장 잘 보여주는 것이 키르케의 섬이다. 지치고 배고픈 여행자들에게 안락한 궁전에서 푸짐한 음식을 대접받는 것, 그것은 꿈같은 일이다. 그러나 배가 부르고 평안 속에 눈꺼풀이 무거워질 때면 키르케가 지팡이를 들고 돼지로 만들어버린다. 이들은 "머리도, 몸통도, 내는 소리도, 털도 영락없는 돼지였으나, 마음만은 변하기 전과 똑같았다."고 한다.

결핍을 충족하려는 욕망에 이끌려 이 섬 저 항구를 찾아다니는 인생 항해자들의 본모습은 돼지와 같다. 키르케의 마법은 대단한 게 아니다. 인간의 탈을 쓴 욕망의 노예들에게 겉껍질을 벗겨줄 뿐이다. 그 궁전에는 돼지뿐 아니라 사자나 호랑이, 이리 등도 있었으니, 허기진 쾌락 추구욕에 끌려 다니는 인간 존재들의 본모습을 적나라하게 드러내준다. 키르케는 감추어진 욕망을 드러내주는 자이다.

오디세우스가 칼을 뽑아들자, 키르케는 바로 무릎을 꿇고 돼지 부하들을 인간 모습으로 되돌려준다. 우리 자신의 욕망에 대해 서릿발 칼로 위협하면, 욕망은 바로 머리를 조아리는 게 보통이다. 그러나 욕망의 지배는 한 번의 위협으로 끝장낼 수 있을 정도로 호락호락하지 않다. 무릎 꿇은 키르케가 배에 있는 부하들까지 며칠 동안 훌륭하게 대접해주자, 이번에는 칼을 빼들었던 오디세우스가 안일과 환락에 중독되어갔다. 무릎 꿇은 욕망에 대해 안심한 경계심은 곧바로 무장 해제되었을 뿐 아니라 모습을 바꾼 욕망의 그물에 다시 걸려든 것이다.

쾌락 추구욕의 지배자 키르케는 어떤 위협에 처해도 방식을 바꾸면서 달아나는 욕망의 노예들을 다시 옭아맨다. 키르케는 결코 물러서지 않는다. 한 인간이 짐승의 본성을 완벽히 드러낼 때까지 보이지도 않는 그물을 펼쳐놓고 잡아들인다.

음식을 푸짐히 먹고 피로에 지친 몸을 눕히는 것만이 여행자의 욕망은 아니다. 노래와 같은 예술도 치명적인 욕망이다. 키르케가 미리 경고하여 몸을 돛대에 묶고 귀를 막았음에도 불구하고, 황량한 대해에서 싸하게 울려오는 세이렌의 매혹적인 노래는 강력한 자석처럼 여행자를 죽음의 바다로 빨아들인다. 인생 여정에서 사람을 미치게 만드는 예술적이고 지적인 탐닉도 검은 심연으로 끌어당기는 것은 마찬가지다. 그들이 세이렌의 감미로운 음악에 취해 행복한 상태로 몸을 바다에 떨어뜨릴 수는 있으나, 고향에는 돌아가지 못한다.

오디세우스 귀향단이 만난 가장 우호적인 존재는 바람의 지배자 아이올로스이다. 그는 일행을 잘 대접해주었을 뿐 아니라 고향으로 무사히 돌아가도록 순풍을 불어주고 역풍은 자루에 붙잡아주었다. 하지만 그의 대접에 만족한 욕망은 더 큰 것을 바랐다. 그들은 엉뚱하게도 보물을 꿈꿨고, 자루 속에 보물이 있으리라 믿었다. 아무리 험한 역경을 겪어도 쾌락 추구욕은 만족을 모른다. 그 결과는 역시 더 큰 고난이다. 그들은 돛을 접고 노를 저어가야 했다. 욕망은 우호적인 것에 감사하기보다 더 큰 쾌락을 추구하고, 그 결과로 파탄을 부른다. 천변만화하는 절대 강자 욕망만이 허공에서 내려다보며, 지상에 흩어진 희생자들의 뼈다귀를 기분 나쁜 웃음으로 어루만질 뿐이다.

욕망의 이런 술책 중 가장 강력한 것은 여행자들이 최종 목적지를 망각하도록 한다는 것이다. 정찰대는 연꽃을 먹는 사람들의 나라에서 연꽃 열매를 먹자 고향을 깡그리 잊고 언제까지나 그 나라에서 살겠다고 발버둥을 친다. 키르케의 마법에 걸린 인간 돼지, 인간 이리, 인간 호랑이 등도 인간 삶의 목적을 상실한다. 바다 요정 칼립소는 '죽지 않는 몸'을 주겠다면서, 고향에 돌아가지 말고 자신과 영원히 함께 살자며 오디세우스의 귀향 의지를 나긋나긋한 영원의 쾌락으로 붙잡아놓으려 한다.

여행자들에게 목적지의 망각은 치명적이다. 가야 할 곳이 마음속에 분명하면 한없이 옆길로 새더라도 언젠가는 다시 가야 할 곳을 깨닫고 제 길로 들어설 수 있다. 그러나 목적지를 망각하면 키르케의 돼지가 되거나, 세이렌의 노래에 홀려 바다에 풍덩 빠지거나, 잘해봤자 따뜻한 바다 요정 칼립소의 품 안에서 영원의 시간을 어린애처럼 보내야 한다.

부하들과 오디세우스의 가장 큰 차이는, 부하들은 긴 고난과 짧은 환락의 냉온탕을 왔다 갔다 하며 목적지를 잊었지만, 오디세우스는 끝까지 귀향의 의지를 잃지 않았다는 점이다. 그 때문에 어떤 정박지에도 정찰대를 먼저 보내고, 일부 배는 항구 밖에 정박시킬 정도로 조심스러웠다. 삶의 비전을 지키고 쾌락 추구욕의 위험을 경계하는 데서 그는 가장 탁월했다.

마지막으로 파이아케스 사람들을 만나 귀향선을 얻게 된 것도 욕망의 마지막 시험, 즉 칼립소의 불사 유혹을 뿌리쳤기 때문이다. 그가 여정에서 만난 모든 것은 그의 삶이 귀향의 의지와 쾌락 추구욕 사이에서 어떤 것을 더 중시하는지를 시험하기 위한 장치들이다. 그가 시험을 모두 통과하자 제우스와 아테나 여신이 도와 마침내 고향의 해변에 도착할 수 있었다. 자기 존재가 흘러나온 원류를 잊지 않는 자, 그는 하늘이 도와 언젠가는 존재의 원천을 찾아가는 길 위에 선다.

고향에서 기다리고 있는 아내 페넬로페. 오디세우스의 마지막 목적지다. 페넬로페와 오디세우스 신혼부부의 단꿈은 1년 남짓으로 끝났고, 트로이 전쟁에서 10년, 다시 10년이 더 지난 후에도 남편은 돌아오지 않았다. 100명 이상의 귀족들이 '당신 남편은 죽었다.'며 구혼하러 와서는 궁전을 차지하고 하인을 부리는 등 주인인 양 거드름을 피워댔다. 이 뻔뻔스런 구혼자들의 등쌀을 견디며 '페넬로페의 베짜기'로 버티다 들통이 나서는 아들까지 살해 위협에 처하게 되었다.

오디세우스가 고향으로 돌아와야 할 마지막 이유, 그것이 음험한 저질 세력들에 둘러싸인 형국이었다. 페넬로페도 남편이 영 돌아오지 못할지도 모른다고 생각하기에 이르렀으니, '고향의 등대불'이

안팎의 힘에 의해 꺼져가는 형국이었다. 마침내 새 남편을 뽑는 활쏘기 대회에서, 오디세우스는 바깥의 음험한 세력들을 물리치고 꺼져가던 '고향의 빛'을 되찾았다. 옛 남편이 새 남편으로 변화되어 돌아온 것이다.

그러나 보통 고향의 등대는 페넬로페처럼 지조 있게 빛나지 않는다. 지조 있는 빛조차 어두운 세력의 등쌀에 꺼져가려는 찰나였다. 설사 내가 그리던 고향의 빛으로 돌아갔다고 해도, 그 빛과 오래 함께 있으면 지겨워지는 게 쾌락의 원리다. 지루함과 따분함이 불쾌를 낳으면 다시 새 쾌락을 약속하는 새 목적지를 찾아 나서는 게 인생 항해다.

실제 오디세우스도 그랬다는 게 일부 전하는 사람들의 보고이다. 다시 찾은 고향의 빛은 얼마 동안은 행복한 나날을 선사했다. 그러나 빛도 매일 옆에 있으면 그 존재조차 잊게 되는 법. 모험의 자극에 익숙해진 영웅에게 달리 할 일이 없는 삶은 존재의 불안을 가져온다. 그래서 오디세우스는 새 모험을 찾아 떠났다는 것이다. 새 항해가 시작된 것이다.

이런 식으로 해서 삶은 영원히 정박할 항구가 없는 항해가 된다. 불쾌에 쫓기고 쾌락을 좇으며 거짓 항구들을 찾아 헤맨다. 쾌락의 신기루가 항구로 유혹하지만, 안개 같은 신기루는 사라지고 다시 새 쾌락의 신기루가 눈앞에 아른거리며 방랑의 길로 내몬다. 그들이 항해가 덧없다고 느낄 때쯤이면 죽음이 그들에게 손짓한다.

'나'라는 거짓 중심이 생겨나 쪼갬의 원리에 따라 발생하는 숱한 대상들을 쾌락의 원리에 따라 쫓아다니는 삶의 무대. 그 시작은

'나'이나, '나'의 시작은 마음 꺼풀이 덮은 무지다. 이 닫힌 세계는 거짓 자아가 거짓 쾌락의 흐름을 따라 거짓 대상을 찾아 메뚜기 뜀을 한없이 반복하는 무대다.

그러나 닫힌 세계는 인간의 환각일 뿐 본래는 열려 있다. 열린 세계 속의 닫힌 세계, 이는 역설적이게도 축복의 장소가 될 수 있다.

■ 토마스 벌핀치, 이윤기 옮김, 〈미다스〉, 《그리스와 로마의 신화》, 대원사, 1989.
■ 토마스 벌핀치, 이윤기 옮김, 〈오디세우스의 모험〉, 〈라이스트리고네스〉, 〈스킬라와 카립디스〉, 〈칼립소〉, 〈파이아케스 인들〉, 〈구혼자들의 최후〉, 《그리스와 로마의 신화》, 대원사, 1989.
■ 〈토마스 벌핀치, 이윤기 옮김, 〈페넬로페〉, 《그리스와 로마의 신화》, 대원사, 1989.

4

카르마

다르면서 같음

북유럽에서 관찰한 우주의 생명나무 위그드라실은

세 군데 샘에서 생명 에너지를 빨아올려

아홉 세계에 다 뿌려주고 있다.

운명의 샘, 지혜의 샘, 질투의 샘에서 뽑아 올린 생명의 물들은

아홉 세계에서 사는 생명 존재들의 삶을 이어주고,

각 삶에 성격을 지어준다.

아라크네

위그드라실은, 아무리 많은 세계들이 있더라도 그 생명의 원리는 서로 연결되어 있으며, 이 연결을 유지하는 것이 다층 세계를 관통하는 동질적인 생명 에너지라는 상징이다. 특히 운명·지혜·질투 등 생명을 이끄는 세 가지 성격의 에너지가 결합하는 방식에 따라 한 개체, 또는 한 세계의 개성이 달라질 수 있다는 점이 이채롭다.

각 존재로 하여금 이 세계에서 죽고 저 세계에서 살도록 하면서 생명을 이어주는 에너지, 이 우주적 생명 에너지 때문에 삶의 무대는 대단히 큰 지평으로 넓혀진다. 이 생명 에너지는 죽음을 넘어서도 이어진다. 생명 에너지가 죽음을 넘어서도 이어지는 방식에 대해서는 에게 해 동편에서 일어난 사건이 잘 보여준다.

베틀 위의 여왕 아라크네는 마지막까지 그 더러운 성질을 죽이지 못했다. 아테나 여신이 자신이 짠 베를 찢어버리고 손에 북을 들어 자신의 머리를 후려칠 때도, 자신은 베 짜기 경쟁에서 결코 여신에게 지지 않았다고 생각했다. 오히려 여신이 자신의 실력에 대한 시샘과 질투에서 날뛴다고 생각했다. 그녀는 분을 견디지 못하고 끈으로 목을 매어 죽어버렸다.

아테나 여신은 목을 매어 늘어져 있는 베 짜기의 귀재 아라크네를 쳐다보며 가엾이 여겨 말했다. "살아나거라, 이 죄 많은 계집아! 이 교훈을 너도 네 자손도 잊지 않도록, 그렇게 영원히 매달려 있어라."

처녀 아라크네의 몸은 쪼그라들었고, 아름다운 머리카락은 빠졌으며, 코도 귀도 얼굴에서 사라졌다. 손가락들은 옆구리에 붙어 다리 노릇을 했는데, 추하게 변한 몸통은 몸속에서 뽑아져 나온 실에 대롱대롱 매달렸다. 목을 매달고 죽은 아라크네는 이렇게 거미가 되었다. 그러나 인간으로 살아 있을 때의 그 유명한 길쌈과 수놓기 솜씨는 여전히 살아 있어, 끊임없이 몸을 움직이며 몸에서 나오는 실로 베를 짜대고 있다.

이 사건은 에게 해 동편의 리디아에서 발생했다. 올림포스의 신들이 미약하나마 지배권을 행사하고 있던 그곳. 아라크네라는 아리따운 처녀는 길쌈과 수놓는 솜씨가 어찌나 훌륭한지 숲이나 샘에 사는 요정들까지도 구경하러 나올 정도였다. 그 작품도 훌륭하지만 베틀에서 일하는 모습도 그렇게 보기 좋을 수가 없었다. 그런데 누군가 말했다. 이것은 인간의 솜씨가 아니라 아테나 여신이 가르쳐 준 솜씨일 거라고.

남성에게 필요한 기술인 전쟁과 농경, 원예, 항해술에서부터 여성에게 필요한 길쌈과 베 짜기, 바느질까지 관장한 여신 아테나. 더욱이 제우스의 머리에서 완전무장한 차림으로 태어났고, 어떤 남신과도 관계하지 않으며 당당하게 자신의 일을 한 여신. 그 여신의 제자라는 칭송이라면 그 말만으로도 대단한 영광이었다.

그런데 아라크네의 자부심은 '제자'라는 말에 귀가 거슬렸다. 그

〈베 짜는 여인들〉 디에고 벨라스케스, 1657년

녀는 곧 이 사실을 부인했을 뿐 아니라, 뒤이어 그 도도한 입에서 겁 없는 말이 튀어나왔다.

"아테나와 솜씨를 겨루어보면 좋겠군요. 내가 지면 무슨 벌이든 받지요."

이 소문을 듣고 불쾌한 아테나는 노파로 둔갑하여 아라크네를 찾아가 부드럽게 타일렀다.

"상대가 인간이라면 모르겠으나 여신과 겨루겠다고 하셨다니 여신의 용서를 구하도록 하세요."

일차 경고에 대해 아라크네는 길쌈하던 손길을 멈추고 노기 띤 얼굴로 노파를 노려보며 쏘아붙였다.

"그런 충고라면 할머니 딸이나 하녀에게 하세요. 내가 못할 말을 한 줄 아세요? 내 말의 책임은 내가 지겠어요. 여신 같은 건 조금도 두렵지 않아요. 자신 있으면 나와 겨루어보라지요."

경고가 먹히지 않는다는 걸 안 아테나 여신은 "그 여신이 바로 여기 있다."라고 소리치며 변장을 풀고 모습을 드러냈다. 구경하던 사람들과 요정들은 두려움에 경의를 표하며 물러났으나, 아라크네만은 두려움을 내색하지 않았다. 잠시 얼굴을 붉혔으나 이내 차가운 기운으로 붉어진 뺨을 가렸다. 아테나는 더 이상 타이르려 하지 않았다. 이어 둘의 겨루기가 시작되었다.

아테나는 자신의 베에다 바다의 신 포세이돈과 겨루어 아테나 시를 차지할 때의 일을 웅장하게 그려 넣었다. 이 그림은 흡사 신들이 불손한 인간을 얼마나 재미없어하는지를 과시하면서, 늦기는 했으나 겨루기를 포기하라는 권고를 강력히 담고 있었다.

아라크네는 제우스가 여러 여자들과 바람피우는 그림들을 베 폭 가득히 짜 넣었다. 백조로 변신하여 레다를 안고 있는 장면, 탑에 유배된 다나에에게 황금 소나기로 변하여 스며드는 장면, 황소로 둔갑하여 에우로페를 태우고 바다로 뛰어드는 장면……. 이는 마치 신들이 하는 짓이 얼마나 더러운가를 시위하는 듯했다. 작품의 질에서나, 길쌈 솜씨에서나, 신들의 저질 행동을 표현하는 데서나 아무도 아라크네를 능가할 수는 없을 것처럼 훌륭했다.

아테나도 그것을 느꼈다. 그러나 신들에 대한 오만불손한 태도에는 모욕을 느끼지 않을 수 없었다. 아테나가 북을 들어 아라크네의 작품을 찢어버리고, 그녀의 머리를 후려친 것은 바로 뒤이은 일이었다. 그러나 여신도 그녀의 솜씨가 안타까웠는지, 목이 매달려 늘어진 아라크네를 거미로 환생시켰다.

아라크네가 인간세계에서 죽고 벌레 세계로 환생해도, 아라크네-거미로 이어지는 생명 에너지는 지속된다. 죽음 후에도 생명의 에너지가 소실되지 않는다는 사실은, 요사이 물리신화 작가들의 표현에 따르면 '에너지 보존 법칙'에 해당한다.

인간-거미로 이어지는 존재의 외형적 형태는 사뭇 다르나, 양자 사이의 동일성을 뒷받침하는 에너지의 크기와 성질은 비슷하다. 이러한 에너지 흐름의 원칙을 '다르면서 같음,' '차이 속의 동질성,' 또는 '변화 속의 지속성'이라 부를 수 있다.

아라크네-거미 사이의 지속성을 보장하는 에너지는 무엇일까? 발칸 반도 사람들은 아라크네의 성품과 손재주가 지속된다고 관찰했다. 아라크네의 더러운 성질은 거미의 흉측한 모습으로, 훌륭한 길쌈 솜씨는 거미의 그물 짜기 솜씨로 이어졌다. 손재주, 기술, 능력 등을 요사이는 지식이라고 부르니, 환생을 통해서 지속되는 것은 성품과 지식이라고 할 수 있다.

이는 모두 정신적인 에너지이되, 몸의 모습과 존재의 차원 변화까지 이끌기에 정신-물리적 에너지라고 보는 게 좋다. 정신도 물리적 에너지의 형태로 환산 가능하고, 물질도 정신 에너지로 전환이 가능하다는 전제를 갖고 있는 개념이다.

이 에너지를 인도 대륙인들은 독특하게도 카르마(業)라고 불렀다. 카르마는 본래 의지가 담긴 행위인데, 그 의지적 행위가 한 생명 에너지 흐름의 세기와 방향, 성격을 결정지어 나간다는 것이다. 의지적 행위는 마음과 몸의 성향과 습벽을 만들어내면서 한 세계 안에서, 또는 다른 세계로 건너뛰며 생명 에너지 흐름에 일관성을 부여한다. 시간은 에너지 흐름에 변화를 주지만, 습관적 의지는 동질성과 지속성을 견지시켜준다. 그런 의미에서 의지적 행위를 통해 흐르는 카르마는 '다름 속의 같음'을 실현하는 열린 세계의 생명 에너지다.

능력 카르마, 성품 카르마

아라크네의 능력 카르마는 탁월한 길쌈 솜씨라는 창조적 측면이 있다. 그러나 그녀의 성품 카르마는 커다란 재앙을 불러들일 소지를 갖고 있었다. 그녀의 원초적 착각은 '기술＝나'라는 동일시에서 생겼다. 이를 기초로 '최고의 기술＝최고의 나'라는 이차적 착각이 마음 꺼풀을 두껍게 만들어냈다. 인간은 물론 신도 넘볼 수 없는 '최고의 나'라는 자만이 컴컴한 무지로 그녀를 뒤덮었을 때, 아테나 여신의 분노가 파멸의 힘으로 아라크네를 감싸기 시작했다.

'신도 넘볼 수 없는 나'는 근대 유럽인들이 철학으로까지 정립시킨 자만으로, 그 원조가 바로 아라크네다. 이 자만은 '능력＝나'라는 착각에서 생긴 것이므로, 자연의 흐름을 거스르게 되어 있다. 아라크네의 이 부자연스러운 자만이 세상에서 포용할 수 있는 수준을 넘자, 아테나 여신은 자연의 균형을 회복하기 위해 내려간 것이다.

그 점에서 아테나 여신은 카르마 법칙의 촉매자일 뿐이다. 카르마 에너지의 흐름을 관장하는 정신－물리적 법칙은 신들의 자의적 판단이나 행위보다 상위의 원칙이다. 많은 경우 신들의 상이나 벌은 카르마의 법칙을 관철시키는 매개 행위일 뿐이다.

겸손하던 사람이 오만을 드러내기 시작하면, 그의 얼굴 모양과 행동은 점차 역겹고 흉해진다. 아리따운 처녀였던 아라크네도 '여신의 제자'라는 칭송에 역정을 낼 정도로 오만해지면서 그 얼굴이 흉해진다. 여신 앞에서도 붉어진 뺨을 보이지 않으려면 몸과 마음이 뒤틀어지게 되어 있다. 그녀가 흉측한 모습의 존재로 변한 것은 극도의 오만과 화, 경멸이 거기에 걸맞은 외투를 입은 것뿐이다. 아라크네의 마음 성향은 그 정신-물리적 에너지 수준에 맞는 저층위의 존재로 다시 태어나 생명을 잇게 된 것이다. 그럼에도 길쌈 기술은 여전하니, 그 이후 숲에서는 '나는 내 길쌈 기술이다.'라고 주장하는 벌레들 때문에 영롱한 이슬을 받고 빛나는 미술품이 가득 전시된다.

인간 중심주의의 눈으로 보면 아라크네는 신들의 은폐된 실패를 드러내면서 인간의 존재를 한층 높인 위대한 인물이다. 그러나 신들조차 자만의 덫을 벗어나지 못하고, 그런 점에서 인간이나 짐승과 본질적인 차이가 없는데, 신들을 비난하는 것이 인간의 향상을 가져온다는 발상은 부질없는 착각이다. 신이나 인간이나 거짓의 '나'에 묶여 사는 존재들인 한, 그들도 자비로 품어 안을 존재일 뿐이다.

카르마 에너지는 모든 생명체를, 벌레로부터 인간과 신에 이르기까지, '다르면서 같음'을 유지시키는 방식으로 윤회의 거대한 소용돌이에 밀어 넣는다. 이 때문에 한 존재는 저 컴컴한 지옥으로부터 저 환한 하늘나라까지를 숱하게 오가며 삶을 지속한다. 열린 우주에서 한 생명의 지속성을 보장하는 법칙 '다르면서 같음' 때문에 현재의 나는 영원한 나라로 믿을 근거가 없다. 나의 현 존재는 카르마

흐름의 어떤 순간을 차지하는 점일 뿐이다. 그 점을 '최고 기술의
나'라고 착각한 마음 꺼풀이 지금까지도 아라크네를 나무에 매달아
놓고 있다.

■ 토마스 벌핀치, 이윤기 옮김, 〈아테나〉, 《그리스와 로마의 신화》, 대원사, 1989.
■ Arachne / Carlos Parada. Greek Mythology Link.

끌어당김

물리 세계에서
끌어당기는 힘(인력)이 작용하듯,
카르마 에너지도 끌어당기는
강력한 힘을 갖는다.

삼승할망과 저승할망

아직 인간 아기의 탄생을 돌보는 신이 없어 땅 위에는 인적이 드물던 때였다. 이때 거의 동시에 두 탁월한 아가씨가 아기를 잉태시키고 잘 낳고 잘 자라게 돌보는 삼신이 되기 위해 각축을 벌이기 시작했다.

한 아가씨는 한반도 동쪽 바다 동해용궁 따님애기였고, 다른 한 아가씨는 티베트에 가까운 아시아 내륙 나라의 공주 명진국 따님애기였다. 이 둘은 공주인 것만 같았지, 바다 속 세계와 땅 세상의 차이만큼이나 큰 성질의 차이를 어려서부터 드러냈다.

바다 속 동해용궁 따님애기는 한두 살에 아버지 수염을 뽑고, 어머니 젖가슴을 잡아뜯더니 커가면서도 제 버릇을 고치지 못했다. 참다못한 아버지가 딸을 죽이려 하자, 어머니가 타협안을 내놓았다. 무쇠상자에 넣어 바다에 띄워서 인간 세상으로 보내자는 것이었다. 아버지가 타협안을 받아들이면서 당장 쫓아내라 호령했다.

동해용궁 따님애기는 무쇠상자에 갇히면서 어머니에게 하소연했다.

"어머니, 나 홀로 인간 세상에 가면 뭘 하며 삽니까?"

그러자 어머니가 말했다.

"거기는 아기 마련해주는 생불왕이 없으니 그 일을 맡아 먹고 살아라."

다시 따님애기가 "아기를 어떻게 마련합니까?"라고 물으니, 어머니가 "아버지 몸에 흰 피 석 달 열흘, 어머니 몸에 검은 피 석 달 열흘, 아홉 달 스무 날 채워 출산을 시켜라."고 비법을 전해주었다. 아버지 성화에 다급해진 딸은 이어 "어디로 어떻게 출산시킵니까?"라고 질문을 던졌다.

그 대답을 들으려는데 아버지가 "뭘 꾸물거리느냐?" 하며 벼락같이 호통을 쳤다. 상자는 탕 닫혀버리고 따님애기는 속절없이 갇힌 몸이 되고 말았다. 무쇠상자는 물 아래로 3년, 물 위로 3년을 떠다니다가 어느 육지에 도달했다. 이 상자를 발견한 이들은 임보로주 임박사 부부. 일흔여덟 자물통을 하나하나 풀고 뚜껑을 열어보니 앞이마에 해님인 듯, 뒤 이마에 달님인 듯 양쪽 어깨에 샛별이 송송히 서린 아기씨가 앉아 있었다.

사연을 들은 임박사는 "우리 부부 나이 쉰 살이 넘도록 자식이 없으니 우리 아내 몸에 아기를 불어넣어 주오." 하며 부탁했다. 어두운 상자에서 6년을 떠다니다 햇빛을 보게 해준 은인의 청을 어찌 거절할까. 임박사 아내는 덜컥 아이를 잉태했다.

아홉 달까지 배가 부르게 하는 기술은 어머니에게 배운 터. 그러나 한 달이 더 가고 두 달이 더 가도 아이 꺼내는 법을 배우지 못한 동해용궁 따님애기는 초조했다. 산모 겨드랑이를 가위로 끊고 아기를 꺼내려다 산모가 죽어가는 꼴을 보고 놀라 물가 수양버들 아래서 구슬피 울었다. 자식은 고사하고 아내까지 잃게 된 임박사는 원통함

<시왕탱5 염라대왕>
염라대왕이 면류관을 쓰고
오칠일 때의 재판에 임하는 모습.

을 견디다 못해 산에 올라 제단을 차리고 옥황상제께 하소연하였다.

옥황상제가 사연을 듣고 살펴보니 과연 인간 세상에 아직 생불왕이 없어 사람들 자취가 뜸하였다. 상제가 신하들에게 인간 세상 생불왕이 될 만한 이가 있는지를 물으니, 신하들이 명진국의 한 따님을 천거하며 소개했다. 부모에게 효도하고, 일가친척 화목하고, 깊은 물에 다리 놓아 건너게 하는 등 공덕이 헤아릴 수 없고, 천 리를 보고 서서 만 리를 내다보는 혜안이 있는 아가씨라 했다.

상제의 명이 떨어지자 하늘 사자가 명진국에 내려가 하늘의 명을 전하니, 부모가 옥 같은 딸을 차마 못 내주고 눈물지었다. 따님애기는 부모를 달래놓고 스스로 사자를 따라 노각성자부줄을 타고 하늘에 올랐다.

옥황상제가 그 됨됨이를 떠보려고 "처녀가 어찌 대청 한가운데로 들어오느냐?"고 호통을 쳤다. 그러자 명진국 따님애기는 다른 질문으로 응답했다.

"하늘과 땅이 엄연히 다른 세상인데, 시집도 못 간 처녀를 부모와 갈라놓는 까닭이 무엇입니까?"

그 지혜에 감탄한 옥황상제가 과연 생불왕이 될 만하다고 판단하여 태도를 바꾸어 제안했다.

"인간 세상에 생불왕 삼승할망이 없어 낮도 고요하고 밤도 고요하니 그대가 맡는 것이 어떠한가?"

명진국 따님애기가 응낙하자, 옥황상제는 아기 잉태법은 물론, '아기 어미 뻣뻣한 뼈를 늦추어 열두 궁 자궁문으로 출산시키는' 기술까지 가르쳐주고는, 아기를 낳고 닦아주고 업어줄 시녀들까지 내주었다. 명진국 따님애기와 그 시녀들이 인간 세상으로 내려와 처음 달려간 곳은 임박사네 집.

바로 일을 시작하는데……. 아기 어미 열두 궁 뼈를 늦추어 자궁문 열고, 은가위로 아기 코를 툭 건드리니 양수가 터져 나왔다. 산모한테 힘 불어넣으니 없던 힘이 불끈 솟아 아기가 밀려 나왔다. 준비한 참실로 배꼽줄 묶어 은가위로 싹둑 잘라 아기를 번쩍 쳐드니 응애응애 목 놓아 울었다.

수양버들 아래서 울고 있던 동해용궁 따님애기가 난데없는 아기 울음소리를 듣고 놀라 달려와 보니, 시녀들을 거느리고 앉아 있는 처녀가 해산시킨 게 분명했다.

"나는 동해용궁 따님애기로 인간 세상 생불왕으로 귀양 왔는데, 너는 누구냐?"

"나는 명진국 따님애기로 옥황상제 분부를 받고서 인간 세상 생불왕으로 내려왔소."

동해용궁 따님애기는 생불왕으로 내려왔다는 말을 듣자 꼭지가 돌았다. 자기가 잉태시킨 아기를 누구 맘대로 출산시키느냐며 다짜고짜 달려들어 명진국 따님애기 머리채를 좌우로 핑핑 휘감아 흔들어대니, 속절없이 매를 맞은 명진국 따님애기가 원통해서 그 길로 하늘에 올라 옥황상제께 하소연하였다.

상제가 두 처녀를 불러놓고서 얼굴을 보고 재주를 보니 누가 낫다고 할 수 없어, 내기로 결판을 내기로 했다. 나무동이의 물을 은

동이로 옮겨 담기 시합. 명진국 따님애기의 물은 한 방울도 안 줄고 그대로인데, 동해용궁 따님애기 물은 땅으로 스미어 간 곳이 없었다. 이차 시합은 꽃씨 기르기. 명진국 따님애기가 기른 꽃은 뿌리는 외뿌리에 가지가지 송이송이 푸른 잎 붉은 꽃이 탐스러운데, 동해용궁 따님애기는 가지는 외가지에 뿌리만 4만 5천 갈래로 뻗었다. 옥황상제의 결정이 떨어졌다.

"명진국 따님애기는 인간 생불왕 할미로 집집마다 자식이 번성하게 하라. 동해용궁 따님애기는 저승할미가 되어 죽은 아이를 보살피되, 세상 아이들이 배고파도 울게 하고 밤에도 울게 하며 부정한 아이는 경기를 불어넣고 청풍도 불어넣어 데려가도록 하라."

옥황상제의 명은 어쩔 수 없는 일. 동해용궁 따님애기는 명진국 따님애기를 쏘아보며 '네 사업을 망쳐놓겠다.'고 독기를 품으며 저승할망으로 자리 잡았다. 한편 명진국 따님애기는 곳곳의 유명한 산에 8층집을 짓고 문안에 60명, 문밖에 60명 시녀를 거느린 채 한 손에는 생불꽃, 다른 손에는 번성꽃을 들고 좌정하였다. 인간에게 자식을 불어넣고 순산시켜주고 병 없이 자라도록 보살펴주는 삼승할망이 일을 시작하자 인간 세상이 점점 생명으로 번성하기 시작했다.

처음에 옥황상제가 두 아가씨를 하늘로 불러 견주니 얼굴로나 재주로나 누가 더 낫다고 할 수 없었다. 바다 용왕의 딸 용 아가씨와 땅 위 왕의 딸 인간 아가씨 모두 외모나 재주가 출중했으니 가히 하늘의 직분을 맡을 만했다.

용 세계의 존재든, 인간세계의 존재든 그 마음의 수준이 하늘 세

〈아기의 신 삼신할머니〉 ⓒ전갑배, 1998년

계에 적합하면 하늘 존재를 입게 된다. 두 아가씨 모두에게 신의 지위가 부여되었으니, 마음의 수준으로 보면 보통 인간보다는 훨씬 높은 비슷한 공력을 가진 아가씨들이라 하겠다.

그러나 두 마음의 개성 차이는 매우 뚜렷했다. 맨 처음 황무지 인간세계에서 삼신의 영역을 창조하고 관할권을 행사한 것은 동해용궁 따님애기였다. 그것도 바다 용궁에서 황량한 인간 세상으로 귀양 와 의지하고 살 일이라고 시작한 사업이었으므로, 새 인생의 의미와 먹고살 거리가 걸린 중대사였다. 그런데 굴러온 돌이 박힌 돌을 빼낸다고, 뒤늦게 온 것이 자신이 꽂은 깃발을 빼들고 흔들며 자기 영역이라고 주장하는 것이 아닌가.

그녀가 자기 영역을 빼앗긴 것은 힘이나 능력이 부족해서가 아니다. 용 공주의 성품이나 능력이 생명을 불어넣고 탄생시키고 키우는 일에는 적합하지 않았기 때문이다. 그녀의 카르마는 아버지 수염을 뽑고, 어머니 젖가슴을 잡아뜯으며, 동이의 물을 다른 동이로 옮기는 데도 물을 다 쏟고, 꽃씨를 심고 키워도 가지보다는 뿌리만 자라게 하는 쪽이다. 그러다 보니 아버지라는 존재가 죽인다고 호령하고, 그 아비를 닮았는지 만삭이 지난 애기를 꺼내기 위해 가위로 산모의 겨드랑이를 찢어내는 등 생명을 키워내기보다는 파괴하는 성향이다. 이리하여 그녀의 성질에 어울리는 '죽음의 신'이 되었다.

반면 명진국의 인간 공주는 어려서부터 부모를 섬기는 효녀요, 남을 돕고 주변을 화목하게 할 뿐 아니라 멀리까지 보는 혜안도 있다. 옥황상제 앞에서도 인간과 하늘의 도리를 분별하는 지혜가 분명하고, 동이 속의 물을 옮겨도 조심성이 있고, 씨앗을 보듬고 키우

는 생명 살리기의 능력이 뚜렷이 드러난다. 그리하여 용 공주보다
는 늦게 일에 뛰어들었으나, 굴러온 돌이 박힌 돌을 빼내고 삼승할
망의 직분을 차지할 수 있었던 것이다.

옥황상제는 각자의 성향과 능력에 적합한 소임을 주었을 뿐이다.
두 아가씨는 각각 용에서 신으로, 인간에서 신으로 환생했지만, 하
늘 세계에 들어가서도 각자의 성품과 능력에 걸맞은 직분을 차지하
게 되었다. 성품과 능력은 그에 걸맞은 일과 환경을 끌어당기는 자
력이 있다. 그 존재가 사는 세계에서건, 다른 세계로 환생해서건 마
음의 성향과 능력에 맞는 내적이고 외적인 여건을 끌어들이는 자력
이다. 이를 카르마의 끌어당김 원리, 또는 인력의 법칙이라 하겠다.

저승할망이 하는 일, 즉 어린 생명에게 병을 주고 죽음을 주고 저
승으로 이끄는 일이 닫힌 세계의 눈으로 보면 인간에게 해로운 일
로 보인다. 그러나 열린 세계의 눈으로 보면 꼭 해롭다고 할 수만은
없다. 파괴는 창조와 짝이며, 창조를 북돋운다. 한 세상에서 죽는
것은 다른 세상에서 태어남을 의미한다.

그런 점에서 삼승할망과 저승할망은 파트너이다. 이승과 저승으
로 헤어지기 전, 두 여인이 화해하고 술을 권커니 자커니 했다고 하
니, 겉과는 달리 속에서는 깊은 공조 체계를 유지하고 있음에 틀림
없다. 생명 탄생과 죽음 간의 공조 체제, 열린 세계의 눈으로 볼 때
는 지극히 당연한 일이다. 죽음은 곧 생명을, 생명은 곧 죽음을 내
포하고 있기 때문이다. 두 아가씨의 파트너십은 열린 세계에서 생
명의 탄생과 죽음, 그리고 환생의 끊임없는 과정을 이어주는 카르

마의 이음새를 상징한다.

　최근 생물신화 작가인 셸드레이크는 한 종의 개체가 발생할 때 이제까지 그 종의 모든 발생 경험 정보가 농축적으로 저장된 형태발생장을 끌어당겨 자기 발생의 준거로 삼는다고 관찰했다. 과거 선조들의 생물학적 경험 정보를 현재 자기 몸의 발생을 위한 가이드라인으로 삼는다는 뜻인데, 한 종 안에서 다른 개체임에도 유사한 몸을 유지하는 이유를 설명한다. 이는 종의 차원에서 진행되는 카르마의 끌어당김 원리라 하겠다.

　형태발생장은 현재 살아 있는 종의 경험 정보도 끊임없이 내장한다. 그러하기에 현재의 개체들이 새 경험을 할수록 형태발생장에 농축된 발생 모델도 조금씩 변화한다. 이처럼 선조들의 경험 농축 정보를 참조하면서 자신의 경험 정보도 내장하는 과정을 '형태 공명'이라 부른다.

　형태 공명의 영향은 개체에게도 분명하게 나타난다. 현재 나의 몸이 경험한 내용은 바로 나라는 개체에 가장 직접적인 영향을 준다. 세상의 어떤 다른 존재들의 경험 정보보다 과거 나의 경험이 나에게 가장 직접적이고 즉각적인 영향을 준다는 것이다. 내 경험의 결과를 내가 가장 직접적으로 끌어들인다는 점에서 카르마의 끌어당김 원리를 개체의 차원에서 설명한 것이다.

　미래를 위한 자원으로 과거 행위의 결과를 '끌어당기는' 과정 때문에, 한 종이나 개체는 '다르면서 같음'을 유지할 수 있다. 형태 공명을 통해 현재는 과거 전통을 흡수하면서 미래를 창조하는 이중적 행위 과정이 된다. 인도 대륙에서 옛날에 관찰한 바, 카르마의 결정적 영향과 창조적 효과를 현재 영국의 신화 작가가 생물학 개념으로 되살린 것이다. 이 자체도 형태 공명이라 할 수 있다.

카르마는 다름 속에서 같음을 지속시키는 힘이면서 동시에, 그 수준과 성질, 능력에 맞는 세계와 존재를 끌어당기는 힘이다. 이 힘은 한 세계에서 죽고 다른 세계로 환생할 때만 작용하는 게 아니다. 한 세계 안에서도 카르마는 그 힘의 크기와 성질에 적합한 육체와 인물, 환경을 끌어들이는 자력을 끊임없이 발산하고 있다. 특히 집중된 욕망, 강한 믿음, 무의식적 습관 등은 그 마음에 적합한 조건을 끌어당기는 강력한 힘이 있다. 그 중에서도 한 개체가 과거에 행한 행위의 결과를 바로 그 개체가 끌어당기는 자력이 가장 강력하고 직접적이다.

동해용궁 따님애기와 명진국 따님애기가 인간계 생불왕의 직분을 위해 경쟁하고, 그 마음의 성향과 능력에 따라 삼승할망과 저승할망으로 하늘 세계에 환생하게 된 사건은 한반도의 무당들이 관찰한 이야기다. 그들의 관찰은 현재 마음의 성질과 능력이 어떻게 미래를 끌어당기는가를 극명한 대조를 통해 열린 눈으로 보고한다. 그것은 모든 생명 에너지가 과거와 현재의 마음을 원인으로 하여 그 결과를 미래의 존재와 여건으로 끌어당기는 과정에 대한 보고이다.

<hr>

■ 신동흔, 〈삼승할망과 저승할망〉, 《살아있는 우리신화》, 한겨레신문사, 2004.

부메랑

내 행위의 결과를 내가 자석처럼 끌어당긴다는

카르마의 운동법칙에 대해 발칸 반도 사람들은 매우 민감하게 관찰했다.

복잡한 사건에서도 하나의 나쁜 행위가 불행한 결과로 돌아와

나를 때리는 과정을 투명한 통찰로 간파해왔다.

이른바 카르마의 부메랑 효과이다.

프로크리스

케팔로스의 아내 프로크리스. 그녀는 한번 던지면 과녁을 절대 빗나가지 않는 창을 사냥꾼인 남편에게 선물했다가, 숨어서 그를 감시하던 중 짐승으로 오인한 남편이 던진 바로 그 창에 맞아 죽는다. 자신이 선물한 창이 되돌아와 자신의 가슴을 꿰뚫었다는 것은 부메랑 효과를 상징한다. 그런 결과를 낳은 직접적 원인으로는 남편이 바람을 피운다고 의심한 행위이고, 간접적 원인으로는 결혼하기 전 아버지와 저지른 근친상간이나, 금관을 주며 유혹한 외간 남자를 받아들인 행위다. 그런 행위들이 결합하여 부메랑으로 돌아온 것이다.

자기 행위의 결과가 자기를 겨냥한다는 부메랑 효과를 상징적으로 보여준 사건이다. 카르마의 부메랑 효과는 그 끌어당김의 힘 때문에 발생한다.

에리시톤은 데메테르 여신의 나무를 잘라버리고, 두려워하는 하인까지 죽여버리는 탐욕스럽고 불경한 남자였다. 그 탐욕은 무지막지한 식탐으로 변했다. 불같은 허기는 딸까지 팔아먹다가 마침내 자신의 팔다리를 잘라먹어 버린다. 잔인과 불경과 탐욕이 결합하여 부메랑으로 돌아와 스스로를 먹어치운 것이다.

모든 욕심은 자신의 팔다리를 잘라먹는 식탐과 같다는 상징이다.

탐욕은 외부 대상을 향해 뻗는 것 같지만, 실상 먹어치우는 것은 자기 자신이다. 로또복권에 당첨된 사람들이 오래 살지 못하는 것도 갖고 싶은 모든 것을 가지려는 욕심이 결국 자신을 먹어버리기 때문이다. 모든 탐욕이 소비하는 것은 결국 자기 자신이다.

오리온

오리온은 대양의 신 포세이돈의 아들답게 거인이었고, 힘이 아주 좋은 사냥꾼이었으며, 게다가 미남이었다. 그러나 거친 바다의 파도처럼 그의 욕망은 절제할 수 없이 솟구쳤다.

그는 키오스 섬의 왕인 오이노피온의 딸 메로페에게 반해, 이 섬의 야수 한 마리를 잡아 선물로 들고 갔다. 그러나 아버지 오이노피온은 이런 거친 남자가 자기 딸을 행복하게 해줄 수 있을지 의문이었다. 당연히 청혼 거절.

거절당한 오리온은 우격다짐으로 처녀를 차지하려 했다. 무례한 짓거리에 화가 난 처녀의 아버지는 오리온에게 술을 퍼먹였다. 그가 곯아떨어지자 왕은 그의 두 눈을 뽑아버리고 그를 해변에 갖다버렸다.

실명, 사물을 볼 수 없는 상태, 암흑……. 이는 무절제한 탐욕의 결과라는 점에서 부메랑 효과이다. 그러나 한편으로 사물의 실상을 볼 수 없는 상태, 밝음 없음(無明)은 탐욕의 원인이기도 하다. 그런 점에서 부메랑은 원인을 겨냥하여 되돌아온다. 실명은 사물의 순리를 볼 수 없는 맹목적 탐욕을 겨냥해 되돌아온다.

이후 오리온은 아폴론의 햇빛으로 시력을 되찾긴 했으나, 그 무지한 성정이 사라진 것은 아니었다. 그는 자신이 최고의 사냥꾼이라 믿어, 대지가 낳은 어떤 것도 죽일 수 있다고 공언했다. 대지의 여신 가이아는 이 말을 듣고 화가 나 전갈을 보냈다. 그는 전갈에 물려 죽었다.

오리온은 전갈에 물려 죽어가면서 이 작은 벌레에게 '재수가 없어' 물렸다고 생각했을 것이다. 그는 전갈이 다가와 다리를 물게 한 애초의 원인을 몰랐다. 그가 '대지가 낳은 어떤 것도 죽일 수 있다.'고 공언할 때마다 그의 말은 대기를 타고 대지를 울렸다. 그 울림이 뭉치고 뭉쳐 때가 되자 그의 발목 속으로 전갈이 독을 뿜어 넣은 것이다. 열린 세계의 에너지 흐름을 모르기에 허언을 하고 다닌 것이며, 바로 그 허언을 겨냥하여 부메랑은 되날아왔다.

부메랑이 애초의 원인을 향해 날아온다는 사실은 카르마의 법칙이 무지를 깨기에 좋은 환경을 조성한다는 점을 시사한다. 나의 무지가 깨지는 날까지, 부메랑은 무지에서 솟는 증오와 탐욕과 자만을 향해 날아올 것이다.

반면 좋은 행위의 결과도 부메랑으로 되돌아온다.

욱면

절 지붕을 뚫고 하늘로 올라 빛나는 몸으로 서방 극락으로 날아간 계집종 욱면. 그녀는 전전생에 일하는 중이었으나, 그 일에 게을렀다. 게으름의 카르마는 다음 생에 소의 몸을 받는 부메랑으로 되돌아왔다. '풍성한 얼굴'이라는 뜻의 그녀 이름은 전생에 소였고, 현생에도 소 같은 얼굴이었기 때문이리라.

반면 전전생에서 구도자의 길을 추구했던 좋은 카르마는 영주 부석사를 일터로 끌어당겼다. 경전을 나르던 소는 경전에 배어 있는 구도의 길과 그 길을 향한 열정을 몸과 마음에 입을 수 있었다. 그것이 소의 우직한 부지런함과 결합하자, 이 생에서 부지런한 여종이자 누구보다 우직한 구도자로 되돌아왔다. 욱면은 주인을 따라 매일 저녁 절로 가서 염불하는 것은 물론, 손바닥을 뚫어 스스로를 격려하며 기도하는 엄청난 괴력을 발휘하였다. 마침내 감동한 하늘이 연주하는 음악 소리에 맞추어 빛나는 몸을 하늘로 솟구칠 수 있었다.

최초 구도자의 발원. 그 행위는 부석사라는 일터로 되돌아왔다. 그러나 게으름의 행위는 소라는 짐승계의 존재로 되돌아왔다. 소의 부지런함과 불경의 기운은 우직한 여종이자 구도자로 되돌아왔다. 좋은 행위도 부메랑처럼, 애초에 그 행위를 한 자를 향해 되돌아온다. 짐승계와 인간계의 장벽을 넘어.

　현재 나는 어떤 사람을 극도로 증오하여 그 얼굴에 주먹을 날렸거나, 해서는 안 될 욕을 그 얼굴에 퍼부었거나, 잠 못 이루는 밤에 그를 저주하는 생각으로 지새웠다. 이처럼 몸으로, 입으로, 생각으로 한 행동은 분명 나의 증오 에너지를 그를 향해 쏜 것이다. 그런데 이 증오의 에너지는 상대방에게만 간 게 아니라, 전 우주에 퍼진다. 이것은 사라지지 않고 있다가 때가 되면 부메랑으로 뭉치기 시작하면서 갈 곳을 찾는다.

　부메랑은 가장 강력하게 끌어당기는 존재를 겨냥한다. 그 존재는 그 증오 에너지를 우주에 발산한 자, 바로 나이다. 이리하여 증오의 부메랑은 그 행동의 본래 주인으로 방향을 잡고 되돌아온다. 비록 내가 지구에서 죽었다 하더라도 이어지는 생명 에너지로 어딘가 분명히 존재할 나를 찾아 움직인다. 때가 되고 적절한 환경이 주어지면 원 주인이 전혀 이해할 수 없는 방법으로 '갑자기' 돌아와 때린다.

　이 때문에 보통 사람들이 말하는 불행이나 불운, 갑작스런 사고 등이 발생한다. 이 과정은 좋은 행위에도 똑같이 반복된다. 자비심, 나누어주기, 헌신, 높은 능력, 근면 등 몸과 입과 생각으로 한 좋은 행위의 에너지도 행운이나 기쁨, 축복의 좋은 부메랑으로 돌아온다.

　부메랑이 노리는 것은 나의 목숨인가? 열린 세계의 눈으로 보면 나의 목숨은 끊어지지 않는다. 부메랑이 노리는 것은 애초에 우주에 쏘아올린 그 마음보이다. 증오의 행위가 만들어낸 부메랑이 노리는 것은 나의 증오심을 생산하는 마음보이다. 결국 부메랑이 일으키는 불행은 그 원인인 증오심을 파괴하기 위한 것이다.

나쁜 행위의 결과로 돌아오는 부메랑은 나쁜 에너지로 혼탁해진 우주의 평형을 이루면서 나에게 교훈을 주는 효과를 갖는다. 좋은 행위의 결과로 돌아오는 부메랑은 생명체들이 나아갈 방향에 적극적인 되먹임(피드백)을 주면서 내가 더 전진할 용기와 힘을 준다.

과거란 내가 부메랑을 던진 시점이다. 미래는 부메랑이 되돌아오는 시점이다. 현재는 과거에 던진 부메랑을 받으며 미래를 향해 새 부메랑을 던지는 시점이다. 이 부메랑 게임은 끝나지 않는다. 언젠가 우주를 향해 쏘는 나쁜 에너지가 더 이상 분출하지 않을 때까지. 부메랑을 던진 주인의 에고가 사라져 더 이상 받을 사람이 없을 때까지.

카르마의 부메랑 효과는 자연적 평형을 회복하기 위한 열린 세계의 에너지 흐름이면서 동시에 이 우주를 거대한 체험 학습장으로 만드는 원리다.

■ 토마스 벌핀치, 이윤기 옮김, 〈케팔로스와 프로크리스〉, 《그리스와 로마의 신화》, 대원사, 1989.
■ Procris 2 / Carlos Parada. Greek Mythology Link.
■ www.maicar.com/GML
■ 토마스 벌핀치, 이윤기 옮김, 〈에리시톤〉, 《그리스와 로마의 신화》, 대원사, 1989.
■ 토마스 벌핀치, 이윤기 옮김, 〈오리온〉, 《그리스와 로마의 신화》, 대원사, 1989.
■ Orion / Carlos Parada. Greek Mythology Link.
■ www.maicar.com/GML
■ 일연, 김원중 옮김, 〈계집종 욱면이 염불하여 극락으로 오르다〉, 《삼국유사》, 을유문화사, 2002.

우연의 필연성

새벽의 여신 에오스는 사랑하는 남자를 납치해가는 습벽이 있었다.

지상에 머무는 시간이 길지 않기 때문에,

오래 사랑을 나누려면 납치하는 수밖에 없었을 것이다.

갓 결혼한 케팔로스를 납치했다가

아내 프로크리스에게 돌아가겠다고 우기는 바람에,

인간에 불과한 남자에게 소박맞은 일은 잘 알려져 있다.

에오스와 티토노스

에오스가 이번에는 트로이의 왕자 티토노스를 납치했다. 티토노스가 새벽 들판 길을 달리길 좋아했기 때문이리라. 에오스는 티토노스를 데려다놓고 둘만의 사랑에 빠졌고, 모든 사랑하는 연인과 마찬가지로 그들의 사랑이 영원하기를 바랐다. 그러나 인간 애인은 늙고 죽을 수밖에 없는 몸.

여신은 제우스에게 달려가 "내 인간 애인이 죽지 않고 영원히 살 수 있도록 해달라."고 청했다. 그런데 깜빡 잊고 영원한 젊음도 함께 내려달라는 말을 못했다. 애인은 영원히 살았다. 그러나 나날이 머리가 희어지고 수족을 움직이는 것도 불편해졌다. 처절한 늙음을 안타까이 바라보던 새벽의 여신은 그를 멀리하다가 마침내 창고에 가두어버렸다. 창고에서는 힘없이 흐느끼는 소리가 이따금씩 새어 나왔다. 여신은 결국 그를 매미로 만들어버렸다.

이 불행한 사랑의 원인은 '깜빡 잊고' 제우스에게 젊음을 요청하지 않은 탓이다. 이런 하찮은 우연이 한 인간에게 죽음보다 더 처참한 영원한 늙음이라는 형벌이 내려진 원인이라는 것이다. 그는 납치되어 사랑을 받았으니 사랑의 노예요, 어두컴컴한 창고에 갇혀 크게 소리 내어 울 힘도 없이 흐느꼈으니, 마침내 사랑에 버림 받고 흐느낌만 반복하는 매미가 되어버린 것이다. 그 비참함의 원인이

‘깜빡 잊음’이었다.

또 있다. 아탈란테는 아름다운 처녀이지만 결혼하면 안 될 중성적 운명의 경고를 받았다. 때문에 구혼자들을 물리치기 위해 달리기 시합을 하였고, 진 남자는 애초 약속에 따라 가차 없이 죽였다. 그러나 이 처녀의 아름다움에 넋을 잃은 히포마네스가 사랑의 여신 아프로디테의 도움으로 달리기 시합에서 이겨 아탈란테와 꿈같은 결혼 생활을 시작했다.

그런데 이들은 저희의 달콤한 행복에 취해서 아프로디테 여신께 감사의 인사를 차리지 못했다. 여신은 배은망덕한 두 사람을 키벨레 여신에게 맡겨 수사자와 암사자로 바꾸어버렸다.

이들이 짐승으로 변하는 불행을 야기한 발단은 저희만의 행복에 ‘취했다’는 것이다. 결국 취해서 잊어먹고 운명을 바꾸어준 여신께 감사의 제사를 드리지 못한 것이 그 큰 불행의 원인이다. 인간들의 눈에는 작은 실수라고 할 만한 이런 우연이 그토록 엄청난 비운을 불러온다. 또 있다.

아킬레우스

아테네 왕국의 왕자로 인정된 테세우스는 검은 돛을 달고 크레타로 출항했다. 크레타의 미궁에 있는 '미노스의 황소'라 불리는 괴물에게 총각 일곱, 처녀 일곱을 공물로 바쳐온 굴욕을 청산하기 위해 총각 제물로 가장하고 배에 탄 것이다. 테세우스는 떠나면서 승리하여 귀국할 때는 검은 돛 대신 흰 돛을 올리겠다고 부왕과 약속했다.

크레타 공주 아리아드네의 헌신적 도움으로 작전에 성공하여 돌아오는 길. 테세우스는 승리에 취하여 부왕과의 약속을 '잊어먹고' 흰 돛을 올리지 못했다. 검은 돛을 본 부왕 아이게우스는 아들이 죽었다는 절망감에 스스로 목숨을 끊고 만다. 테세우스는 그 뒤를 이어 아테네의 국왕 자리에 올랐다. 또 있다.

트로이 전쟁의 그리스 영웅 아킬레우스는 매혹적인 바다의 요정 테티스의 아들이었다. 그러나 아버지는 죽을 수밖에 없는 운명의 인간 펠레우스였다. 그녀는 사랑하는 아들을 자기처럼 불사의 몸으로 만들기 위해 저승의 스틱스 강물에 갓난아기의 몸을 담갔다. 이때 아이의 발목을 잡아 거꾸로 담그는 바람에 아킬레우스의 뒤꿈치만은 스틱스 강물에 닿지 못했다. 트로이 편의 파리스가 쏜 독화살은 바로 그 뒤꿈치를 꿰뚫어 그를 죽음으로 떨어뜨린다.

〈친구 파트로클로스의 시체 위에서 전투를 벌이는 아킬레우스〉 작자 미상, 기원전 530년경

엄마가 한다고 하느라고 아기의 뒤꿈치를 잡는 바람에 스틱스 강물이 아킬레우스(아킬레스)건을 적시지 않았다는 우연. 아무리 명궁이라 해도 파리스가 쏜 화살이 바로 그 치명적인 뒤꿈치를 뚫었다는 우연. 그 작은 부위에 치명적인 화살이 날아와 꽂혀 불사의 가능성이 아주 높은 한 영웅의 목숨을 끝내버린다. 어디를 다쳐도 죽지 않는 남자의 우람한 몸에 아주 작으나 치명적인 부위가 있고, 바로 그 부분이 운명의 화살을 끌어당겼다는 것은 우연의 필연적 힘을 상징한다.

마르시아스

발칸 반도 사람들은 결정적이지 않은 것처럼 보이는 사소한 요인들, 정말 하찮은 우연들이 거대한 운명적 사건의 원인이라고 보는 통찰력을 가졌다. '영원한 생명'에는 당연히 포함될 것 같은 '영원한 젊음,' 좀 늦게 해도 될 것 같은 '고맙다'는 인사치레, 대작전의 성공에 비하면 하찮은 '흰 돛으로 바꾸겠다'는 약속을 '깜빡 잊은' 사실, 아들의 발꿈치에 강물이 닿지 않았다는 걸 '몰랐다'는 사실……. 이런 우연이 관련된 사람들의 운명을 파탄으로 이끄는 원인이라는 것이다.

이런 통찰력을 지닌 발칸 반도 사람의 환생처럼 보이는 현대의 화학신화 작가가 있다. 일리야 프리고진으로 불리는 그는 기계적 결정론에 빠져 있는 과학신화 작가들과는 달리, 우연의 창조적 잠재력을 중시한다. 하나의 우연적 사건이 자기를 촉매로 자기를 조직화하면서 전체 체계를 바꾸는 새 질서를 만들어낸다는 것이다. 조용한 공연장에서 누군가 한 사람이 친 박수 소리에 주변의 다른 사람들이 멈칫멈칫 동조하다가, 마침내 전체 공연장이 사람들의 박수 소리로 가득 차는 것 같은 변화이다. 그가 전생에 발칸 반도 사람이었는지도 모른다는 것을 간파한 다른 사람이 그의 작품에 대해 '카오스 이론'이라는 이름을 붙였다.

사람들은 지성으로 이해할 수 없는 요인을 우연이라고 부르면서, 설명할 수 없는 영역으로 던져버렸다. 그런데 현대의 프리고진은 근대 유럽인들이 버린 우연을 다시 집어들었다. 그리고는 우연이 필연으로 변화되는 과정을 설명했다.

문제는 어떤 우연은 발생했다 그냥 사라지지만, 어떤 우연은 촉매가 달라붙으면서 자기를 조직화해 나가 새로운 필연으로 발전한다는 점이다. 중요한 것은 후자, 우연이 필연화되어 가는 과정이다. 마르시아스가 그 과정을 보여준다.

길을 걷던 마르시아스는 우연히 길 위에서 피리를 주웠다. 이를 불어본즉 지상의 소리가 아니었다. 그가 그 신묘한 피리로 큰 명성을 얻었음은 물론이다.

이는 아테나가 발명한 피리로, 여신은 이 피리로 천상의 신들을 즐겁게 해주곤 하였다. 그런데 장난꾸러기 에로스가 피리를 부느라 잔뜩 찡그린 아테나 여신 얼굴을 보고 배를 잡고 웃었다. 무안해진 여신은 이 피리를 내던졌고, 마침 마르시아스가 지나던 길 위에 떨어진 것이다.

주가가 높아진 마르시아스는 그 피리로 아폴론 신에게 도전했다. 그러나 들판의 신 판까지 이긴 음악의 명수 아폴론을 인간이 이길 수는 없었다. 아폴론은 마르시아스를 세워놓고 신들에게 도전한 죄를 물어 산 채로 껍질을 벗겨버렸다.

마르시아스는 우연히 줍게 된 신묘한 피리에 자만을 덕지덕지 붙여버렸다. 즉 그 소리가 '나의 재능' 탓이라고 믿어버린 것이다. 착각에 기초한 오만은 우연적인 행운을 필연적인 불운으로 바꾸어갔다. '천상의 소리＝나의 능력'이라는 착각의 무지가 우연에 달라붙어 신에게 도전하는 또 다른 무지스런 행동을 유발했다. 그 결과는 산 채로 껍질이 벗겨지는 형벌이었다. 오만이라는 카르마가 달라붙으면서 우연은 필연이 되어간 것이다.

우연에 촉매가 달라붙고 새로운 거대 질서로 커나가는 과정에 카르마의 에너지가 부메랑으로 돌아와 결합한다. 사실상 카르마 에너지가 우연을 필연으로 만드는 촉매다. 그 중 가장 악명 높은 카르마는 '나'라는 착각이요, 거기서 비롯되는 자만·오만·아만의 무지스런 행동들이다. 이런 과거의 습관들이 우연에 달라붙어 필연적 불행이라는 새로운 질서를 구축해가는 것이다.

프로크리스가 자신이 남편에게 준 창에 의해 죽게 된 것도 미풍을 사랑하는 남편의 말을 다른 여인을 사랑하는 언사로 '착각한' 우연적 이유 때문이다. 그러나 이 우연을 증폭시킨 촉매는 그녀의 성적 방종에 있다. 남편 케팔로스는 사랑하는 아내를 두고 새벽의 여신 에오스의 구애를 받을 수 없다고 거절한다. 그러자 에오스는 과연 네 여편네가 너를 사랑하는지를 시험하자며 케팔로스를 다른 남자로 변신시키고 황금관을 준다. '사랑하는 아내'는 이 변신한 남편이 내민 황금관에 눈이 홀려 외간 남자와 자겠다고 나선다. 이런 카르마가 부메랑으로 돌아오며 '착각'이라는 우연을 죽음의 필연으로 조직화해낸 것이다.

〈아폴론과 마르시아스의 피리 대결〉, 1750년경

풍성한 얼굴 욱면이 여종으로 태어나 불심이 두터운 주인을 만난 것은 우연이다. 그러나 이 우연을 승천하는 힘으로까지 발전시킬 수 있었던 것은, 전전생에서 구도자의 발원, 그리고 전생에서 부석사 소로서 경전을 실어 나르던 카르마가 결합했기 때문이다.

우연이 커다란 불행이나 행운으로 발전하여 운명적 필연이 되도록 만드는 촉매는 과거의 의도적 행위가 에너지로 뭉친 카르마이다. 열린 세계의 관찰자들은 카르마가 우연에 결합하는 과정을 보아왔으나, 닫힌 세계의 요새 사람들은 그 과정을 볼 눈을 잃었다.

오르페우스

오르페우스가 죽은 아내를 구하러 갔다가 하데스가 내건 조건, 즉 지상으로 나갈 때까지 '뒤돌아보면 안 된다.'는 조건을 어겨 아내를 다시 잃은 사건은 잘 알려져 있다. 뒤돌아봄과 아내를 다시 찾을 수 없다는 것은 아무런 논리적, 현실적 필연성도 없다. 그럼에도 하데스가 내건 우연적 조건은 아내를 구해낼 필연과 연관을 맺고 있다.

죽은 자를 살려준다는 것은 하데스 사업의 근본 규칙을 깨는 일이다. 한 번 살려주면 하계까지 내려와 살려달라면 떼쓰는 자들 때문에 볼일을 볼 수 없을 정도가 되고, 저승의 업무는 마비되어 끔찍한 상태가 될 것이다. 그런 가능성을 놓고도 하데스는 허락을 하는 대신 조건을 내걸었다.

그 조건은 오르페우스가 명부의 규칙을 넘는 예외를 창조할 정도로 믿음이 있는가를 시험하는 장치였다. 그는 아내를 잃은 슬픔에는 민감한 사람이었지만, 정말로 명부의 규칙을 깨면서까지 아내를 살려낼 수 있다는 확신은 부족했고 초조에 들떠 있었다. 그런 사람은 죽음의 힘을 극복하여 삶으로 되돌릴 만한 자격이 부족하다.

자신의 슬픔과 초조, 빨리 아내와 결합하고 싶은 욕망, 그리고 이런 내면의 요동을 감시하고 통제할 만큼의 조심성과 자기 절제의 부족…… 이런 내적 역량의 한계가 그 사소한 조건에 무너지고 만

〈오르페우스의 죽음〉 알브레히트 뒤러, 1494년

다. 우연은 필연을 창출할 내적 조건을 시험하는 장치다.

우연이 진짜 우연에 불과한 것이라면 그 우연적 사건을 만난 당사자는 책임이 없다. 그러나 그 우연에 과거의 카르마 에너지가 촉발제로 되먹임된 것이라면, 그 사람은 분명 그 운명의 책임자이다. 시간에 대해 열려 있는 세계에서는 내 책임이 아닌 것이 없다.

우연은, 아킬레우스의 뒤꿈치처럼, 필연을 불러들이는 작은 구멍이다. 하지만 그 작은 구멍을 통해 엄청난 카르마의 폭풍이 불어닥칠 수 있다. 우연과 결합한 카르마는 필연으로 발전하여 거대한 행, 불행의 사건들을 일으킨다.

만약 우연에 대처하는 나의 의지적 행위가 충분히 깨어 있고, 힘이 있으며, 절제되어 있다면, 불행을 줄이거나 불행을 행으로 전환시킬 것이다. 우연은 결정되어 있지 않다. 우연을 새로운 필연으로 확정하는 것은 과거의 카르마이기도 하지만, 현재의 카르마, 즉 현재의 의도적 행위에 의해 다른 방식으로 확정할 수도 있다. 그런 점에서 현재의 나는 과거 내 카르마의 자식이면서 동시에 미래의 나를 낳는 부모이기도 하다. 나는 내 카르마의 후손이자 선조이다.

■ 토마스 벌핀치, 이윤기 옮김, 〈에오스와 티토노스〉, 《그리스와 로마의 신화》, 대원사, 1989.
■ 토마스 벌핀치, 이윤기 옮김, 〈아탈란테〉, 《그리스와 로마의 신화》, 대원사, 1989.
■ 토마스 벌핀치, 이윤기 옮김, 〈테세우스〉, 《그리스와 로마의 신화》, 대원사, 1989
■ 토마스 벌핀치, 이윤기 옮김, 〈트로이아 전쟁〉, 《그리스와 로마의 신화》, 대원사, 1989.
■ 토마스 벌핀치, 이윤기 옮김, 〈트로이아 함락〉, 《그리스와 로마의 신화》, 대원사, 1989.
■ Achilles / Carlos Parada. Greek Mythology Link.
■ www.maicar.com/GML
■ 토마스 벌핀치, 이윤기 옮김, 〈마르시아스〉, 《그리스와 로마의 신화》, 대원사, 1989.

에너지 보존

카르마의 에너지는 보존되며,
작용과 반작용의 법칙이 관철된다.
사람들은 그것을 인과응보라 부른다.

묘정

사미 묘정(妙正)의 얼굴은 갑자기 빛이 나고 사랑스러워졌다. 비구가 되기 전의 어린 중 묘정에게 변화가 일어난 것은 8세기 후반 신라에서의 일이다. 50일 동안 왕께 《화엄경》을 강의하시는 큰 스님을 수행하여 궁궐로 들어간 때였다.

묘정은 항상 금광정이라는 샘에서 그릇을 씻었는데, 자라 한 마리가 샘 가운데에서 떴다 잠겼다 하였다. 묘정은 어린아이답게 늘 먹다 남은 밥을 자라에게 주면서 놀곤 하였다.

큰 스님의 법연이 끝나고 돌아가게 되자 사미는 자라에게 말했다.

"내가 여러 날 너에게 덕을 베풀었는데, 너는 이를 어떻게 갚겠느냐?"

며칠 후 자라는 작은 구슬 하나를 토해 주었다. 묘정은 이 구슬을 허리띠 끝에 매달았다.

그 후부터 왕은 묘정을 애지중지하여 내전으로 불러들여 항상 곁에 두었다. 이때 중국 당나라에 사신으로 떠나게 된 관리도 사미를 예뻐하여 함께 데려가기를 청했다. 관리는 왕의 허락을 얻어 묘정을 데리고 중국으로 들어갔는데, 당 임금 역시 이 사미를 보자 총애하였고, 신하들도 신임하며 존경하였다.

그런데 관상을 보는 자가 당 임금에게 아뢰었다.

"이 사미의 관상에는 길한 상이 하나도 없는데도 다른 사람의 총애와 신임을 받으니, 반드시 특별한 물건을 지니고 있을 것입니다."

사람을 시켜 조사해본즉, 사미의 허리띠 끝에서 작은 구슬이 나왔다.

황제는 구슬을 보자 크게 놀랐다.

"내게 여의주가 네 개 있었는데, 지난해 한 개를 잃어버렸다. 이 구슬이 바로 내가 잃은 것이다."

황제가 사미에게 사연을 물으니, 사미가 자라의 일을 사실대로 아뢰었다. 황제는 "사미가 구슬을 얻은 날과 내가 구슬을 잃은 날이 같다."고 확인했다.

황제는 구슬을 빼앗고 사미를 쫓아냈다. 이후로는 아무도 묘정을 사랑하거나 신임하지 않았다.

주변 사람들, 특히 윗사람들의 총애를 두루 받는다는 것은 그 사람에게서 사랑스럽고 믿음이 가며 존경을 받게 만드는 어떤 기운이 자연스레 발산되기 때문이다. 그것은 그 사람됨에 포함된 인격의 힘과 재능, 아름다움이 결합된 에너지의 총화이다. 아무리 외모가 빼어나도 재능이나 품성 등 다른 인격적 힘이 없으면 주변 사람들의 사랑을 두루 받을 수 없다. 그런 점에서 사랑과 신뢰를 널리 받으려면 그 사람의 공력이 높아야 한다.

그런데 꼬마 스님 묘정이 한참 높으신 분들에게 총애를 한 몸에 받게 된 것은 전적으로 자라가 준 구슬을 몸에 지니고 있었기 때문이다. 관상쟁이의 분석에 따르면, 이 사미의 얼굴에는 길한 상이 없었으니 남들에게 신임과 사랑을 받을 만한 공력은 거의 없었다고 보아야 한다. 남은 밥을 자라에게 주는 정도는 덕이라고 하기보다 오히려 어린아이의 천진스런 유희에 가깝다. 자라의 입장에서 보면 남은 밥을 베푼 것도 큰 공덕일지는 모르나, 당사자에게는 그리 큰 정성과 노력이 필요한 일이 아니다. 그러니 묘정이 자라에게 구슬을 얻은 것은 거의 공짜라고 보아야 한다.

여의주는 인도의 인드라 신이 가지고 있던 물건이 부서져 나왔다고도 하고, 석가의 사리라고도 한다. 그런 높은 공력을 지닌 분들과 연관된 보석이니, 그것을 몸에 지닌 사미도 자연스레 그 기운의 덕을 보았으리라.

그러나 세상에 공짜는 없다.

구슬은 묘정을 애초의 주인에게로 이끌었다. 그곳에서 알려진 사실은 자라가 축지법을 써 당 임금의 여의주를 빼돌렸다는 것. 결국 구슬은 원주인에게 돌아갔고, 동시에 사랑스런 기운도 그에게서 사라졌다.

여의주에는 인드라 신 또는 석가의 높고도 높은 공력이 배어 있다. 인도 초기의 여러 신들 중 최고의 신인 인드라. 그에게는 최고 권능의 번개와 최상의 무기가 쥐어져 있으니, 그의 물건에서 쪼개져 나온 구슬이라면 천지를 울릴 만한 기운을 뿜고 있으리라. 한 세상에 한 분만 나오는 붓다. 덤불에 파묻힌 옛 진리의 길을 다시 찾아내 세상에 알리기까지 석가모니는 숱한 전생을 헌신과 깨달음에 바쳤고, 이 생에서도 최고 수준의 수행과 지혜를 실현했다. 그런 분의 사리에는 당연히 그 공력의 일부라도 묻어 있으리라.

그러나 사미 묘정은 이런 구슬을 며칠 동안 자라에게 밥을 준 덕으로 얻었으니, 인드라 신이나 석가모니가 스스로의 힘과 노력으로 도달한 저 높은 경지와는 비교할 바가 아니다. 공짜로 얻은 것을 지킬 만한 힘이 내 안에 없을 때, 그것은 다시 적절한 주인을 찾아갈 수밖에 없다.

이는 마치 부자로 살기 위한 훈련을 받아보지 못한 자가 로또 당첨 후 그동안 유지했던 삶의 수준도 지키지 못하고 모두 파괴해버리는 것과 같다. 사람들은 모두 행운과 공짜를 바라지만, 그것을 지탱할 만한 힘이 없는 자에게 공짜는 저주와 마찬가지다. 좋은 의도적 행위들을 통해 좋은 카르마와 공덕을 쌓은 사람들만이 행운을 감당할 힘이 있다. 인과응보는 단순히 윤리적인 규범이라기보다 정신물리적인 법칙이다.

스스로의 노력과 정성과 공으로 쌓은 것만이 나의 진정한 재산이 될 수밖에 없다는 법칙, 공짜는 그것을 감당할 힘이 없는 자를 오히려 파멸시킬 수도 있다는 엄격한 힘의 논리……. 이 카르마의 법칙은 경제 논리보다 정확하게 관철된다. 카르마의 에너지는 향상을 위해 쏟은 공력만큼 늘어나고, 퇴락의 행위만큼 줄어든다. 그런 의도적 노력과 행위 없이 공짜로 늘어나거나 줄어들 수는 없다는 에너지 보존의 법칙이 정신물리적 에너지인 카르마에도 적용된다.

손순

손순(遜順)은 아내와 함께 남의 집에서 품을 팔아 곡식을 얻어 늙은 어머니를 봉양하고 아들을 키우는 어려운 살림을 꾸려 나가고 있었다. 9세기 초 신라에서의 일이다. 그런데 어린 아들이 항상 늙은 어머니의 밥을 빼앗아 먹었다. 손순은 어머니에게 민망하여 오랜 고민 끝에 아내에게 말했다.

"아이가 어머니 밥을 빼앗아 먹으니 어머니의 굶주림이 얼마나 심하겠소. 아이는 또 얻을 수 있지만 어머니는 다시 모실 수 없소. 이 아이를 땅에 묻어 어머니의 배를 채워드려야겠소."

그리고는 아이를 업고 아내와 함께 비장한 발걸음을 옮겨 들로 나갔다. 아이를 내려놓고 묻을 곳의 땅을 파는데, 그곳에서 이상한 돌종이 나왔다. 부부는 놀라고 괴이하게 여겨 나무 위에 걸고 한 번 쳐 보니 소리가 은은하여 듣기에 아주 좋았다. 아내가 말했다.

"이 물건을 얻은 것은 아이의 복인 듯하니 아이를 묻어서는 안 되겠어요."

남편도 옳다고 여겨 아이를 종과 함께 업고 집으로 돌아왔다. 그들은 종을 들보에 매달아 때때로 쳤다. 그 소리가 대궐까지 들리자 왕이 신하들에게 말했다.

"이 종소리는 그 맑고 고운 것이 보통 종과 비길 바가 아니니 가서 조사해보라."

신하가 손순의 집을 조사하고 돌아와 사유를 흥덕왕께 아뢰자 왕이 말하였다.

"손순의 효도를 천지가 함께 본 것이다."

왕은 손순에게 집 한 채와 매년 벼 50섬을 하사하여 극진한 효성을 기렸다. 손순은 옛집을 내놓아 절로 삼고, '효도를 널리 알리는 절(弘孝寺)'이라 칭하였다. 그곳에 돌종을 두었으니, 그 아름다운 소리와 함께 손순의 이야기가 은은하게 퍼져 나갔다.

손순이 아이도 살리고 곤궁한 삶에서도 벗어나게 된 것은 운이다. 운칠기삼(運七技三)이라는 말이 있듯이, 삶에서는 행운이 결정적인 역할을 하는 경우가 적지 않다. 그렇다면 행운을 통해 공짜의 법칙이 적용되는 것이 아닌가 하는 의문이 생긴다. 만약 삶에서 공짜가 횡행한다면 카르마 에너지 보존의 법칙은 붕괴된다.

그러나 손순이 받은 행운에서 공짜의 원리는 적용되지 않는다. 그의 극진한 효도는 좋은 카르마를 쌓았다. 좋은 행위들로 축적된 카르마 에너지가 넘쳐흘러 원래 행위자에게 그 기운을 돌릴 때 발생하는 것이 행운이다. 좋은 카르마의 에너지는 축적되어 있다가 그 사람이 예측 못할 시간과 장소에서 행운의 모습으로 자신을 드러낸다.

바로 이 과정에 하늘과 땅이 관여한다. 흥덕왕이 '손순의 효도를 하늘과 땅이 함께 본 것'이라고 평한 것은 매우 정확한 통찰이다. 한 인간이 몸과 마음과 말로 행한 좋은 행위는 전 하늘과 땅에 퍼지고 축적된다. 그의 의도적 선행의 양에 해당하는 에너지는 사라지지 않고 하늘과 땅에 있다가 작용 – 반작용의 법칙에 따라 돌아오는 것이다. 하늘과 땅은 새롭고 좋은 에너지가 우주에 늘어났다는 것을 분명히 알고, 그 좋은 에너지에 적합한 좋은 일을 당사자에게 되돌린다. 개체의 카르마 에너지는 하늘과 땅을 포함한 열린계에서 보존된다.

하늘과 땅도 엄격한 규칙 하에 움직이다. 인간에게 행운을 할인 판매하거나, 화난다고 불운을 쏟아붓지는 않는다. 하늘과 땅이 인간에게 행운을 돌려주려면, 특정 양 이상의 좋은 카르마 에너지가 하늘과 땅에 모여 있어야 한다.

자기 것들을 다 보존하면서 하는 좋은 일, 기존의 삶 틀과 습관을 다 유지하면서 뭔가 새로운 것을 바라는 데 대해서 하늘은 묵묵부답인 경향을 보인다. 하늘과 땅이 함께 주목해서 보려면, 그 사람에게 진정으로 중요한 것을 걸어야 한다.

진정으로 중요한 것은 손순 부부가 애지중지한 아들일 수도 있고, 남들이 칭송해 마지않는 지위일 수도 있으며, 가지고 있는 재산일 수도 있고, 내가 그토록 붙들고 있는 자존심과 에고일 수도 있다. 그 정도는 걸어야 하늘과 땅의 눈이 번쩍 하며 쳐다본다. 또는 잔잔한 선한 일도 그 정도의 양만큼은 축적되어야 하늘과 땅이 '때가 되었다.'고 생각할 수 있다.

공짜는 역시 없다. 정성을 들인 만큼의 에너지가 하늘과 땅에 보존되어야, 그 행위의 결과가 행운으로 돌아온다. 이 법칙에는 조건이 있다. 행운을 바라고 정성을 들이면 그 바란 만큼을 제한다. 하늘과 땅은 대체로 미세한 이기주의에도 예민하기 때문이다.

하늘이 진정으로 감동할 정도의 에너지는 자신을 순전히 버리는 행위다. 그것은 하늘과 땅이 자아, 에고, '나'와 같은 좁고 냄새나는 울타리 치기와는 전혀 다른 원리로 구성되어 있기 때문이다. 하늘과 땅은 거의 순수한 자비 에너지다. 따라서 좁고 냄새나는 울타리를 깬 만큼 하늘의 자비 에너지에 공명할 수 있고, 그래야 하늘과 땅이 감동한다.

손순의 집 들보에 걸린 돌종의 은은한 소리는, 아이를 바칠 정도의 지극한 정성의 파장이 하늘과 땅에 공명하여 하모니를 만들어낸 아름다운 음악이었다. 운은 정성을 들인 공력이 하늘과 땅에 공명할 때 다가온다.

선율

죽었다가 살아오던 자가 죽음과 삶의 중간 세계에서 불운에 찬 여인을 만났다. 신라 때의 일이다.

승려 선율(善律)은 '육백반야경(六百般若經)'을 만드는 거대한 불사를 하다가, 경전이 완성되기도 전에 저승의 염라대왕에게 끌려갔다. 염라대왕이 물었다.

"인간 세상에서 무슨 일을 하였느냐?"

선율이 대답하였다.

"소승은 늘그막에 '대품반야경(大品般若經)'을 완성하려 했으나 과업을 이루지 못하고 왔습니다."

염라대왕은 자신도 추구하는 진리인 불경의 완성을 못 보고 죽었다는 말에 감동했다. 그리고는 죽음의 일반 규칙에 예외를 두어 행운을 내렸다.

"비록 너의 수명은 다 했으나 좋은 소원을 마치지 못했으니, 다시 인간 세상으로 돌아가 보배로운 경전을 완성하는 것이 마땅하다."

선율이 살아난 것은 무덤에서였다. 이미 장사 지낸 지 열흘이 지난 후였기 때문이다. 사흘 동안 살려달라고 외치고서야 지나던 목동이 그 소리를 들었고, 목동의 말을 전해들은 절의 승려가 무덤을 파고 꺼내주었다.

살아난 선율이 한 첫 번째 일은 불경 일이 아니었다. 그는 한 민가를 찾아갔다. 사연인즉, 죽음에서 돌아오는 길에 한 여인이 울면서 선율 앞에 와 절을 하는 것이었다.

"저도 스님처럼 신라 사람인데, 부모가 절의 논 한 이랑을 몰래 훔친 죄에 연루되어 저승에 잡혀와서 오랫동안 무거운 고통을 받고 있습니다. 이제 스님께서 고향에 가시거든 제 부모에게 전하여 빨리 그 논을 돌려주도록 해주십시오. 또 제가 세상에 있을 때 참기름을 침상 아래 숨겨두고, 곱게 짠 베를 이불 사이에 감추어두었으니, 스님께서는 제 기름을 가져다 불등을 켜주시고, 그 베를 팔아 불경 사업에 써주십시오. 그렇게 해주신다면 황천에서도 은혜를 입어 고통에서 벗어날 것입니다."

여인은 자신의 집 주소를 정확히 알려주었다.

선율이 죽었다 깬 후 간 집이 바로 이 여인의 집이었다. 여인이 죽은 지 15년이 지났는데도 참기름과 베는 그 자리에 그대로 있었다. 그녀의 원대로 시행한 후 명복을 빌었더니, 여자의 혼이 와서 아뢰었다.

"스님의 은혜에 힘입어 저는 이미 고뇌에서 벗어났습니다."

이 일을 알고 놀란 주변 사람들이 선율을 도와 불경을 완성시켰다. 이후 사람들은 매년 봄과 가을에 이 불경을 돌려 읽으며 재앙이 물러가기를 빌었다.

선율이 다시 살아나게 되었다는 것은 행운이다. 그러나 더 좋은 일은 그가 세운 높은 소망, 즉 불경을 옮겨 적는 일을 끝맺게 되어 자신과 주변 사람들에게 큰 공덕을 이룰 수 있게 되었다는 것이다. 염라대왕은 큰 진리를 전할 불경 사업이 우주 전체에 얼마나 도움이 되는지를 알고 있었기에, 수명이 다했음에도 그를 돌려보냈다. 그의 좋은 카르마가 염라대왕의 마음을 움직여 행운을 불렀고, 그로써 더 크고 좋은 카르마를 쌓을 수 있었다.

반면 선율이 황천에서 만난 여인은 불운했다. 나쁜 부모에게 태어나는 것은 불운이되, 그런 부모를 끌어당긴 것은 그녀의 좋지 않은 카르마였다. 부모와 공모하여 절 재산을 사기로 횡령하였고, 부모보다 먼저 죽었으니 인생 시나리오 치고는 거의 최악이었다. 그것도 진리를 닦고 전하는 절의 재산을 훔쳤으니, 같은 도적질이라도 몇 배 나쁜 카르마로 축적되었을 터. 결국 갈 곳을 가지 못하고 불안하고 두려운 중음을 헤매고 있었던 것으로 보인다.

그럼에도 그녀는 황천에서 겪는 고뇌의 전생 원인을 분명히 기억했고, 오랫동안 참회의 기회를 가졌다. 이 깊은 참회 덕분에 죽었다 살아 돌아가는 사람, 그것도 고향 신라로 가는 사람, 그것도 자기가 죄를 지은 대상과 같은 스님을 만나는 천재일우의 기회를 만났다. 이 스님을 통해 그녀는 과거의 잘못을 되돌리고 자신의 비참한 고통을 풀 만한 공덕을 쌓을 수 있었다.

그녀가 겪은 고통은 지상에서 지은 나쁜 행위가 부메랑으로 돌아와 황천에 간 자신을 쳤기 때문이다. 카르마 에너지의 보존 법칙에 따라 나쁜 카르마 에너지는 사라지지 않고 우주에 보존되며, 그 갚음을 위해 행위자에게 반작용으로 돌아간다. 행위자가 지상에 있든 황천에 있든 상관하지 않고. 더욱이 인간 세상보다 더 투명한 의식을 갖게 되는 저승에서는, 자신의 악행 에너지를 기억하는 것만으로도 커다란 고통이 될 수 있다. 나쁜 카르마가 끊임없이 기억되는 고통을 견디기 위해서라도 그 갚음이 있지 않고는 안 된다.

그녀가 고뇌에서 벗어날 수 있었던 것 또한 공짜도 우연도 아니다. 지상 시간으로 15년을 깊이 참회했으니, 그 정성이 천재일우의 기회를 끌어당겼다. 살아 돌아가는 선율스님을 만나 자신의 잘못을 되돌리고, 부처님의 지혜를 펴는 데 일조하는 공덕을 쌓아 나쁜 카르마 에너지를 소멸시킬 수 있었다. 잘못된 행위의 에너지는 그만큼의, 또는 그보다 더 큰 공과 정성의 에너지를 통해 풀어내야 한다.

인과응보는 윤리의 문제가 아니다. 인간 세상 안에서만도 다양한 문화에 관계없이 좋은 행위와 나쁜 행위를 나누는 기준은 대체로 일치한다. 그 이유는 카르마가 정신물리적 에너지이기 때문이다. 즉 에너지의 성질과 양이 우주 차원에서 보존되기에, 그 갚음과 보상이 뚜렷한 법칙에 따라 진행된다. 나쁜 에너지는 정리되어야 생명 자체를 유지할 수 있고, 좋은 에너지는 그 보상을 받아야 정산이 된다. 그 때문에 공짜나 우연처럼 보여도, 실제로는 우주에 보존된 나쁜 마음의 양, 좋은 정성의 양이 그 갚음의 계기를 부르는 것일 뿐이다.

침상 아래 숨겨두었던 참기름과 이불 사이에 숨겨둔 베는 죽은 자가 생전에 품었던 물질적 탐욕의 덩어리다. 그러나 여인의 참회가 깊어 그 갚음의 기회를 만나자, 이 감추어놓은 물건들은 불공덕을 위한 정성으로 변화되었다. 침상 아래서 나온 참기름이 부처님을 구하는 등불로 타올랐을 때, 그녀는 저 세상에서도 무거운 고뇌를 씻을 수 있었다.

'스님 은혜에 힘입어 고뇌에서 벗어났다.'는 보고는 그 여인에게는 환희의 축제를 의미하지만, 그 이야기를 전해들은 사람들에게는 열린 우주에서 작동하는 카르마 에너지가 엄정하게 보존된다는 사실을 드러내는 순간이다. 그들이 더 나은 미래를 위해 현재 공덕을 쌓는 일에 매진할 수 있었던 것도, 그 엄정한 법칙을 알고 두려운 마음이 생겼기 때문이다. 지금 이 순간도 그 법칙은 작동하고 있다.

■ 일연, 김원중 옮김, 〈원성대왕〉, 《삼국유사》, 을유문화사, 2002.
■ 일연, 김원중 옮김, 〈손순이 아이를 묻다〉, 《삼국유사》, 을유문화사, 2002.
■ 일연, 김원중 옮김, 〈선율이 살아 돌아오다〉, 《삼국유사》, 을유문화사, 2002.

마음의 힘

'한 여자의 마음이 나라 사이에 큰 전쟁을 일으킨다.'는

발칸 반도 사람들의 관찰은 사뭇 시사하는 바가 크다.

아르고스와 테베 사이에 터진 '테베 공략의 7용사' 원정.

그 원인은 남편과 나라의 용사들이 모두 죽으리라는 것을 미리 알면서도

전쟁을 원했던 에리필레의 결정이었다.

에리필레

테베의 왕 오이디푸스는 아버지를 죽이고 어머니와 결혼했다는 사실을 알고는 발광하였다. 자기 두 눈을 뽑아낸 뒤 한없는 방랑을 계속하였다. 어머니 사이에서 낳은 딸 안티고네만이 아버지가 한 많은 삶을 마감할 때까지 잠시도 그 곁을 떠나지 않았다.

권력의 공백이 생기자 오이디푸스와 그 어머니 사이에서 나온 두 아들이자 안티고네의 오라비들인 에테오클레스와 폴리네이케스가 1년씩 교대로 나라를 다스리기로 합의했다. 그러나 에테오클레스는 1년 기한을 넘기고도 아우에게 왕국을 넘길 생각이 없었다. 형으로부터의 위협과 배신감에 몰린 폴리네이케스는 남쪽의 아르고스로 망명했다.

아르고스의 왕은 망명자에게 딸까지 주며 환대하고는, "군대를 빌려줄 테니 테베 왕국에 대한 정당한 요구를 관철시키라."며 꼬드겼다. 배신감과 결합한 정복욕, 이것이 전쟁의 제1요인이다.

그러나 이 불순한 전쟁에 반대한 이들이 있기에 최종 결정은 미루어졌다. 왕의 매제인 암피아라오스는 점쟁이였는데, 점을 친 결과 '왕 이외에는 어떤 장수도 살아오지 못할 것'이라는 점괘를 받았고, 이를 근거로 전쟁에 반대하였다. 그러나 암피아라오스는 왕의 누이 에리필레와 결혼할 때, 자기와 왕 사이에 의견 대립이 있을 경

〈스핑크스의 수수께끼를 푸는 오이디푸스〉

우 그 결정권을 아내에게 넘기겠다고 약조한 바 있었다.

복수의 칼을 갈고 있는 망명자 폴리네이케스가 이 사실을 알았다. 그는 에리필레의 마음을 움직일 만한 물건을 들고 찾아갔다. 이는 하르모니아의 목걸이로, 테베 창건자 카드모스가 하르모니아와 결혼할 때 헤파이스토스 신이 만들어 선물한 것. 이를 폴리네이케스가 망명하면서 가져왔던 것이다. 에리필레는 이렇게 멋진 선물을 뿌리칠 수 없었다. 결국 에리필레의 결단에 따라 전쟁이 발발했다. 신의 기술로 만든 목걸이에 대한 탐욕, 이것이 전쟁의 제2요인이자 직접적인 원인이다.

점괘가 예언한 대로 그녀의 남편 암피아라오스도 죽음의 운명을 피하지 못했다. 지루한 전쟁에 지친 양편은 이 사태의 직접적 요인인 두 형제간의 결투로 승패를 결정짓자고 합의했다. 에테오클레스와 폴리네이케스는 일 대 일로 겨루다 서로의 칼에 찔려 둘 다 죽고 말았다. 아르고스의 침략군은 역부족을 통감하고 전사자들을 매장도 못한 채 퇴군했다. 테베 권력을 놓고 투쟁한 형제가 죽자 어부지리로 외삼촌 크레온이 왕위를 차지했다.

안티고네는 왕명을 거스르고 오빠의 방치된 시신을 치웠다는 이유로 생매장 당했고, 그의 애인이자 외삼촌 왕의 아들이던 하이몬도 안티고네를 따라 목숨을 끊었다. 어부지리로 얻은 자까지 포함, 어느 누구도 패배를 빗겨가지 못한 전쟁이었다.

전쟁의 일차 원인은 정치적 요인이다. 권력투쟁이 발생한 후 배신당한 자가 망명을 나오면 정복욕을 가진 외부세력이 부추겨 전쟁이 발생한다. 오랜 옛날부터 지금까지, 일상사에서부터 세계 정치 무대에 이르기까지 쉽게 관찰되는 현상이다.

그러나 직접적인 요인은 목걸이에 대한 여인의 탐욕이다. 에리필레는 남편과 자기 나라의 모든 장수가 죽을 것을 알면서도 전쟁을 선택했다. 그녀의 최종 선택은 신이 만든 눈부시게 아름다운 목걸이였고, 이를 얻기 위해 남편과 장수들의 목숨을 내주었다.

정치적이고 경제적인 요인을 들며 전쟁을 설명하려는 요새 사회과학 신화 작가들은 인간의 탐욕을 상수로 처리한다. 탐욕은 모든 인간에 공통되고 당연한 것이므로, 석유 자원을 위해 전쟁을 택하는 일도 욕망의 원리로서는 당연하다고 간주한다.

그러나 신화 사건 보고자들의 생각은 다르다. 그 놀라운 목걸이와 남편이나 이웃의 죽음을 맞바꿀 수 있다고 결정한 것은 에리필레의 마음이다. 비록 많은 여자들이 그렇게 결정할 가능성이 높다 해도, 역시 최종 원인은 그녀의 마음이다.

이는 열린 세계의 눈으로 세상을 바라볼 때, 인간의 탐욕을 상수로 볼 수 없다는 전제에서 출발한다. 나아가 탐욕은 정치적이고 경제적인 요인의 배후에서 작동하는, 인간세계를 움직이는 결정적인 힘이라는 시선이다. 탐욕을 포함한 마음이 큰 사건을 일으키는 진정한 힘이다.

헬레네

그리스 연합군과 트로이 연합군이 대규모로 뭉쳐 에게 해를 사이에
두고 10년 동안 싸운 트로이 전쟁. 이 지축을 흔든 전쟁의 출발도
헤라·아테나·아프로디테, 이 세 여신의 자기 미모에 대한 탐욕이
었다. 이 미묘한 문제에 끼어들고 싶지 않았던 제우스는 트로이의
양치기인 파리스를 심판으로 삼았다.

 여신들은 인간 파리스 앞에서 자신이 얼마나 아름다운지를 뽐내
는 한편, 심판관인 양치기의 마음을 움직이기 위해 여러 가지 뇌물
을 제안했다. 파리스는 '인간 세상에서 가장 아름다운 여인을 주겠
다.'는 아프로디테의 로비에 넘어갔고, 아프로디테를 '최고 아름다
운 여신'으로 선정했다. 이에 아프로디테는 파리스를 도와 스파르
타의 왕비 헬레네를 꾀어내어 트로이로 납치해가도록 주선하였다.

 이 사건이 아내를 빼앗긴 스파르타 왕 메넬라오스만의 문제가 아
니라 그리스 전역의 문제가 된 것은 남자들의 탐욕 때문이었다. 결
혼 전 헬레네에게는 구혼자가 들끓었다. 구혼자들은, 그 중 하나였
던 오디세우스의 제안에 따라, 누가 헬레네의 남편으로 뽑히든 모
두 힘을 합하여 이 여성을 모든 위험에서 보호하고, 필요하다면 그
녀의 원수 갚음에도 공동 전선을 펼 것을 약조한 바 있었다. 바로
이 약조에 걸려 그리스 연합군이 형성되고, 트로이 측은 납치해온

〈파리스의 심판〉 페테르 파울 루벤스, 1635~1638년

여자를 지켜야겠다는 욕심으로 동맹군을 결성하여 대규모 전쟁에 돌입한 것이다.

세 여신들은 미모 콘테스트가 끝나자 두 편으로 쪼개졌다. 한 편은 미모의 여왕으로 뽑힌 아프로디테, 다른 한 편은 헤라와 아테나로 갈라져 적이 되었다. 여신들이 서로 적이 되어버리자, 남신들도 어느 한 편을 지원하지 않으면 안 되었다. 올림포스의 모든 신이 두 쪽으로 갈라졌다. 미모에 대한 여신들의 탐욕은 서로에 대한 증오로 변하였다. 신들의 탐욕과 증오가 이 전쟁을 이끌어간 강력한 마음 에너지였다.

인간들 측에서는 예쁜 여자를 차지하려는 남자들의 탐욕과 자기들의 아름다운 여인을 트로이 촌뜨기에게 빼앗겼다는 자존심의 상처가 직접적인 동기였다. 여기서도 자존심이라는 탐욕은 분노로 전환되니, 인간들도 역시 탐욕과 분노에 몰려 전쟁에 가담하게 된 것이다. 트로이 측도 '가장 아름다운 여인'을 돌려줄 수 없다는 탐욕과 자존심으로 전쟁에 나섰다.

그리스와 트로이, 이 두 세력들 간의 분쟁은 신들의 대리 전쟁처럼 보이나, 사실은 신과 인간의 연합 전쟁이다. 오늘날에도 기독교도와 그 신, 이슬람교도와 그 신이 연합 세력을 이루어 전쟁을 벌이므로, 신-인간의 연합군이 나뉘어 싸우는 일은 딱히 신기한 현상이 아니다. 대규모 전쟁일수록 많은 신과 많은 인간들이 달라붙어 싸운다. 전쟁이 커지는 것은 인간-신 사이에서 깊은 탐욕과 증오가 대규모 동조 세력들을 동원하기 때문이다.

마음은 대규모 전쟁을 일으켜 숱한 생명을 살상할 정도의 강력한 힘을 갖는다. 마음의 힘 때문에 무기도 개발되고, 과학도 발전하며, 정치 사회의 각종 체계들도 움직이니, 마음은 인간 사회에서 발생하는 크고 작은 사건들의 가장 원초적이면서도 가장 강력한 힘이라 하겠다. 보이지 않는 마음이 보이는 세계를 만들어가는 가장 큰 동력이다.

신과 인간이 연합군을 형성할 수 있는 것은 신의 마음과 인간의 마음이 그 본성에서 같기 때문이다. 신도, 인간도, 짐승도, 용도 탐욕과 증오라는 마음의 근본 동력에 따라 움직이고, 드물게는 자기 헌신과 자비, 지혜의 길을 따라 움직인다. 이런 동질적인 마음 에너지에 의해 사건들이 벌어지기에, 신과 인간이 연합 세력을 형성하는 것도 그리 어려운 일은 아니다.

마음은 열린 세계 내에서 어떤 세상도 관통하는 동일한 에너지 사슬이다. 비록 세계마다 마음의 수준과 질, 권능의 차이는 있으나 마음은 세상을 창조하는 가장 원초적이면서 강력한 힘이라는 점에서는 동일하다.

연개소문

한반도 북쪽의 고구려는 중국 당나라와 동남쪽의 신라 연합군에 의해 7세기에 패망했다. 고구려 패망의 일차 요인은 재상 연개소문의 독재에 있었다. 특히 그는 중국의 정신을 들여와 고구려 산천에 뿌리는 일에 앞장섰다. 당시 꼭두각시 왕을 주무르던 재상 연개소문은 적대하고 있는 중국에서 도교를 수입하면서, 기왕에 정신적 통합의 매개였던 불교와 유교를 탄압했다.

당나라는 도사 8명을 고구려에 파견했는데, 이들은 조정의 권력을 업고 기존의 절들을 접수하여 도교 사찰인 도관(道觀)으로 삼는 한편, 유명 산천을 돌아다니며 고구려의 기운을 진압하였다. 수도인 평양 남쪽 강의 용에게 주문을 외워 평양성의 기운을 바꾸었고, 도참이라는 예언서를 지어 민심을 혼란케 했으며, 옛날 고구려의 성왕이 하늘 임금을 뵙기 위해 타고 올라갔던 바위 '신령한 돌(靈石)'을 깨뜨렸다. 그들은 고구려의 산천과 문화에 배어든 옛 기운을 바꾸고 깨뜨리는 데 열중했던 것이다.

불교 탄압을 만류하던 고승 보덕(普德) 화상은 나라가 위태로워질 것을 알고, 신술로 암자를 백제 땅으로 옮기고 제자들과 함께 남하할 정도였다. 중국 당나라의 미신적 도참사상과 의례가 고구려의 정기를 깨뜨린 것이 당에 의해 패망하는 이차 요인이다.

이보다 뿌리가 되는 원인을 찾으려면 당나라 이전 수나라 양제 시절로 올라가야 한다. 중국의 수 양제는 양명(羊皿)이란 장수와 함께 30만 대군을 이끌고 고구려의 만주 요동성을 치고 있었다. 2년을 견뎌낸 고구려는 항복문서를 사신에게 보냈는데, 양제가 항복 표문을 읽는 동안 고구려 사신이 활을 쏘아 양제의 가슴을 맞추었다. 이로써 수나라는 대패하였고, 양제는 작은 나라에 당한 수모를 참을 수 없어 한탄하였다.

"천하의 주인이 되어 이 작은 나라를 친히 징벌하다가 이 꼴을 당하니 만대의 웃음거리가 되겠구나."

이 말을 옆에서 들은 장수 양명이 비장한 각오로 왕께 아뢰었다.

"신이 죽으면 고구려 대신이 되어 반드시 그 나라를 멸망시켜 대왕의 원수를 갚겠습니다."

한반도 북쪽의 고구려에게 연이어 패하고 왕이 처절한 굴욕에 빠지자, 바깥에서 쳐서는 고구려를 물리칠 수 없다고 생각한 충성스런 장수 양명이 내생에 첩자가 되어 고구려를 내부에서 멸망시키겠다는 각오를 표명한 것이다. 양명은 실제로 죽은 후 고구려에 태어났으며, 무용과 현명함이 출중하여 재상에까지 이르렀다. 그는 스스로 개(蓋)를 성씨로 삼았는데, 이는 전생의 이름 양명(羊皿)의 두 글자를 합한 것이었다.

그가 비록 당과의 전투에 열심이긴 했으나, 왕을 마음대로 조종하는 등 전횡을 일삼고 도교를 받아들여 고구려의 기강을 죽여 결국 나라를 당에 갖다 바치게 되었다. 전생에서 내려온 강하고 질긴 복수심, 그것이 고구려 패망의 삼차 요인이며 직접적인 원인이다.

고구려가 중국 대륙과의 싸움에서 이겨 작은 민족의 위상을 드높였다고 생각하는 후대 한반도인들에게 연개소문은 '고구려의 기상'을 세운 인물 중 하나로 간주된다. 그러나 내용을 들여다보면 고구려 패망의 기본 원인은 연개소문으로부터 제공된 것이다.

그는 자신을 재상으로 세우는 데 반대한 왕과 귀족 등 180명을 죽이고, 꼭두각시 보장왕을 세워 권력을 장악한 자이다. 그들이 반대한 이유는 연개소문이 '포악한 성품'의 인물이라는 것이었는데, 반대자들을 일거에 제거하는 그의 성품을 제대로 본 것이라 하겠다.

그는 남쪽으로는 신라와 서쪽으로는 중국의 당과 전면 대결하는 강경 일변도의 정책으로 일관하였다. 신라 측에서 제시한 화친 요구를 거부하면서 전선을 양면으로 벌여 나간 전쟁 위주 정책, 독단적이고 폭력적인 통치로 일어난 내부 분열, 나라의 정신적 통합의 토대인 유교와 불교를 탄압하고 미신적인 중국의 도교를 퍼뜨려 백성들의 결속을 이완시켰다는 점 등으로 미루어, 연개소문은 고구려의 패망을 내부에서 자초했다 하겠다.

그가 양명이었을 때, 적국에 태어나 내부 분열을 일으켜 전생의 왕께 충성하겠다는 각오를 천명한 것은 그의 엽기적 성격을 드러내는 일단이다. 적으로 환생해서라도 적국을 멸망시키겠다는 환생 시나리오에서나, 고구려 재상으로서 포악하고 호전적인 방책을 취했던 데서 일관되게 흐르는 것은 복수의 강한 일념이다. 환생을 하면서까지 지속되는 복수심과 분노, 그 무섭고 엽기적인 마음의 힘이 고구려를 패망시킨 것이다.

한 존재, 또는 그 존재를 둘러싼 집단의 마음이 거대 전쟁의 원인이라고 보는 점에서는 동서양 신화 사건 보고자들의 시선이 일치한다. 게다가 구체적으로는 미모에 대한, 국가에 대한, 자존심에 대한 탐욕과 그 손상에 따른 분노, 복수심이 원인이라고 보는 점도 일치한다.

연개소문의 경우 그의 거친 마음은 전생의 깊은 복수심으로부터 이어진 카르마라고 하는 시선이 독특하다. 큰 사건을 일으키는 증오의 마음은 몇 생, 또는 수십 생에 걸쳐 지속적으로 강화된 것이기에, 그 파괴력은 원자폭탄보다 더할 수 있다. 마음의 창조력, 또는 파괴력이 그처럼 큰 이유를 설명하는 보고이다.

열린계의 관찰자들은 천상·지상·지옥 등 윤회의 거대한 시공간을 관통하며 흐르는 카르마 에너지를 보았고, 그 에너지의 내용이 마음이라는 사실을 확인했다. 마음은 윤회의 거대한 무대, 다층 세계의 다채로운 무대를 관통하며 셀 수 없는 시공간과 존재들이 얽혀 다져진 엄청난 힘이다. 그 힘이 겉으로 보이는 거대한 물건과 사회, 사건의 안 보이는 원인이 된다.

정신-물리적 에너지인 카르마의 실내용은 마음이다. 마음은 '나'라는 착각, 쾌락의 원리, 쪼갬의 원리, 부메랑 효과, 에너지 보존 법칙을 통해 개체의 삶과 공동체의 운명을 만들어가는 무서운 힘을 지닌다. 어마어마한 창조와 파괴의 에너지, 그것이 마음이다.

■ 토마스 벌핀치, 이윤기 옮김, 〈안티고네〉, 《그리스와 로마의 신화》, 대원사, 1989.
■ 토마스 벌핀치, 이윤기 옮김, 〈트로이아 전쟁〉, 《그리스와 로마의 신화》, 대원사, 1989.
■ 일연, 김원중 옮김, 〈보장왕이 노자를 받들고 보덕이 암자를 옮기다〉, 《삼국유사》, 을유문화사, 2002.

5
갈 길

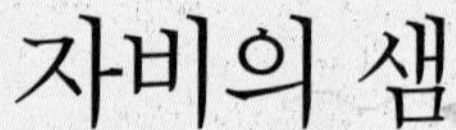

자비의 샘

사람들은 갈 길을 몰라 방황한다.

방황에 지친 사람들이 스스로 목숨을 끊는 숫자도 갈수록 늘어난다.

우리가 공통으로 가야 할 길이 있기나 한 것일까?

거타지

천지창조에는 목적이 있는 것일까? 이 세상은 어떤 방향으로 작동하는 것일까? 가치상대주의로 무장한 현대 신화에서는 참으로 촌스러운 질문이다.

그러나 동서양 신화 사건의 관찰자들은 이에 대해 분명한 답변을 갖고 있다. 갈 길이 분명히 있다고. 그들이 누구나 가야 할 목적지로 꼽는 곳은 두 군데다. 하나는 우주의 사랑과 자비가 흘러나오는 샘이 있는 곳, 다른 하나는 그 너머 우주의 진실과 지혜가 흘러나오는 곳. 자비의 샘과 지혜의 샘에 이르러 그 샘들과 하나가 되는 것이 모든 존재가 도달해야 할 종국의 목적이다.

이 두 목적지는 자의적으로, 또는 윤리적으로 설정된 것이 아니다. 모든 생명 존재를 그 방향으로 이끄는 힘이 삶의 전반에 깊이 작용하고 있기 때문이다. 온갖 생명에게 각자의 성향과 능력을 조건 지우면서 각종 행운과 불운을 안겨주는 카르마 에너지가 그 주인이자 노예인 생명 존재들을 두 샘의 방향으로 강하게 밀어주기 때문이다. 바로 그 지점에 도달할 때에야 비로소 숱한 생으로 내몰았던 그 힘은 절대 평형점에 도달한다.

특정 방향으로 밀어주는 정신물리적 에너지는 신화 사건들 속에서 관측된다. 우주가 생명 존재들로 하여금 두 샘의 원천으로 나아가도록 밀어준다는 점을 시사하는 사건은 숱하게 일어났다. 9세기 후반 한반도에서 일어난 다음 사건은 그 작은 일부에 불과하다.

신라의 진성여왕은 막내아들을 중국의 사신으로 보냈다. 뱃길에 해적이 있다는 소문을 듣고 활 잘 쏘는 사람 50명을 뽑아 딸려 보냈다. 배가 곡도에 이르자 바람과 파도가 크게 일어 열흘 넘게 꼼짝없이 머물게 되었다. 사람을 시켜 점을 치니 "섬에 있는 신령한 연못에 제사를 지내야 한다."고 나왔다. 못에 제물을 차려놓고 제사를 지내자 물이 한 길 남짓이나 솟구쳤다.

그날 밤 꿈에 한 노인이 나타나 말했다.

"활 잘 쏘는 사람을 이곳에 남겨두면 순풍을 만날 것이다."

그곳에 남을 사람을 제비뽑기로 정하기로 하고 나무 조각 50개에 50명의 궁사 이름을 적고 바다에 던지니, 거타지(居陀知)의 이름 조각만이 가라앉았다. 결국 거타지만 남기로 결정되었는데, 갑자기 순풍이 불며 배는 거침없이 나아갔다.

홀로 남은 거타지는 수심에 잠겨 섬에 서 있었다. 그런데 갑자기 한 노인이 못에서 나와 말했다.

"나는 서해 신 약(若)이오. 얼마 전부터 날마다 해 뜰 무렵 승려 하나가 하늘에서 내려와 다라니를 외면서 이 못을 세 바퀴 돌면 우리 부부와 자손들이 모두 물 위로 떠오른다오. 그러면 그는 우리 자손의 간을 모조리 먹어치운다오. 이제 우리 부부와 딸 하나만 남았소. 내일 아침이면 반드시 그가 또 올 테니, 그대가 쏘아주시오."

"활 쏘는 일이라면 제 특기이니 명령대로 하겠습니다."

거타지는 흔쾌히 대답하고는 숨어서 기다렸다.

이튿날 동이 밝아오자 과연 승려가 나타나 이전처럼 주문을 외면서 늙은 용의 간을 빼려 하였다. 이때 거타지가 활을 쏘아 맞추니 즉시 늙은 여우로 변하여 땅에 떨어져 죽었다. 노인이 나와 감사해하며 말했다.

"공의 은혜로 목숨을 보존하게 되었으니, 딸을 그대의 아내로 주겠소."

거타지가 황송해하며 답했다.

"제게 주신다면 평생 저버리지 않고 사랑하겠습니다."

노인은 자신의 딸을 한 송이 꽃으로 바꾸어 거타지의 품속에 넣어주었다. 그리고는 두 용에게 명하여 거타지를 데리고 사신의 배를 쫓아가 그 배를 호위하고 당나라로 들어가도록 했다. 당나라 사람들은 신라의 배가 용 두 마리의 호위를 받으며 들어오는 것을 보고 놀라 왕에게 보고했고, 왕은 연회를 열어 신라 사신들을 후하게 대접했다.

거타지가 고향으로 돌아와 품에서 꽃송이를 꺼내니 꽃이 여인으로 바뀌었다. 거타지의 말대로 둘은 사랑으로 살았다.

이 사건에는 선한 자와 악한 자가 구분되어 있다. 변신술에 능한 천 년 묵은 여우는 어느 절 옆에서 스님들의 다라니 주문을 듣고 익혔을 것이다. 그리고는 스님의 모습으로 변하여 주문을 외우며 선량한 용 가족을 꼼짝 못하게 만들고, 그들의 간을 아침식사로 빼먹은 것이다. 성스런 주문도 어떤 마음이 이용하느냐에 따라 악한 행동을 돕는 것이 될 수 있다.

반면 가족이 몰살할 위기에 처한 서해 신 약은 풍랑을 일으켜 중국으로 가는 신라의 사신단을 붙잡고, 거타지의 이름이 적힌 나무 조각을 바닷물 속으로 가라앉게 했다. 거타지가 가장 용감하고 다른 생명 존재에 대해서도 자비롭다는 것을 미리 알았기 때문이리라. 거타지(居陀知)라는 이름은 '험한 데 머무는 법을 아는 자'이니, 그 이름 뜻에 맞게 험한 상황에 대처할 용기와 지혜가 출중하였다. 그는 서해 바다의 용 가족을 구출하기로 선뜻 나섰고, 탁월한 활 솜씨로 중으로 변한 여우를 처치했다.

악당은 그 악행의 업보를 받아 활에 맞아 죽었고, 선한 행위는 험한 일을 잘 끝냈을 뿐 아니라 꽃처럼 아름다운 바다 신의 딸을 아내로 맞는 결과를 낳았다. 카르마 에너지가 발휘하는 인과응보의 과정을 압축적으로 드러낸 사건이다.

보이는 것만 실재한다고 믿는 사람들이 현장을 관찰했다면, 거타지가 보이지 않는 허공과 대화하더니 밤새 숨어 있다가 새벽에 보이지 않는 어떤 허깨비에게 화살을 쏘는 미친 짓만 보았을 것이다. 그들은 닫힌 세계에서 보이는 것들 간의 인과관계만 찾을 뿐이며, 보이지 않는 것을 인과관계에 포함시키는 것은 권선징악의 의도로 무지한 사람들을 교육하기 위한 허구일 뿐이다.

그러나 신화 사건의 관찰자들은 열린 세계를 본다. 그들은 경건한 모습의 스님 속에 감추어진 여우도 보고, 바다의 신들도 꼼짝 못하고 여우에게 당하는 취약성을 보고, 자비와 용기를 갖춘 인간이 바다의 신을 구출하고 그 딸과 결혼하는 것도 본다. 그들은 어떤 선한 행동이 어떤 좋은 결과를 낳는지를, 그리고 어떤 악한 행동이 어떤 나쁜 결과를 갖고 오는지를 제3의 눈으로 관찰한다. 즉 카르마 에너지가 열린 지평에서 어떻게 작용하는지를 실제로 보아왔다.

정신-물리 에너지인 카르마는 물리적 법칙의 엄격함과 동시에 정신적 목적과 가치를 담고 있다. 그 물리적 성격은 다름 속의 같음, 끌어당김, 부메랑 효과, 에너지 보존 등을 통해 전체 에너지의 평형 또는 균형을 유지하는 데서 드러났다.

카르마 에너지의 정신적 성격은 그 지향성에서 드러난다. 카르마는 모든 생명 존재에게 일정한 방향을 향해 나아가도록 이끈다. 이 에너지는 특정 벡터 값을 가지며, 모든 생명 존재에게 공통의 목표점을 가리킨다. 그 첫 번째 지향점은 '자비와 사랑의 샘'이다.

무지하고 욕심 많고 거만하고 무자비하고 성마른 행위들에는 그 저열함에 걸맞은 퇴락과 파멸의 사건들을 부메랑으로 돌려보내 그것이 잘못된 방향이라는 점을 일깨운다. 나쁜 행위에 대한 우주의 부정적인 되먹임(negative feedback)이다. 그런 점에서 카르마가 유발하는 불행한 사건들은 도덕적 각성과 혜안을 깨치기 위한 목적을 담고 있다.

반면 헌신적이고 너그럽고 후하고 자비로운 행위들에는 그 높은 가치에 걸맞은 행운의 사건들이 일어나면서, 적극적 되먹임(positive feedback)으로 격려한다. 이는 카르마 에너지의 벡터 방향이 가리키는 종국의 지점, 즉 우주적 자비의 샘이 자신과 닮은 행위를 보상하여 개별 존재들을 더욱 강한 자력으로 끌어당기는 과정으로 보인

다. 이처럼 보편적 사랑을 위한 목적성, 자비를 향한 지향성을 갖는
다는 점이 카르마 에너지의 정신적 성격을 분명히 드러낸다.

혜통

카르마 에너지가 흘러가는 종국의 목표점이 우주적 사랑의 샘이라는 점을 입증할 만한 사건이 있다.

혜통(惠通)스님은 희한한 계기로 출가하게 되었다. 8세기 신라 경주에서의 일이다. 그는 어느 날 시냇가에서 놀다가 수달 한 마리를 잡게 되었다. 이를 구워 먹고는 뼈를 동산에 버렸는데, 이튿날 아침에 가보니 그 뼈가 보이지 않았다. 핏자국이 나 있길래 따라갔더니, 뼈는 옛날 살던 굴속으로 들어가 다섯 마리의 새끼를 끌어안고 웅크리고 있었다. 그것을 바라본 혜통은 한참을 놀래 탄식하면서 머뭇거렸다. 마침내 그는 속세를 버리고 출가하였다.

혜통은 당나라로 유학 가, 인도 승려로 당에 와서 밀교의 시조가 된 삼장(三藏)법사를 찾아뵙고 배움을 청했다. 이에 삼장이 응답하기를, "해가 뜨는 변방 사람이 어찌 불법의 기량을 감당하겠는가?" 하였다.

혜통이 3년을 기다리며 섬겨도 삼장법사는 신라 촌놈을 제자로 받아들이려 하지 않았다. 이에 애타고 분에 겨운 혜통이 뜰에 서서 머리에 화로를 이자, 잠깐 사이에 이마가 터지면서 천둥 같은 소리가 났다. 삼장법사가 소리를 듣고 달려와 손가락으로 터진 이마를 만지며 주문을 외우자 상처가 바로 아물었다. 삼장은 그가 큰 그릇이 될 것으로 여겨 이심전심하는 심법의 비결을 가르쳐주었다.

당 왕실의 공주가 병이 나자, 왕은 삼장법사에게 구해달라고 요청했고, 삼장은 자기 대신 혜통을 천거했다. 명을 받아 간 혜통은 흰 콩 한 말을 은 그릇 속에 넣고 주문을 외었다. 그러자 흰 콩들이 흰 갑옷을 입은 군사로 변해 마귀를 쫓아내려 했으나 이기지 못했다. 다시 검은 콩 한 말을 금 그릇에 넣고 주문을 외우자, 검은 갑옷을 입은 군대로 변하였다. 흰색과 검은색 두 군대가 힘을 합쳐 마귀를 쫓아내자, 갑자기 공주의 몸에서 한 교룡이 괴성을 지르며 튀어나가고 마침내 공주의 병이 나았다.

쫓겨난 용은 바로 혜통의 고향 신라의 문잉림으로 가서 수많은 사람의 목숨을 해쳤다. 얼마 후 당에 사신으로 온 신라 관리 정공(鄭恭)이 혜통을 만나 그 사실을 알렸다.

"스님이 내쫓은 독한 용이 신라에 심한 피해를 끼치니 빨리 없애주십시오."

혜통은 정공과 함께 귀국하여 이 독룡을 다시 쫓아냈다. 독룡은 이번에는 정공을 원망하여 그 집 문밖의 버드나무에서 살았다. 정공은 이것도 모르고 그 나무가 무성한 것을 감상하며 무척 아꼈다.

조정에서는 새 임금이 왕위에 올라 돌아가신 전왕을 장사 지낼 길을 만들려고 정공의 집 앞 버드나무를 베려 하였다. 그러자 정공이 크게 화를 내며 말했다.

"차라리 내 머리를 벨지언정 이 나무는 베지 못한다."

왕은 화가 나 "정공이 혜통의 신술을 믿고 제 머리를 베라 했으니 그의 원대로 해주라."며, 정공을 죽이고 그 집을 묻어버렸다. 하지만 후환이 두려웠던 조정에서는 혜통까지 죽이려고 군대를 보냈다.

혜통은 절에 있다가 군사가 오는 것을 보고 지붕으로 올라갔다. 그는 군사를 향해 "내가 하는 일을 보라."고 소리친 뒤, 붉은 모래가 든 병을 들고 붉은 먹을 붓에 묻혀 병목에다 한 획을 그었다. 그러자 병사들 모두의 목에 붉은 줄이 그어졌고, 병사들은 서로를 쳐다보며 깜짝 놀랐다. 혜통이 다시 말했다.

"내가 병목을 자르면 너희의 목도 당연히 잘릴 것인즉, 어떻게 하겠느냐?"

군사들은 혼비백산하여 도망갔고, 왕도 어쩌질 못했다.

그런데 갑자기 공주가 원인 모를 병에 걸렸다. 왕은 하릴없이 혜통을 불러 고쳐달라 청하니, 혜통이 곧 낫게 하였다. 왕이 기뻐하며 그를 맞자, 혜통은 정공의 처신이 '독룡의 더럽힘을 받은 때문'이라며 그 사연을 밝혔다. 왕은 후회하는 마음으로 정공의 처자식을 방면하는 한편, 혜통을 '나라의 스승(國師)'으로 삼았다.

한편 독룡은 정공에게 원수를 갚고 나서는 기장산으로 가서 또다시 백성들을 괴롭혔다. 혜통이 다시 이 못된 용을 찾아 산속으로 들어갔다. 이번에는 잘 타이르면서 '생명을 죽이지 말라.'는 계를 주니, 용의 해독도 거기서 비로소 멈추었다.

자신을 내쫓는다는 이유로 혜통에게 끝없는 원한을 품으며 그와 관련된 사람들을 무차별 괴롭히고 혜통과 대결해온 용은 그 이미지가 나쁜 카르마와 같다. 그 첫 대결은 당 왕실의 공주를 괴롭혔던 궁궐이니 장안, 즉 중국 내륙의 섬서성 서안에서부터 비롯된다. 여기서 혜통과의 일전에서 쫓겨난 용은 혜통의 고향인 한반도 신라의 문잉림에 가서 다시 사람들을 괴롭히며 혜통과의 재대결을 유도한다.

이 때문에 유학을 중도 포기하고 돌아온 혜통은 다시 이 용을 쫓아내나, 이번에는 그 사실을 혜통에게 고자질한 정공의 집 앞 버드나무에 붙는다. 그리고서는 조정을 이용하여 혜통만큼이나 미운 정공에게 복수를 가한다. 이로 인해 조정은 정공과 절친한 혜통도 죽이려 하니, 독룡의 작전대로 착착 진행된 셈이다.

그러나 공주의 병을 고쳐 왕과의 불편한 관계를 해소한 혜통은 이 끈질긴 용과의 최종 대결을 위해 기장산으로 찾아간다. 여기서 결국 혜통이 용을 타이르는 데 성공하여 중국 내륙에서 시작된 혜통과 독룡의 쫓고 유인하고 반격하고 재반격하는 원한과 분노의 사슬은 끊어진다.

나를 추격하는 카르마의 끈질김은 이 독한 용과 같다. 아무리 쫓아내도 달라붙는다. 머나먼 장안부터 경주에 이르기까지 한없이 이어진다. 내가 대결을 회피하면 내 친구나 주변 사람들을 괴롭히며 다시 나를 유인한다. 싸우면서 닮아간다고, 대결하는 한 외형상 이기는 것 같아도 실제로는 적과 동일한 분노와 복수심의 수준으로 나를 떨어뜨린다. 그러하기에 정의의 전쟁 같아 보이는 것도, 실제로는 저급한 복수심의 소용돌이에 빠뜨리는 결과를 낳는다. 내가 뭔가를 바꾸지 않고는 그 끈질긴 사슬에서 벗어날 수 없다.

교룡은 인간을 해치는 데서 쾌감과 우월감을 느끼는 못된 마음보를 가진 혼이다. 어째서 이런 녀석이 불법을 닦는 혜통에게 달라붙어 끊임없이 괴롭혔을까? 그것은 혜통의 성품과 관련이 있다.

비록 출가한 몸이지만 그의 마음은 수달을 잡아먹던 때의 거친 결을 그대로 간직하고 있었다. 삼장이 인종차별적 발언으로 제자로 받아들이길 거부한 후 3년이나 참았던 분노가 천둥과 같은 소리를 내며 이마를 터뜨릴 정도였다. 게다가 마음을 닦는다는 명분 하에 각종 흑마술을 구사했으니 여전히 물리적 힘으로 대결하는 거친 성향이 컸다고 하겠다. 바로 이런 성품이 '같은 것을 끌어당기는' 카르마의 자력에 의해 유사한 품성의 교룡을 대결자로 끌어들인 것이다. 적은 아무리 못되 보이고 나와 달라 보여도, 강한 인력으로 서로를 끌어당기는 공통점이 있다. 공통점이 서로를 적으로 만든다. 유사한 것을 끌어당기는 카르마는 내가 완전히 달라지지 않는 한 집요하게 나를 괴롭힌다.

이 지독한 대결의 사슬이 끊어진 것은 기장산에서 이제까지와는 전혀 다른 방식으로 용을 대했을 때다. 혜통은 이번에는 더 이상 흑마술을 구사하지 않고 자비로 타이른다. 용에게 계를 주었다는 것은 제자로 받아들였다는 뜻이니, 그 독한 마음을 자비로 굴복시킨 것이다.

상대의 독한 마음을 굴복시키려면 혜통 스스로도 마음의 거친 성향을 먼저 굴복시켰어야 한다. 삼장법사 앞에서 화로를 이어 이마를 터뜨린 데서 드러나듯, 혜통의 성품은 거칠고 과격한 면이 있으나 바른 길로 가려는 의지는 매우 투철하다. 그는 독룡과의 끈질긴 대결 과정에서 힘을 과시하려는 아만을 벗고 자비심을 키우지 않으면 안 된다는 각성이 있었을 것이다. 어느 날 흑마술을 버리자 그 마음이 부드러워지고 중생을 한없이 끌어안을 수 있었다. 그리고는 대결이 얼마나 어리석은 일인지가 분명해졌다. 비로소 그의 법명이 암시하는 바, '지혜가 통함(惠通)'이 이루어졌다.

결국 영원한 적처럼 보인 독한 용을 부처님의 가르침으로 타이르자, 용의 마음속에 있던 무차별적인 복수심도 누그러졌다. 그러자 혜통은 '살생을 말라.'는 계를 주면서 제자로 받아들였다. 순간 독룡과의 끈질긴 대결 인연도 끊어지면서 혜통을 괴롭히며 쫓아다녔던 오랜 카르마도 사라졌다.

특정한 유형의 괴로운 일이 끝없이 내게 달라붙는다면, 내 안에 그것을 끌어들이는 자력이 있다고 보아야 한다. 근본적으로 다른 방식으로 내 안의 자력을 소멸시키지 않는 한, 그 괴로움은 모양만 바꾸어 계속된다. 바로 이 괴로움이 그것을 발생시키는 카르마의 주인이자 노예로 하여금 자비의 방향을 향해 나아가도록 채찍질한다. 그리고 마침내 적개심의 좁은 마음 마당을 넓히고 자비로 채워 나갔을 때 적은 스스로 소멸한다. 그 넓혀진 마음 마당이 적을 품어 안으며 스르르 녹여버리는 것이다. 적이 제자가 된 것은 낮은 수준의 존재가 크고 넓어진 공력 장 속에 자연스럽게 흡수되는 과정이다.

이처럼 카르마는 끊임없이 달라붙는 괴로움을 통해 그 근본 원인인 자기의 악습을 쳐다보게 하고, 궁극적으로는 그 악습을 약화시켜 적대자까지 품어 안을 자비심으로 채워가도록 이끈다. 짐승이나 신들까지도 벗어날 수 없는 카르마는 모든 개별 존재가 탐욕과 증오로 불러들이는 괴로움을 종결시키면서 우주적인 사랑과 자비의 샘에 도달하도록 이끄는 힘이다.

혜통은 자신이 어려서 잡아먹었던 수달 엄마에게 한없는 감사의 절을 했을 것이다. 수달의 뼈와 그 새끼들도 자비의 샘을 향해가는 생명 존재들이며, 더욱이 자신을 위해 몸을 바치면서까지 사랑의 샘으로 이끌었으니 그 고마움은 인간계의 빈곤한 언어로는 도무지 표현할 수 없었을 것이다. 용을 품어 안을 수 있었던 것, 그것도 수달 엄마의 사랑을 기억하고 깨달았기 때문이다.

인간계에 내려온 위대한 스승들이 공통으로 가르친 보편적 사랑과 자비는 카르마 에너지가 공통으로 가리키는 저 목적지였다. 그들은 열린계를 투명하게 관찰했으며, 벗어날 수 없는 우주 법칙의 최종 도달점으로 사랑과 자비를 가르쳤다. 신화 사건의 보고자들도 카르마 에너지가 흐르며 지향하는 '그곳'을 보편적 사랑과 자비의 샘으로 관찰하였다. 인간계의 위대한 스승들이 이를 명시적이고 타협할 수 없는 분명한 언어로 얘기했다면, 신화 사건 보고자들은 열린 무대에서 발생한 사건의 보고로 암시했다.

그래도 결론은 같다. 자비가 무한히 흘러나오는 우주의 샘에 도달하는 것, 그리하여 그 샘과 하나가 되는 것. 이것이 모든 생명 존재가 피할 수 없는 우주 법칙이자 지향해야 할 과제다.

■ 일연, 김원중 옮김, 〈진성여왕과 거타지〉, 《삼국유사》, 을유문화사, 2002.
■ 일연, 김원중 옮김, 〈혜통이 용을 항복시키다〉, 《삼국유사》, 을유문화사, 2002.

진실의 샘

자비의 샘보다 더 먼 곳에
또 하나의 샘이 있다.
진실의 샘, 또는 지혜의 샘이다.

이비코스

발칸 반도의 서정시인 이비코스는 코린토스 지협에서 열리는 이륜차 경기와 음악 경연에 참가하려고 길을 떠났다. 아폴론에게서 노래하는 재주와 달콤한 시인의 입술을 하사 받은 이비코스는 신의 은혜를 묵상하면서 발걸음 가볍게 갈 길을 재촉했다.

이윽고 코린토스 성의 첨탑이 보이기 시작할 때, 인적은 없고 오직 두루미 떼만이 머리 위에서 그와 같은 방향으로 날고 있었다. 이비코스가 두루미 떼를 올려다보며 축복하였다.

"다정한 두루미 떼여, 너희에게 행운이 있으라. 바다를 건널 때부터 나와 더불어 왔구나. 아무쪼록 너희나 나나 타향의 길손을 지켜 줄 좋은 주인을 만나길!"

숲 한가운데에 이르렀을 때, 돌연 강도 두 명이 좁은 길을 막았다. 다급한 김에 신과 사람에게 도움을 청했으나, 그 소리는 어느 귀에도 가 닿지 못했다. 무뢰한들 손에 치명상을 입은 이비코스는 땅바닥에 쓰러졌다. 그는 끼룩끼룩 울면서 날고 있는 두루미 떼를 올려다보며 하소연했다.

"나에게 화답하는 자 너희뿐이구나. 두루미들아, 내 하소연을 사람들에게 전해다오."

이 말과 함께 그는 눈을 감았다.

이비코스는 몽땅 털리고 난자당한 시체로 발견되었다. 축제에 모인 사람들은 이 얘기를 듣고 그의 상처를 자기 상처처럼 아파했고, 재판소에 몰려가 살인자들에게 죗값을 물리라고 요구했다. 그러나 쏟아져 들어온 축제 군중들 속에서 살인자를 수색하는 것은 불가능했다.

원형극장 안은 인산인해로 건물 자체가 터질 것 같았고, 관중들의 아우성은 바다의 포효를 방불케 했다. 이윽고 살벌한 복수의 여신들로 분장한 합창대의 무서운 합창이 공기와 사람의 가슴을 울렸다. 죄 지은 자들은 부들부들 떨기 시작했고, 모두 복수의 여신들 앞에 선 듯 공포에 빠져들었다.

이때 맨 위층 좌석에서 부르짖는 소리가 울렸다.

"보라, 이비코스의 두루미 떼다!"

하늘 저쪽에서 거뭇거뭇한 것들이 극장 쪽으로 날아오고 있었다. 그들이 애도하는 천재 시인의 이름이 울리자, 슬픔이 파도치듯 극장 안을 넘실거렸다. 사람들의 입과 입을 통해 이야기들이 퍼져 나갔다.

"그렇다. 복수의 여신이 보이는 권능이다. 죽은 이비코스와 무슨 관계가 있다."

이때 누군가 소리쳤다.

"저 신심 깊은 시인의 원수가 드러났다! 범인은 스스로 제 죄를 토설했다. 맨 먼저 소리를 지른 자와 그가 동패라고 말한 자를 잡아라!"

사람들은 살인자들을 재판관에게 끌고 갔고, 범인들은 죄를 자백

한 뒤에 죗값을 치렀다.

모든 나쁜 행위는 어둠 속에서 은밀하게 일어난다. 숲 한가운데 아무도 없는 곳에서 이비코스를 죽였듯이. 살인자는 그 나쁜 행위가 가려지기를, 아무도 모르기를 바랐다. 닫힌 세계에서 보이는 것만 실재한다고 믿는 사람들은 어두운 거짓과 은폐에 곧잘 속아 넘어간다.

그러나 열린계의 관찰자들은 숲 속에서 강도에게 쓰러져 죽은 이비코스를 두루미 떼가 보았다는 사실을 알았다. 인간계와 짐승계가 겹치는 지점을 보았기 때문이다. 게다가 두루미 떼는 여정 내내 이비코스와 대화했고 그의 축복을 받으며 고마워했다. 그들이 인간 친구를 동행으로 삼아 가는 도중, 인간 친구가 갑자기 괴한에 쓰러지는 놀라운 장면을 목격했다.

하늘의 친구들은 '내 하소연을 인간들에게 알려달라.' 며 죽어간 지상의 친구를 위해 무슨 일을 해야 할지를 알았다. 감춰진 진실을 알고 있는 새 떼가 극장에 나타났을 때, 진실도 극장에 쏟아져 내렸다. 범인은 스스로를 드러냈고, 악행에 대한 인간계의 처벌이 뒤이었다. 이로써 나쁜 행위로 인해 발생한 카르마의 불균형과 퇴락은 인간계 안에서 정리되었다.

자비의 샘 외에 카르마 에너지가 지향하는 이차 지점은 진실의 샘이다. 가려진 것이 드러나고 거짓이 진실로 대체되는 곳이다. 거짓과 비밀과 은폐는 카르마 에너지의 평형을 깨뜨리고 그 지향하는 방향에 혼란을 일으킨다. 그 평형과 지향을 되찾기 위해 감추어진 진실을 드러내는 사건들이 부메랑처럼 발생하는 것이다. 카르마가 개별 생명 존재들을 이끌어가는 흐름의 종착역은 '절대 진실'이다. 절대 진실의 샘은 모든 생명 존재가 거짓의 껍질을 벗고 진실의 샘물과 하나가 되도록 이끈다.

인간계의 닫힌 관측자들은 진실은 드러날 수도 있고 영원히 감추어질 수도 있다고 생각한다. 그러나 열린 세계의 눈을 가진 사람들은 은폐된 진실이 두루미에게 알려지고, 대기가 들으며, 짐승들이 속삭인다는 사실을 관측해왔다. 도처에 우주에서 공인 받은 공증인들이 있기에 거짓말은 원칙적으로 불가능하다.

그러나 닫힌 세계의 존재들은 그 공증인들이 보이지 않기에 어두운 거짓의 뒤편에서 악행을 저지른다. 심지어 거짓과 비밀이 타인에 대한 예의와 배려로 간주되는 경우도 허다하다. 그 결과 숱한 음모와 배신과 사기가 허용되는 넓은 공간이 존재한다.

악행을 하려면 반드시 거짓의 커튼을 쳐야 한다. 거짓은 그 자신까지 포함하여 나쁜 짓을 저지를 공간을 만들기에, 모든 악행의 시발이자 마지막이라 할 수 있다. 나쁜 카르마의 부메랑이 돌아와 거짓을 깨뜨리는 이유는 모든 악행이 원천적으로 불가능한, 거짓이 통할 수 없는 훤한 공간으로 생명 존재를 이끌기 위함이다. 그곳이 진실의 샘이다.

감은장애기

진실의 샘에 이르기 위해서는 남에 대한 거짓뿐 아니라 자기 자신을 속이는 거짓의 커튼, 즉 마음 꺼풀까지 벗겨내야 한다. 이 마음 꺼풀은 대단히 많은 층으로 이루어져 있을 뿐 아니라, 마음 꺼풀이 있다는 사실조차 당사자에게 숨기기 때문에 그 꺼풀을 모두 벗겨내는 일은 이 우주에서 가장 어렵다. 그럼에도 카르마는 모든 생명 존재에게 그 목적지까지 가야 한다는 과제를 엄중히 제시한다. 이 과제는 한반도에서 일어난 다음 사건을 통해 분명히 드러난다.

남녀 두 거지가 윗마을과 아랫마을에 살았다. 남자 거지 강이영성은 윗마을에서, 여자 거지 홍문소천은 아랫마을에서 동냥질을 하다가, 서로 상대 마을이 시절이 좋다는 소리를 듣고 상대 마을로 얻어먹으러 가다가 길거리에서 만났다. 둘은 서로 통성명을 하고 부부의 인연을 맺었다.

동냥질하는 부부 사이에서 딸이 셋 태어났는데, 첫째는 동네 사람들이 불쌍하다고 은그릇에 가루를 타 먹여주니 은장애기라 했고, 둘째는 놋그릇에 가루를 타 먹이니 놋장애기라 했으며, 셋째는 나무바가지에 가루를 타 먹이니 감은장애기라고 했다.

막내딸이 태어난 뒤로 거지 집이 갑자기 잘되기 시작했다. 논밭

이 쑥쑥 생겨나고, 소와 말이 늘고, 처마 높은 기와집에 풍경 소리 울리는 거부가 되었다. 하루는 풍요에 심심하던 부부가 딸들을 하나씩 불러 호강에 겨운 문답놀이를 하였다.

첫째 딸을 불러 물었다.

"은장아가, 너는 누구 덕에 밥을 먹고 옷을 입고 은 대야에 세수하느냐?"

눈치 빠른 첫째가 요구되는 대답을 하였다.

"하느님 덕이고 지하님 덕입니다만, 아버지 덕이고 어머니 덕입니다."

부부의 만족스런 웃음이 뒤를 이었다.

"맏딸애기 기특하구나. 네 방으로 가거라."

둘째 딸 놋장애기와도 역시 같은 질문과 대답과 만족의 웃음이 오갔다. 그리고 제일 사랑하는 셋째 딸을 불러 똑같이 물었다. 그런데 감은장애기는 다른 대답을 했다.

"하느님 덕이고 지하님 덕입니다. 그리고 아버님 덕이고 어머님 덕입니다만, 내 몸에 복이 있는 덕입니다."

뜻밖에 배은망덕하고 불경스런 언사가 튀어나오자 화가 난 아버지가 소리쳤다.

"이런 자식이 있는가? 내 새끼가 아니로다. 어디 얼마나 잘 먹고 잘 사는지 너 갈 데로 가거라!"

매정하게 쫓아내니 감은장애기가 하직 인사하고 정처 없이 길을 나섰다.

노한 김에 쫓아내긴 했으나 서운한 마음이 든 부모가 첫째를 불러 말했다.

"은장애기야, 문밖에 나가 막내에게 식은 밥에 물이라도 말아먹고 가라고 해라."

은장애기가 나가 동생을 부르더니 소리쳤다.

"아우야, 빨리 가거라. 아버지, 어머니가 너를 때리러 나오신다."

이 말이 끝나기가 무섭게 은장애기는 그 자리에서 몸이 바뀌어 청지네가 되었다.

큰딸이 안 돌아오자 부모가 다시 둘째를 불러 똑같이 지시했다. 놋장애기 역시 똑같은 거짓말로 아우에게 소리쳤고, 그 즉시 몸이 변하여 말똥버섯이 되었다.

둘째도 소식이 없자 막내딸이 정말 가는가 싶어 부모가 밖으로 나오다가, 강이영성은 창문의 풍채 작대기에 찔려 눈이 멀고, 홍문소천은 대문 문고리에 찔려 눈이 멀었다. 소경이 된 부부는 얼마 지나지 않아 그 많던 가산을 탕진하고 거지 신세로 되돌아갔다. 이번에는 눈까지 먼 거지로.

감은장애기는 깊은 산으로 들어가 호호백발 할머니와 손자 삼 형제가 사는 가난한 집에 몸을 의탁하게 되었다. 감은장애기는 박정하게 대하는 첫째나 둘째와는 달리, 따뜻하게 대해주는 셋째 작은마퉁이와 부부의 인연을 맺고 새 살림을 시작했다.

감은장애기가 남편을 목욕시키고 새 옷을 입히니 사내대장부 기상이 넘쳐났다. 다음 날 감은장애기는 신랑에게 물어 삼 형제가 마를 캐는 곳을 찾아갔는데, 첫째가 캐는 곳은 똥이 무성하고, 둘째가 일하는 곳은 지네와 뱀이 가득했다. 그런데 작은 마퉁이가 마를 캐는 자리에는 이런저런 돌들이 묻혀 있는데, 흙을 씻고 본즉 금덩이와 옥덩이였다. 이리하여 감은장애기는 다시 처마 높은 기와집에 풍경을 달고 천하거부가 되었다.

하루는 감은장애기가 남편에게 제안했다.

"우리가 이만큼 살아가니 거지 잔치나 한번 합시다."

남편이 좋다고 응낙하자 방방곡곡의 거지들을 초청하여 먹이는데, 백 일째 되는 날 소경 거지부부 강이영성과 홍문소천이 막대기를 함께 짚고 문안으로 들어왔다. 이를 본 감은장애기가 하인에게 일렀다.

"저 거지들은 위에 앉으면 밑에서 밥을 주어 떨어버리고, 밑에 앉으면 위에서 주어 떨어버리고, 가운데 앉으면 양 끝으로 주어 떨어버려라."

결국 다른 거지들은 다 얻어먹고 돌아갔는데, 둘은 얻어먹지도 못하고 주린 배를 움켜쥐며 울었다. 이때 감은장애기가 하인을 시켜 두 사람을 방으로 들게 하고 진수성찬을 내놓으니, 두 소경 거지가 밥을 먹으며 눈물을 비 오듯 흘렸다.

감은장애기가 다가가 살아온 얘기를 묻자, 늙은 소경 부부가 사연을 털어놓았다.

"우리 부부는 은장애기, 놋장애기, 감은장애기, 이렇게 세 자매를 낳고서 천하거부로 살았다오. 그런데 감은장애기를 쫓아낸 뒤로 이렇게 소경이 되고 걸인이 되어 한 막대를 짚고 다니게 되었소."

감은장애기가 술을 부어 권하며 말했다.

"아버지, 어머니. 감은장애기가 여기 있어요. 이 술 한 잔 받으시고 어서어서 눈을 뜨세요."

그 말을 듣고 놀란 부부가 들었던 술잔을 놓는 순간 두 눈이 뜨이고 밝아져 두리두리 세상을 살폈다. 부모와 자식은 부둥켜안고 재회의 기쁨을 나누었다. 이후 감은장애기는 인간살이에 관련된 여러 일들을 보살피는 천상의 신이 되었다.

아빠가 아이를 불러 '엄마가 더 좋니, 아빠가 더 좋니?' 하고 곤란한 질문을 던지면, 철든 아이들은 '두 분이 똑같다.' 라든가, '아빠가 더 좋다.'고 대답한다. 내심으론 엄마가 훨씬 좋지만, 앞에서 묻는 사람이 요구하는 바가 있으므로 그 기분을 생각해서 거짓말을 하는 것이다. 그것이 철이 들었다는 뜻이다. 그때부터 거짓말은 예절이 된다.

하물며 부모가 하나씩 불러 '누구 덕에 호강하느냐?'고 물으면, 보이지도 않는 하느님, 지하님은 문제도 안 된다. 당연히 '부모 덕에 먹고 산다.'고 대답하는 것이 효도에도 합당하고, 눈에 보이는 사실에도 합당하다. 그것은 보통 아이들의 경우에는 맞는다. 그러나 감은장애기에게는 진실이 아니다. 이 아이는 거짓말을 못하고 진실만 말하는 독특한 자질을 타고났다.

이 감은장애기도 부모의 질문에 기대되는 답이 무엇인지는 알았을 것이다. 그러나 딸아이는 기대되는 거짓말로 부모를 기쁘게 해주는 대신, 부모의 진노를 감수하고서 진실을 얘기했다. 바로 '내 몸에 붙어 있는 복' 때문이라고. 그 결과는 당장 쫓겨나는 것이었다.

인간계의 예법으로는 부모가 기대하는 답을 말하는 게 맞는 얘기다. 그러나 카르마 에너지는 인간계의 예법보다 훨씬 강력한 힘으로 진실을 지향하도록 몰아세운다. 그 허위의 대가는 언니들이 먼저 받는다. 그네들은 거짓과 질투라는 행위의 결과로 지네와 말뚱버섯이 된다. 카르마는 부모들도 친다. 진실을 쫓아낸 그들은 눈이 찔려 소경이 된다. 그리고는 눈먼 그들에게 진짜 진실이 드러난다. 과연 감은장애기가 떠나자 모든 재산을 잃고 한 지팡이에 의존하는 거지로 다시 돌아가 버린 것이다.

아랍 측에서 전해지는 바에 따르면, 예수도 감은장애기처럼 거짓말을 몰랐다고 한다. 그래서 누군가 예수 앞에서 거짓말을 하면 곧 역풍을 입어 해를 당했다고 한다. 진리만 붙드는 예수의 공력이 워낙 세기 때문에, 거짓말로 교란된 우주 에너지가 예수를 통해 즉각 평형을 되찾은 것이다. 거짓을 모르는 감은장애기의 공력도 워낙 세기에, 거짓말쟁이들은 그 거짓에 따른 역풍을 즉각 받았다.

감은장애기는 산골 가난한 집 막내와 결혼하고서도 그 몸에 붙은 복을 즉각 실현하여 천하부호가 되었다. 부자가 될 가능성은 조금도 없어 보이는 산골 집에 시집가서도 자기 몸에 붙은 복을 실현해 낸 것이다. 그것은 그녀의 복 때문이기도 하겠으나, 진실 외에 어떤 거짓도 모르는 존재에게 그 운이 즉각 그리고 투명하게 실현되었기 때문이다.

감은장애기는 진실의 힘뿐 아니라 자비의 힘도 컸다. 진실을 말하는 딸을 버리고 다시 거지가 되었을 무지한 부모를 찾아 모시기 위해 거지 잔치를 벌였다. 마침내 부모를 다시 만나 그간의 설운 회포를 푸니, 그 부모를 용서하고 자비로 감싸안았다. 여기까지는 웬만한 사람도 혈육의 정으로 할 수 있는 일이다.

그러나 감은장애기의 자비는 진실에 대한 깨달음을 전제로 한 것이다. 소경이 되어 멀리서 찾아온 부모를 계속 굶기면서 따로 모시고서 그간의 사연을 물은 이유가 그 때문이다. 그때 부모는 자신들이 깨달은 진실을 고백하게 된다. '감은장애기를 쫓아낸 뒤로 소경이 되고 걸인이 되어 한 막대를 짚고 다니게 되었다.'고. 그들이 호강한 것은 하늘에서 내려온 셋째 딸 덕이며, 그 딸의 말을 통해 드러난 진실에 화가 나 쫓아낸 때문에 소경이 된 것도 깨달았다는 말이다. 그들은 통한의 고통을 통해 깨달았다. 자신들은 본래 소경이었다는 것을.

그 말을 듣고 나서야 감은장애기는 "이 술 한 잔 받으시고 어서어서 눈을 뜨세요."라고 말한다. 그리고 그 말에 두 소경 부부의 눈이 환히 떠버린다. 마치 예수가 장님의 눈을 만지며 "너의 믿음이 너를 살린다."거나 "너의 죄를 사한다."고 말했을 때 소경의 눈이 떠진 것과 같다. 감은장애기는 부모가 진실을 깨달았다는 사실을 확인하고, 그들의 무지에 의한 죄를 자비로 끌어안아 눈을 뜨게 한 것이다.

예수는 "못 보는 사람은 보게 하고, 보는 사람은 눈멀게 하려고 이 세상에 왔다."고 했다. 감은장애기는 보는 부모를 눈멀게 했고, 못 보는 부모를 보게 했다. 눈 뜨고 자만에 겨운 부모에게 '당신들은 소경이오.'라고 한 것이며, 소경 거지가 된 부모에게 '당신들은 깨달았으니 눈을 뜨시오.'라고 한 것이다.

닫힌 인간계 안에서는 "내가 몰라서 그랬어."라고 변명하면 대체로 용서되는 분위기다. 그러나 열린 우주에서는 '모른다.'가 나쁜 카르마를 낳는 출발이다. 무지는 모든 죄와 악업의 뿌리 중에 뿌리다. 모르기 때문에 자만과 탐욕과 증오에 빠지면서 진실을 몰아내게 된다. 비도덕적인 악행도 모르기 때문에 저질러지는 것이다.

모든 인간도 애초에는 윗마을, 아랫마을의 거지들이다. 그들이 남과 상호 의존 관계에서 얻은 호강을 '내 덕분'이라고 생각하는 순간, 착각의 심연에 빠져든다. 그것이 마음을 무지의 켜로 두텁게 감싼다. 이어지는 불행은 그들의 무지를 겨냥한다. 불행 중 다행이라면 그들을 구원해줄 자비롭고 지혜로운 딸이 있다는 점이다.

감은장애기의 부모가 딸을 쫓아내고 나서 한 지팡이를 함께 짚고 다니는 소경 거지부부로 전락하여 온갖 고통을 맛본 것도 그 무지 때문이다. 그 덕분에 진실을 깨닫게 되었으니, 고통은 무지의 결과이면서 동시에 무지를 깨기 위한 카르마 부메랑의 자비다.

이처럼 마음 꺼풀을 벗기어 진실을 깨닫도록 이끄는 힘이 카르마이다. 그 힘이 몰고 오는 부메랑은 고통을 야기하지만, 바로 그 고통을 통해 마음 꺼풀을 벗기고 진실의 궁극적 샘까지 도달하도록 이끄는 것이다. 지혜가 생겨야 무지를 벗고 진실을 볼 수 있으니, 진실의 샘은 지혜의 샘이다.

감은장애기는 지혜와 자비의 힘을 겸비했다. 그녀가 부모를 찾은 것은 단순히 유교적 효도 행위가 아니다. 그녀가 부모에게 준 가장 큰 선물은 진실을 진실대로 보는 눈이었다. 딸은 무지하여 자만에 빠져든 부모의 자비로운 스승이었다.

진실에 대한 깨달음이 전제되지 않은 자비는 온정주의에 흐른다. 그것은 온정의 대상에 대한 권력욕이거나 사회적 이미지를 높이기 위한 탐욕이면서 바로 그 내면의 탐욕을 마음 꺼풀로 가리는 무지다.

우주의 중심에 있는 진실의 샘, 그 옆에는 자비의 샘이 있다. 거기에 도달하려면 거짓 없는 마음이 자비심과 함께 가야 한다. 자비보다 더 중요한 것은 있는 그대로를 보고 말하고 깨닫는 지혜의 힘이다. 이 우주에서 내 것으로 취할 것이 따로 없고, 우주 자체가 자비라는 진실을 아는데 어찌 '나'를 챙기면서 갈 수 있겠는가. 남김 없이 깨닫는 지혜의 샘, 이는 카르마가 모든 생명 존재를 이끌어가는 최종 목적지다.

그곳에는 진실만이 환히 빛난다. 숨기려 해도 숨길 수 없는 훤히 드러난 밝음, 그곳이 모든 존재가 도달해야 할 최종 목적지의 풍경이다. 우주는 모든 생명 존재가 그곳에 도달하여 하나가 되도록 이끌 만큼 자비롭다.

■ 토마스 벌핀치, 이윤기 옮김, 〈이비코스〉, 《그리스와 로마의 신화》, 대원사, 1989.
■ 신동흔, 〈홀로 서라, 감은장애기〉, 《살아있는 우리신화》, 한겨레신문사, 2004.

복잡 그물

창조된 세계에서
하나는 다른 모른 것들과
복잡한 그물로 얽혀 있다.
그 복잡 그물을 타고
놀라운 이야기들이 끝없이 흐른다.

데메테르, 페르세포네, 하데스

곡물의 여신 데메테르의 딸 페르세포네가 하계의 제왕 하데스와 결혼하기까지의 과정을 과학신화의 방식으로 분석하면 아래와 같다.

하데스는 지하 감옥에 갇힌 티탄족들이 몸부림치는 바람에 자기의 지하 세계가 붕괴될 것이 염려되었다. 그는 피해 상황을 점검코자 이륜차를 타고 지상으로 올라와 곳곳을 시찰하였다. 그러다 호숫가에서 봄꽃을 따고 있는 페르세포네의 아리따운 자태에 반한 나머지, 자기 전공인 죽은 자를 데려가는 방식으로 어린 여신을 마구잡이로 낚아채 갔다.

여러 경로를 통해 사실을 알게 된 데메테르는 납치범에게서 딸을 되찾고자 하였으나, 이미 지하 세계로 내려간 터라 그대로 빼앗아올 수는 없었다. 이에 타협안에 동의하게 되는데, 그 결과 페르세포네는 1년의 반은 어머니와 지상에서, 그리고 나머지 반은 남편과 지하에서 지내게 되었다.

페르세포네는 땅 밑으로 끌어당기는 남자 신과 지상에서 끌어당기는 엄마 신 사이에 놓였다가, 양자의 타협에 의해 남편 세계에서 반, 엄마 세계에서 반을 보내게 되었다는 이야기다. 원인은 하데스의 납치, 결과는 데메테르와 하데스의 타협에 의한 균형이다. 이런 식으로 보는 것이 근대 과학신화의 시선이다.

그러나 신화 사건의 관찰자들은 원인-결과로 사건을 단순화시키지 않는다. 우선 사건의 줄기와는 무관한 존재들이 원인의 자리를 차지하고 결과에도 관여한다.

하데스가 지하 세계의 피해 상황을 점검코자 이륜차로 지상을 시찰할 무렵, 에릭스 산에서 아들 에로스와 놀고 있던 아프로디테가 하데스를 내려다보고는 말했다.

"에로스야, 너의 화살 하나를 저 지옥의 지배자 가슴에다 쏘려무나. 그의 자만을 눈뜨고 볼 수가 없구나. 이 기회를 이용해 우리 영토를 좀 넓혀보자. 천상에도 우리 힘을 넘보는 자가 있다. 아테나와 아르테미스가 독신을 고집하며 우리를 업신여기는 것은 고사하고라도, 데메테르의 딸 페르세포네 같은 어린 것도 이 두 여신 흉내를 내고 있으니 이 아니 한심한 일이냐? 네 이익과 내 이익을 같은 것으로 여기거든 저 어린 계집과 하데스를 묶어놓아라."

어머니의 말을 좀처럼 거역하지 않는 에로스의 화살이 하데스의 가슴에 박혔다. 이것이 하데스가 페르세포네를 납치하게 된 직접적 원인이다. 이후 아프로디테-에로스 모자는 사건의 전개에 전혀 등장하지 않는다. 아프로디테의 시샘과 자존심이 거대한 사건을 일으킨 배후 원인이라고 보는 웃기는 시선이다.

마지막 귀결에서도 제3자의 존재가 등장하면서 사건은 얽히고설킨다. 데메테르는 지상에서 녹색 종족의 생명을 키우는 여신으로 죽음의 세계에 접근할 수가 없었다. 그녀가 하데스와 직접 담판할 수 없다는 이유로 중개자들을 두게 되면서 사건은 복잡해진다. 데메테르는 천상으로 올라가 제우스에게 페르세포네의 납치 사건을 보고하면서 딸을 되찾도록 해달라고 애원했다.

제우스는 이 청을 수락했지만 조건을 달았다. 페르세포네가 명계에 있는 동안 아무것도 먹지 않았어야 한다는 것이다. 명계의 음식을 일단 먹으면 운명의 여신 관할 하에 들어가기 때문에, 전문직으로 분할되어 있는 각 신들의 영역에 제우스도 관여할 수 없다는 것이다.

제우스의 명을 전할 사자로 헤르메스 신과 봄의 여신이 뽑혀 하계로 내려갔다. 명계의 왕 하데스는 쾌히 승낙했다. 그러나 교활한 하데스가 순순히 내줄 리는 없었다. 페르세포네는 이미 하데스가 갖다준 석류를 빨아먹은 뒤였다. 결국 완전하게 구출하기가 힘들어지자 타협안이 성립된 것이다.

데메테르가 곡물을 상징한다면, 페르세포네는 그 씨앗을 상징한다. 하데스와 함께 하는 반년은 가을과 겨울을, 데메테르와 함께하는 반년은 봄과 여름을 상징하고, 하데스에게 제우스의 뜻을 전하러 간 헤르메스와 봄의 여신은 '계절이 바뀌니 씨앗을 풀어놓으라.'는 소식을, 명계의 음식과 운명의 여신은 땅 밑에서 잠자야 할 필연성을, 페르세포네와 하데스의 결합은 곡물의 씨앗이 땅의 보호와 후원 아래 생명을 틔울 준비를 진행하는 협력 관계를, 제우스는 이 모든 변화와 조화의 조정 원리를 상징한다. 나아가 이 모든 사건의 시초에 있는 아프로디테와 에로스는 만물의 싹을 틔우고 키우고 내

〈페르세포네의 납치〉 베르니니,
1621~1622년

장하고 다시 생명을 준비하는 전 과정의 배후에 사랑과 시기라는 마음이 에너지로 작용한다는 원리를 상징한다.

하나의 녹색 생명이 싹트고 씨앗을 낳고 땅속에 묻혀 겨울을 나고 다시 지상으로 올라오는 데 이렇게 많은 신들이, 이렇게 다양한 역할과 특성을 가진 신들이 얽혀 사랑하고 탈취하고 쫓아다니고 애원하고 조정한다고 보는 시선은 확실히 전근대적이다. 동시에 지구상에 이렇게 많은 요소들이, 그것도 곡물과는 직접 관계가 없어 보이는 것들이 모두 다양한 제 역할을 하면서 하나의 생명을 품고 키우는 데 복합적으로 관여하는 네트워크를 형성한다는 시선은 초근대적이기도 하다.

단순한 세계에서 주요 원인이 주요 결과를 낳는다는 기계적 모델이 근대적 사고라면, 복잡한 세계에서 복합적인 요인들이 총체적 관계를 형성하면서 생명 과정을 이끈다는 모델은 전근대적이면서 동시에 탈근대적인 시선이다. 이 모델에서는 중심으로 작용하는 실체와 요인을 찾기 힘들다. 대신 복합적 요소들의 총체적 관계 자체가 인과 과정을 이끄는 동력이라 할 수 있다. 인과의 사슬은 복잡계의 관계망을 타고 다층적이고 비선형적이고 네트워크적인 방식으로 흐른다.

하나의 곡물이 자라는 데 이렇게 다차원적이고 복잡한 관계 그물이 관여한다면, 열린계는 본질상 복잡계이다. 이 안에서 하나의 우연적 창발이 복잡한 요소들 간 활발한 상호 작용과 되먹임 과정을 통해 새 질서를 창조해간다는 카오스 시선은 오래전 신화 보고자들이 세상을 보던 눈을 되살린 것이다.

　여기까지만 해도 덜 복잡한 편이다. 데메테르가 딸을 찾아다니는 과정을 보면 그 복잡한 관계 그물이 어디까지 펼쳐질지 가히 짐작하기 어렵다.

　데메테르는 원인도 모른 채 없어진 딸을 찾아 온 세계를 두루 헤매고 또 헤맸다. 그렇게 하고도 찾지 못하자 결국 처음 길을 떠났던 시칠리아 땅으로 돌아와 키레네 강둑에 섰다. 그곳은 딸이 없어진 원인이 숨겨진 지점, 즉 하데스가 페르세포네를 데리고 명부로 들어간 그 지점이었다.

　강의 요정들은 지금까지 목격한 것을 모두 이 여신에게 들려주고 싶었으나 하데스가 두려워 감히 입을 열지 못했다. 그러나 그냥 있자니 데메테르가 너무 딱해 보였다. 그래서 페르세포네가 끌려가면서 떨어뜨린 허리띠를 데메테르의 발밑으로 떠오르게 했다. 데메테르는 이것을 보고 딸이 죽었다고 생각했다. 전후 사정을 모르는 데메테르는 대지에게 그 죗값을 물리려고 땅을 향해 저주했다.

　"이 배은망덕한 땅아, 이제까지 너를 비옥하게 해주었으나 이제 더 이상 내가 내리는 은혜를 누릴 수 없으리라."

　그러자 가축은 모두 죽었고, 쟁기는 이랑을 파다 부러졌으며, 씨는 싹을 틔울 수 없게 되었다. 햇빛 따가운 가뭄이 계속되는가 하면, 어느새 장마로 바뀌기도 했다. 이 참담한 광경을 보고 샘의 요정 아레투사가 나섰다.

　"여신이시여, 대지를 나무라지 마십시오. 대지는 어쩔 수 없어서 따님이 지나가는 길을 열어주었을 뿐입니다. 따님이 어찌 되었는가는 제가 말씀드리겠습니다."

그러면서 아레투사는 강의 신 알페이오스가 자신을 얼마나 좋아하며 달려들었는지, 놀란 자신은 아르테미스 여신께 간구하여 어떻게 그 손아귀에서 벗어날 수 있었는지, 물로 바뀐 자신과 합치려고 알페이오스가 얼마나 달려들었는지, 그를 피하려고 얼마나 필사적으로 땅속으로 파고들었는지 등등 사건의 본말과는 아무 관계도 없는 말을 한참 늘어놓았다. 마침내 관계있는 대목이 나왔다.

"저는 땅 밑을 흐르면서 페르세포네님을 뵈었습니다. 비탄에 잠기신 듯했으나 두려워하시지는 않는 듯했습니다. 제가 보기에 따님께서는 에레보스(암흑)의 여왕이 되신 것 같습니다."

이런 복잡한 과정을 거쳐서 데메테르는 딸의 납치 사건의 전모를 알았고, 제우스에게 올라가 간청하게 되었다. 하데스와의 타협안이 성사되자, 데메테르는 대지로부터 거두었던 은혜를 다시 베풀었다.

사건의 전모를 아는 데도 복잡한 관계 그물을 타야 한다. 강의 요정들이 사건을 보았고, 샘의 요정이 스토커에게서 도망가려고 땅밑을 흐르다 페르세포네가 명계의 왕비가 된 사실을 목격했다. 대지는 하데스를 위해 땅을 갈라 길을 내주었으니 데메테르의 저주를 받을 만했다. 대지가 납치에 협조했고, 그 광경을 강이 보았으며, 납치 후의 모습은 샘물이 보았다. 이들이 협조자요 증인들이기에, 사건 전모를 아는 데는 복잡한 관계 모두를 두들겨야 한다. 아레투사가 자신의 성적 매력을 자랑하면서 직접 관계없는 연애 사건을 두루 늘어놓은 것도 복잡 관계 그물을 드러내는 방식이다.

이로써 직접 관련된 신들 외에 요정과 대지 등이 관련된 중층 구조가 드러났다. 이를 통해 납치 방조자와 목격자들이 드러났으니, 간접적 관련자들의 관계 그물이 대체로 드러났다. 그런데 이 구조를 더 복잡하게 만드는 것은 이 사건과는 아무런 관계도 없는 자들도 등장한다는 것이다.

딸을 찾아다니다 지친 데메테르는 돌 위에 털썩 주저앉았다. 그때 켈레오스라는 노인과 그 딸이 노파 모습을 한 데메테르를 정성 어린 친절로 집으로 모셨다. 그런데 노인의 친절과는 달리 집안 분위기는 침울했다. 노인의 부인은 외아들이 중병에 걸려 잠을 이루지 못한다고 했다. 집안은 아이의 소생에 희망을 잃은 상태였다.

노파의 모습을 한 여신이 병든 아이에게 입을 맞추자, 창백하던 아이 얼굴에는 화기가 돌기 시작했다. 식구들은 기뻐하며 가난하지만 극진한 정성으로 차린 식사를 노파에게 대접했다.

밤이 되어 사방이 조용해지자 데메테르는 살며시 일어나 아이를 껴안고는 두 손으로 아이의 팔다리를 주무르고 화로의 재를 파서 아이를 눕혔다. 아이 어머니는 노파가 하는 짓을 몰래 지켜보다가 기겁하여 달려 나와 불 속에서 아이를 끄집어냈다. 그러자 노파가 천상의 빛을 발하는 여신으로 바뀌며 말했다.

"어미여, 내 그대 아들을 영생불사케 하려 했는데, 그대가 이 일을 그르쳤네. 그래도 내 그대 아들을 인간에게 유익한 인물로 만들어주겠노라. 이 아들은 노동으로 경작하는 땅에서 얻는 보상이 무엇인지를 알게 되리라."

이 말을 마친 데메테르는 구름에 둘러싸이더니 마차를 몰아 떠났다.

하데스와의 협상으로 납치 사건이 일단락되자, 데메테르는 켈레오스 가족에게 한 약속을 기억했다. 여신은 그 소년이 성장하자 쟁기 쓰는 법과 씨 뿌리는 법을 가르쳐주었다. 이 소년 트리프톨레모스(세 번 쟁기로 가는 자)가 장성해서는 용이 끄는 마차로 온 세상을 두루 다니며 곡물과 농업에 대한 지식을 인류에게 베풀어 가르쳤다. 여행에서 돌아온 트리프톨레모스는 데메테르의 은혜를 받았던 고향 엘레우시스 땅에 장대미려한 데메테르 신전을 세우고 여신을 숭배하는 종교를 창시하였다.

이 일은 페르세포네 납치 사건과는 직접 관련이 없다. 그러나 딸을 찾는 데메테르의 여정에 끼어들면서 사건을 복잡하고 풍성하게 만든다. 신들 간의 복잡한 관계에 요정과 대지가 결합한 중층 구조가 있고, 다시 인간계에서 농법의 창조가 결합하는 삼중 구조를 형성한다. 데메테르가 딸을 찾는 데는 무관한 일이나 인간 문명의 발전에는 결정적인 사건이다.

소년의 어머니가 비명을 지르며 화로에 눕혀진 아들을 꺼내지만 않았어도, 데메테르는 소년을 불사의 몸으로 만들어 인간계에서 분리시켰을 것이다. 그러나 어머니의 강한 자력으로 인해 트리프톨레모스는 인간으로 남았고, 데메테르의 제자가 되어 인간들에게 여신의 농법을 가르치는 귀중한 역할을 수행한다.

인간계에 농업혁명이 일어나게 된 것은 아프로디테가 에로스와 함께 사랑의 영토 확장을 노린 때문이며, 하데스가 페르세포네를 납치한 때문이며, 데메테르가 딸을 찾으러 돌아다닌 때문이며, 요정들의 도움으로 납치 전모를 알게 된 데메테르가 납치범과 타협한 덕분이며, 소년의 어머니가 뛰어나와 아이를 불 속에서 꺼낸 때문이다. 모든 것이 서로 관련되지 않은 게 없다.

복잡계는 이해하기 어렵다거나 다양한 것이 뒤섞여 있다는 점 때문에 복잡한 게 아니다. 서로 무관한 것, 주요 원인-주요 결과의 단순 구도에 포함되지 않는 숱한 요인들이 하나의 사건에 그물처럼 얽혀 그 사건의 전개와 귀결을 돕고 있다는 뜻이다. 나아가 하나의 요인에서 출발하여 복잡 그물을 통해 전개된 사건은 하나의 결과만 낳는 것이 아니라 여럿의 결과를 낳는다는 뜻이다. 이는 열린계, 복잡계의 작동 방식이다.

이런 시선은 '무관한 것들의 복합적이고 중층적인 관련성'을 드러낸다. 종당에는 우주의 모든 것이 다른 모든 것과 관련되어 그 생장과 사건과 소멸을 전개시키는 지평으로 이끈다. 이는 하나의 생명 존재가 우주 전체의 엄청 복잡한 그물의 한 코로 태어나고 관계하고 풀리고 다시 다른 코로 태어나 전체 그물과 관계 맺어간다는 '춤추는 그물'을 그려준다.

물리신화 작가인 데이비드 봄은 우주를 드러난 질서와 감추어진 질서의 중층 구조로 설명한다. 우리가 보고 경험하는 드러난 질서의 각 부분에는 감추어진 질서의 모든 정보가 포함되어 있다고 한다. 내가 부른 한 노래에도 이제까지 우주의 탄생과 전개의 모든 정보가 결합되어 있다.

　나라는 생명 존재의 태어남과 성장과 인연과 죽음에 나 이외 우
주의 모든 비밀이 관여하고 있다는 경외심, 나아가 나의 생각과 느
낌과 행위가 우주의 다른 모든 부문에 스며들어 영향을 미치고 있
다는 책임감이 그 자연스런 여운으로 울린다.

신효

복잡계를 통한 사건 전개는 카르마의 전개 방식을 암시한다. 마음의 힘은 대단히 복잡한 관계 그물을 통해 우연적 사건을 일으키면서, 한 생명 존재가 자비의 샘과 지혜의 샘에 도달하도록 이끈다. 카르마가 복잡계를 매개로 자비와 진실의 샘으로 이끈다는 원리를 드러낸 사건이 한반도에서 발생한다.

신효(信孝)거사는 충청남도 공주 사람으로 홀어머니를 모시는 지극한 효자였다. 어머니가 돌아가시자 고향을 떠나 떠돌다가 강원도 오대산으로 들어가 평생을 보냈다. 공주와 오대산 사이는 자연지리로도 숱한 날을 걸어야 도달할 수 있는 거리이고, 인문지리로 보아도 아무런 연관이 없다. 개인의 인연으로 보아도 전혀 상관이 없는 두 지점이다. 그런데 공주에서 출발한 그는 깊은 오대산에 들어가 월정사의 터전을 마련하면서 수행으로 평생을 보내게 된다. 두 지역을 잇는 무슨 일이 발생한 것일까?

신효가 공주에서 홀어머니를 모시고 살 때, 어머니는 고기가 아니면 밥을 먹지 않았다. 이 때문에 아들은 고기를 구하기 위해 산과 들을 돌아다니며 활로 사냥해야 했다. 어느 날 길에서 학 다섯 마리를 보고 활을 쏘았는데, 그 중 한 마리가 깃털 하나를 떨어뜨리고는 날아갔다.

신효가 그 깃털을 주어 눈을 가리고 사람들을 보니 사람들이 모두 짐승으로 보였다. 짐승도 사람일지 모른다는 두려움에 고기를 얻지 못하고 돌아와, 자신의 허벅지살을 잘라 어머니께 드렸다. 어머니가 돌아가시자 신효는 출가를 하였다. 그리고 그 집을 내놓아 절을 지어 효가원(孝家院)이라 하였다.

거사는 수도하기 좋은 곳을 찾아다녔다. 그러나 새 장소에서 깃털로 보면 사람들이 모두 짐승으로 보여 머물 수가 없었다. 공주에서 남쪽으로 돌아 신라의 수도 경주까지 이르렀고, 다시 북쪽의 강원도 강릉에까지 이르렀다. 거기서 깃털로 보았더니 대부분이 사람의 모습으로 보였다. 거사는 그곳에 살기로 마음을 먹고 길 가는 나이 많은 아낙에게 살 만한 곳을 물었다.

"서쪽 고개를 넘으면 북쪽으로 향한 골짜기가 있는데 살 만합니다."

이 말을 마친 아낙은 온데간데없이 사라졌다.

신효거사는 이것이 관음보살의 가르침이라 깨닫고, 아낙이 가리킨 대로 오대산으로 들어갔다. 그곳에는 자장법사가 처음에 지어 기거했던 띠집이 있어 그곳에 들어가 살았다.

어느 날 승려 다섯 명이 와서 물었다.

"당신이 가지고 온 가사 한 폭은 어디 있습니까?"

신효가 무슨 뜻인지 몰라 어리둥절해하자 승려가 말했다.

"당신이 주운 학의 깃털이 가사입니다."

거사가 깃털을 꺼내 바쳤다. 승려가 그것을 떨어진 가사 폭에다 갖다대니 꼭 들어맞을 뿐 아니라 베로 변했다. 그제야 거사는 그들이 '오대산 다섯 성스런 스님들'의 화신임을 알았다.

신효거사가 들어간 띠집은 처음 자장법사가 지었고, 거사가 머문 이후 고승들이 연이어 살아 오늘날의 월정사가 되었다. 후에 풍수를 보는 지관이 말하길, "국내 명산 가운데 이곳이 가장 좋으니, 불교가 오래 흥성할 곳이다."라고 했다.

신효거사의 자취는 공주에서 경주로 갔다가, 다시 한참 북쪽의 오대산에서 머물렀다. 이 여정을 이끈 것은 학의 깃털이었으니, 오대산의 다섯 성스런 스님들이 살신성인의 정성이 지극한 그를 끌어들이기 위해 떨어뜨린 초대장인 셈이다. 공주에서 한 총각이 학의 깃털을 줍자, 오대산에 커다란 가람 월정사가 세워진 것이다.

이런 나비 효과가 나타난 것은 학이라는 짐승계, 다섯 성스런 스님의 천상계, 그리고 인간계가 직접적 관련을 맺는 복잡 그물을 통해서이다. 이 관계 그물을 따라 신효는 전혀 무관한 지리적 여정을 움직였고, 그 결과 공주에서의 효도를 오대산에서의 수행으로 승화시킬 수 있었다. 다차원적인 복잡 그물 관계는 신효를 효성 지극한 청년에서 자장법사의 뒤를 이어 큰 가람터를 세울 영적 수행자로 전환시켰다.

신효의 발자취를 따라 읽는 독자들도 공주에서 경주로, 경주에서 강릉으로, 강릉에서 오대산으로 들어서면서, 평범한 인간에서 지극한 효도의 길로, 살신성인의 효도에서 자비와 지혜의 샘에 이르는 길로 들어선다. 신효거사가 자기 몸을 베어 바치며 시작한 길, 오대산

다섯 성스런 스님들이 이끈 길, 그 길 위의 동행자가 되는 것이다.

외견상 신효의 행로는 외로운 여행이다. 그러나 그것이 본질상 외롭지 않은 것은 복잡 관계 그물을 타고 다섯 성스런 스님들과 아낙으로 변한 관음보살의 안내가 있기 때문이다. 닫힌 인간관계만으로 보면 외롭지만, 열린 복잡 관계로 보면 말할 수 없이 든든한 인도자들이 있는 것이다.

포산

대구 서쪽의 비슬산도 외롭지만 외롭지 않은 곳이다. 이 산은 예전 이름으로 포산이다. 신라 때 성스런 길을 함께 가는 친구인 관기(觀機)와 도성(道成)이 이 산으로 들어와 도를 닦았다. 관기는 남쪽 고개에 암자를 짓고, 도성은 북쪽 굴에 살아 서로 10리쯤 떨어져 있었다.

그러나 이들은 구름을 헤치고 달을 노래하며 매일 서로 오갔다. 도성이 관기를 부르려 하면 산속의 수목이 모두 남쪽을 향해 구부러졌고, 관기가 도성을 맞이하려 하면 나무가 북쪽으로 구부러져 뜻을 전달해주었다. 도성은 높은 바위 위에 조용히 앉아 있었는데, 어느 날 그의 몸이 바위에서 솟구쳐 공중으로 올라가 간 곳을 알 수 없었다. 관기도 그 뒤를 따랐다.

그 뒤 '피나무(반機)'로 불리는 승려와 '갈나무(첩㯸)'로 불리는 승려가 이 산에 스며들었다. 이들은 인간 세상과 사귀지 않고 나뭇잎을 엮어 옷을 만들어 입었는데, 추위와 더위를 겪어내고 습기를 피하며 몸을 가릴 뿐이었다. 이 때문에 나무 이름으로 호를 지은 것이니, 그들의 수행이 어느 정도였을지 짐작하게 할 뿐이다.

이 밖에도 여러 남녀가 이 산에 들어와 앞선 사람들의 길을 따라갔다. 소문에 따르면 이 산의 신령은 정성천왕(靜聖天王)으로, 일찍

이 경주 근방에서 가르침을 폈던 가섭 부처님 시대에 부처님의 부탁으로 다음과 같이 발원 맹세했다고 한다.

"산속에서 1천 명의 출가를 기다린 후에 남은 업보를 받겠습니다."

숱한 사람들이 이 산의 자력에 끌려 들어와 험하고 외로운 환경에서 수행하였고, 숱한 사람들이 바위에서 몸을 솟구쳐 사라졌을 것이다. 그럴 수 있었던 것은 정성천왕이 가섭 부처님께 맹세하고 이 산으로 들어와 성스런 길 위에 들어선 사람들을 열심히 도왔기 때문이다. 수목도 몸을 기울여 그들을 격려했으니, 산신령의 따뜻한 손길이 외로운 수행자들을 감싸고 있었던 것이다.

정성천왕을 통해 새로 형성된 기운은 열린 복잡계의 관계를 통해 끊임없이 새 사람을 불러들인다. 정성천왕이 맹세한 1천 명의 출가자가 들어올 때까지. 그 다음에 뒤를 이을 새 산신령을 배정하고 자신의 깨달음을 향해 떠나면, 다시 새로운 산신령이 또 1천 명의 깨달음을 돕겠다고 서원할 것이다.

그러면 다시 관기와 도성 같은 용감한 사람들이 들어와 수목을 남쪽과 북쪽으로 기울이며 구름을 헤치고 오갈 것이고, 빛나는 몸을 바위에서 솟구칠 것이다. 그 복잡한 관계의 이야기는 이렇게 이어지면서 끝없는 이야기를 창조해 나갈 것이다.

■ 토마스 벌핀치, 이윤기 옮김, 〈페르세포네〉, 《그리스와 로마의 신화》, 대원사, 1989.
■ 일연, 김원중 옮김, 〈오대산 월정사의 다섯 성중〉, 《삼국유사》, 을유문화사, 2002.
■ 일연, 김원중 옮김, 〈포산의 두 거룩한 승려〉, 《삼국유사》, 을유문화사, 2002.

다시 처음으로

크로노스가 하늘을 지배한 이후
창조된 세계는 직선으로 어딘가를 향해
달려가고 있는 것처럼 보인다.
그러나 그 사건을 보고한 이야기는
우리를 역방향으로 이끈다.
창조의 최초 순간으로.

오늘이

적막한 들에 옥처럼 고운 여자아이 하나가 나타났다. 사람들이 누구냐고 묻자 아이가 대답했다.

"저는 부모도 모르고 이름도 성도 모릅니다. 그냥 이 들에 태어나 살아왔습니다."

사람들이 놀라며 어떻게 살았느냐고 묻자 여자아이가 대답했다.

"하늘에서 학이 날아와 한 날개로 깔아주고 한 날개로 덮어주고 먹을 것을 가져다주었습니다."

사람들이 말했다.

"그렇다면 네가 오늘 우리를 만났으니 오늘을 생일로 삼고, 이름도 오늘이라고 하자꾸나."

이리하여 오늘이는 마을로 들어와 살았다.

사람들은 너나없이 가족을 이루어 사는데 오늘이만 홀로 외톨이였다. 다른 아이들이 부모와 함께 사는 것을 본 오늘이는 부모에 대한 그리움에 사무쳤다. 어느 날 오늘이를 친손주처럼 돌봐주던 백씨 부인이 물었다.

"부모님이 보고 싶지 않느냐?"

오늘이는 마음 깊은 곳에 사무쳤던 말을 토로했다.

"부모님을 한 번만 뵐 수 있다면 죽어도 한이 없겠어요."

백씨 부인이 말했다.

"어젯밤 꿈에 너의 부모님을 만났다. 네 부모님은 지금 신관 선녀가 되어 원천강을 지키고 계시단다."

원천강(袁天綱)은 '긴 옷처럼 드리운 하늘의 벼리'라는 뜻으로, 예언의 권능을 지닌 무속의 경전이다. 세상 모든 생명 존재의 일을 하나하나 꿰뚫어 알 수 있는 곳이자 사계절의 근원을 이루는 곳이다. 또한 하늘의 근본 뜻이 긴 옷처럼 드리워진 곳이자 죽지 않고는 갈 수 없는 곳이다.

그럼에도 오늘이는 가는 길을 알려달라며 떼를 썼다. '부모님을 한 번만 뵐 수 있다면 죽어도 한이 없겠기' 때문이다. 백씨 부인이 마지못해 대답했다.

"정히 그렇다면 남쪽 흰모래 마을을 찾아가 별층당에서 글을 읽는 도령한테 길을 물어보거라."

그 말을 들은 오늘이는 바로 길을 떠났다.

종일 걸었다. 마침내 흰모래가 펼쳐진 곳에 우뚝 선 별층당에서 글을 읽는 도령 장상이 나왔다. 원천강 가는 길을 묻자 '아주 먼 곳'이라고 운을 뗀 뒤, "서쪽 연화못을 찾아가 연꽃 나무에게 길을 물어보라."고 했다. 그러면서 장상은 자신의 신세 한탄을 늘어놓으며, "원천강에 가시거든 제 사연도 좀 알아봐 주세요. 왜 밤낮 여기에 앉아 글만 읽어야 하고 바깥으로 나갈 수 없는지?" '꼭 알아다드리 겠다.'고 약속한 오늘이는 다음 날 서쪽으로 길을 떠났다.

한참 후 맑은 연못이 나타나고 못가에 탐스런 꽃 한 송이를 피우고 서 있는 연꽃 나무가 눈에 들어왔다. 원천강 가는 길을 묻자, 연꽃 나무는 다시 "저 아랫길로 가다가 청수 바닷가에서 구르고 있는 큰 뱀에게 물어보라."며 넘겼다. 그리고선 역시 신세 한탄을 늘어놓

〈연지유압
(蓮池遊鴨)〉
심사정, 1768년

으며 부탁을 덧붙였다.

"저는 언제나 맨 윗가지에만 꽃이 피고 다른 가지에는 피지 않으니 어찌 된 연유인지 알아봐 주세요."

'꼭 알아다주겠다.'고 약속한 오늘이는 다시 길을 떠났다.

어느덧 푸른 물 넘실거리는 청수 바다에 도착하니, 과연 모래밭에 큰 뱀 한 마리가 뒹굴고 있었다. 원천강 가는 길을 묻자 부탁 하나 들어주면 길을 인도하겠다며 신세 한탄을 늘어놓았다.

"다른 뱀은 여의주를 하나만 물어도 용이 되어 올라가는데, 나는 여의주를 세 개나 물고도 용이 못 되고 있으니 어쩌면 좋은가 알아봐 주어요."

오늘이가 '꼭 그렇게 하겠다.'고 약속하자, 큰 뱀은 오늘이를 등에 태우고 청수 바다로 들어갔다. 물 위로 길고 험한 여행을 한 끝에 어느 낯선 땅에 오늘이를 내려놓았다.

한참 걷다 보니 외딴 별층당에서 한 처녀의 글 읽는 소리가 들렸다. 원천강 가는 길을 묻자, 처녀는 "이 길로 한참 가면 우물에서 물을 긷는 선녀들이 있을 테니 그들에게 물어보라."고 말했다. 역시 자기 사연을 덧붙이는데, "하늘에서 죄를 받아 여기서 매일 글을 읽고 있어서 이름이 매일"이라며, "언제나 이 신세를 면할 수 있는지 알아봐 달라."고 부탁했다. 역시 꼭 그러마고 약속한 오늘이가 길을 나섰다.

얼마를 가다 보니 갈림길 옆 우물에서 젊은 여자들이 슬피 울고 있었다. 사연을 물으니 '자신들은 하늘나라의 시녀였다.'며 한탄했다.

"천하궁 물 긷는 일을 소홀히 한 죄로 여기 이 우물물을 다 퍼야 하늘로 올라갈 수 있습니다. 그런데 두레박에 큰 구멍이 뚫려서 아무리 애를 써도 물을 퍼낼 수가 없어요."

그들은 더 한탄스러워 울음소리를 높였다.

두레박을 쳐다본 오늘이는 바로 댕댕이덩굴을 으깨서 구멍을 막고 송진을 녹여 틈을 막았다. 이렇게 고친 두레박을 젊은 여자들에게 돌려주니 기뻐하며 우물에 가서 물을 푸는데 안에 담긴 물이 한 방울도 새지 않았다. 고마워하는 선녀들에게 원천강 가는 길을 묻자 흔쾌히 대답했다.

"걱정 말아요. 우리가 같이 가드릴게요."

그들을 따라 한참 가니 궁궐 같은 커다란 별당이 보였다. 선녀들은 "꼭 부모님을 만나세요." 하며 기원하고는 하늘로 올라갔다.

성문의 문지기는 아무리 애원해도 문을 열지 않았다. 오늘이가 통곡하며 노래로 사연을 읊자 동정심이 생긴 문지기가 신관에게 고하니, 신관은 아이를 안으로 들이라 명했다.

마침내 죽음을 넘어 원천강을 지키는 신관 선녀 앞에 서게 되었다. 그들이 어찌 된 사연인지를 물었다. 오늘이가 빈 들에서 학의 깃털에 감싸여 살았던 일부터, 마을로 들어가 백씨 부인의 도움으로 여정을 시작한 일, 수만 리를 물어물어 여기까지 찾아온 일을 하나하나 이야기했다. 단 위의 신관 선녀는 이야기가 다 끝나기도 전에 눈물지으며 내려와 오늘이를 감싸안았다.

"애야, 그 먼 길을 어찌 찾아 여기를 왔단 말이냐? 우리가 네 부모란다. 너를 낳던 날 옥황상제가 우리를 불러 이곳을 지키라 하시니, 어느 영이라 거역할까. 몸은 비록 떠나왔으나 마음은 그곳에 남겼으니, 너를 돌봐준 학은 우리가 보낸 것이란다.”

마침내 오늘이는 ‘죽어도 한이 없는 일’, 낳아준 부모의 품에 안
겼다. 헤어졌던 부모와 자식의 만남은 한없는 눈물과 이야기로 끝
이 없었다.

부모는 오늘이에게 원천강의 사계절 문을 구경시켜주었다. 높은
담장이 둘러쳐진 곳에 있는 봄의 문, 여름의 문, 가을의 문, 겨울의
문을 하나씩 열면서 사계절이 흘러나오는 원리를 보여주었다. 봄의
문을 열면 이 세상으로 봄바람과 함께 진달래와 개나리 등 봄꽃들
이 흘러나오고, 이를 닫고 여름의 문을 열면 뜨거운 햇살과 보리,
채소 등 여름 작물이 무성해지는 이치였다. 또 가을의 문을 열면 너
른 들판에 누런 벼가 황금빛으로 물결쳐 나오고, 겨울 문을 열면 찬
바람과 흰 눈이 세상을 뒤덮었다.

원천강 구경도 마치고 부모와의 회한도 푼 오늘이가 말했다.

“이렇게 부모님을 뵈었으니 제 소원을 이루었습니다. 여기를 오
는 동안 부탁 받은 일이 많으니 이제 돌아가렵니다.”

오늘이가 부탁 받은 일을 하나씩 이야기하자 신관 선녀 부모는
각각에 대해 답을 주고서 오늘이를 문밖까지 배웅해주었다. 딸과
부모는 다시 만날 날을 기약하면서 한없이 손을 흔들며 헤어졌다.

왔던 길을 돌아가면서 오늘이는 우선 매일 글을 읽고 있는 처녀
매일이를 만났다. 그리고는 “저와 함께 가면 소원이 이루어질 것”이
라고 말하고서 매일이를 데리고 바닷가까지 갔다. 거기서 오늘이가
뒹굴고 있는 큰 뱀에게 “우리를 태워주면 용이 되는 법을 알려주겠

다."고 하니, 큰 뱀은 기뻐하며 두 사람을 태워 청수 바닷가에 데려 다주었다.

오늘이는 약속한 대로 방법을 알려주었다.

"하늘에 못 오르는 건 여의주를 세 개나 물었기 때문입니다. 하나만 물면 용이 될 수 있어요."

그 말을 들은 큰 뱀은 얼른 여의주 두 개를 뱉어 오늘이에게 주고, 하나만 문 채 몸을 뒤틀었다. 그러자 힘찬 소리와 함께 용이 되어 하늘로 날아올랐다.

다음으로 둘은 연화못에 이르렀다. 오늘이가 윗가지에만 꽃이 피는 연꽃 나무에게 문제의 해법을 알려주었다.

"윗가지에 핀 꽃을 처음 본 사람에게 주면 가지마다 꽃이 필 것입니다."

연꽃 나무가 얼른 윗가지 꽃을 꺾어 오늘이에게 주자, 가지마다 꽃봉오리가 맺히면서 꽃들이 송이송이 피어나기 시작했다.

오늘이와 매일이는 다시 흰모래 마을의 글 읽는 청년 장상에게 갔다. 오늘이가 매일 글만 읽는 신세에서 벗어날 방법을 알려주었다.

"장상님처럼 홀로 글만 읽어온 처녀를 만나 짝을 이루면 만년 영화를 누리실 겁니다."

놀란 장상이 "세상에 그런 처녀가 어디 있습니까?"라고 묻자, 오늘이는 같이 동행한 매일이를 소개하며 "여기 모셔왔습니다."라고 했다. 장상이와 매일이는 서로를 마주 보며 손을 잡았다.

길을 가르쳐준 모든 사람에게 인생 난제를 풀어주며 마을로 돌아온 오늘이는 처음 길을 떠나도록 안내한 백씨 부인을 찾아갔다. 오늘이는 가지고 온 여의주를 백씨 부인께 한 개 드렸고, 백씨 부인은 오늘이를 꼭 끌어안았다.

그 후 오늘이는 옥황상제의 부름을 받아 하늘나라의 선녀가 되었다. 소임은 부모처럼 원천강을 돌보며 사계절 소식을 세상에 전하는 일이었다. 오늘이는 오늘도 한 손에 여의주를, 또 한 손에 연꽃을 든 채 때 맞춰 계절을 풀어놓고 다시 불러 담고 있다.

세상의 시작으로

'오늘'은 과거와 미래를 중개하는 시간의 중심 '지금'을 대변하는 말이다. 이 이야기는 시간의 중심에 선 소녀가 봄·여름·가을·겨울 등 사계절을 관장하는 시간의 신이 되기까지의 과정을 보여준 사건이다. 사계절은 생명이 돌고 도는 긴 시간, 즉 세월을 뜻하는 것이니, 지금이라는 작은 시간 단위에 선 의식이 장구한 시간을 관장하는 데까지 이른 과정을 보여준다. 시간의 존재가 초시간의 존재로 거듭나서 시간을 관리하게 되기까지의 과정을 보여준 것이다. 그렇게 되기까지 오늘이는 크게 두 가지 과제를 수행한다.

첫째로 시간의 원천인 원천강에 가서 시간 존재들이 겪는 고통의 원인을 알아내고 실제로 그 고통을 풀어주는 과제다.

처음 도와준 사람들은 하늘나라에서 귀양 온 선녀들이다. 그들이 쓰는 두레박에 큰 구멍이 뚫려 이 세상에서 물 긷는 과제를 수행할 수 없었기에 하늘로 돌아가지 못하고 슬피 울고 있었다. 두레박의 큰 구멍은 버려진 존재들의 가슴에 뚫린 구멍, 버려짐의 슬픔이다. 슬픔이라는 구멍 때문에 물은 찰 수가 없었다. 물은 정서와 감정에 연관된 물질이므로, 그들의 정서는 채워지지 않고 헛바람만 드는 구멍 뚫린 가슴이었다.

그들이 슬퍼하는 좀 더 근본적인 원인은 무시간의 하늘나라에서 추방되었기에 시간의 원리를 모른다는 데 있다. 모든 것은 시간이 흐르면 낡고 해진다는 법칙을 모르기에, 해진 것은 다시 때워야 쓸 수 있다는 부차적인 원리도 모른다. 시간의 세계에서 온 오늘이는 덩굴을 으깨고 송진을 녹여 구멍을 막아 그들의 지상과제를 해결해 준다.

새로운 에너지가 유입되지 않는 한 모든 것은 시간이 흐르면 낡고 해진다는 열역학의 제1법칙은, 불교에서 말하는 이 세상의 네 가지 큰 고통, 즉 태어남·늙음·병듦·죽음을 설명한다. 시간은 태어난 몸을 노쇠하게 하고 병들게 하고 죽게 하여 몸에 집착하는 모든 존재의 가슴에 커다란 슬픔의 구멍을 뚫는다. 선녀들이 진정 슬퍼한 것은 천상에서 그토록 아름다웠던 자신들의 몸이 시간 세계에 내려와 송장처럼 늙어가는 끔찍한 광경이었을 것이다. 오늘이가 한 일은 선녀들이 서로의 늙음과 병듦을 쳐다보면서 공포와 슬픔으로 뚫린 가슴을 때워주는 일이었다.

오늘이를 태워준 큰 뱀은 여의주를 세 개나 물고도 용이 되지 못하는 신세를 한탄한다. 원천강에서 시간의 원리를 깨우친 오늘이는 '하나만 물라.'고 충고한다. 선뜻 두 개를 오늘이에게 준 큰 뱀은 몸을 뒤틀며 힘찬 소리와 함께 용이 되어 하늘로 오른다.

시간 존재들은 그 생명이 끝나리라는 불안에 항상 시달리기에, 물건이나 지위 등 자기와 동일시할 수 있는 대상에 과욕을 부린다. 그들은 재산이나 명예가 존재 불안을 해결해줄 것으로 착각하여 평생 다 써보지도 못할 재산을 끌어안고 있거나, 불필요한 권력과 지위를 붙들려고 허덕인다. '필요한 만큼만 가지라.'는 것이 오늘이가 큰 뱀에게 해준 충고이다. 큰 뱀이 용이 될 수 있었던 것은 시간 존재의 불안을 극복했기 때문이다.

다음은 윗가지에만 꽃이 핀 연꽃 나무. 원천강에서 시간의 비밀을 깨친 오늘이는 '그 한 송이 꽃을 처음 본 사람에게 주라.'고 권한다. 처음 본 사람에게 하나밖에 없는 소중한 것을 준다는 것은 주저 없이 즉각 남은 모든 것을 내준다는 뜻이다. 그 권고를 따르자 가지마다 탐스런 꽃들이 피어난다.

시간 존재들 중 일부는 과욕에 시달리지만, 일부는 인색에 시달린다. 존재 불안을 해결하기 위해 한쪽은 무조건 많이 가지려 하고, 다른 한쪽은 가지고 있는 것을 무조건 지켜내려 한다. 마치 적으나마 갖고 있는 물건이나 명예가 자신의 생명을 지켜줄 마지막 잎인 것처럼. 마지막 잎을 남에게 준다는 것은 마지막 남은 생명의 등불을 끄는 것까지 감수하는 용기를 필요로 한다. 붙들고 지켜낸 그것마저 줘버리는 순간, 즉 애지중지하던 것에 대한 집착을 놓아버리는 순간, 그의 몸은 풍성한 꽃들로 피어난다. 비워내자 풍성해진다.

마지막으로 밖으로 나가지도 못하고 매일 책을 읽는 신세인 매일이와 장상에게는 '둘이 결합하라.'고 충고한다. 이들은 허허벌판에 휑뎅그렁하게 서 있는 집에 들어앉아 허구한 날 책만 읽어댄다. 이들은 시간 세계의 존재 불안을 지식으로 극복하려다 지식의 감옥에 갇힌 자들이다. 장상이 살아온 흰모래 벌판의 별충당이나, 매일이가 살아온 인적 없는 땅 길가의 외딴 별충당이 이들의 지식 감옥을 상징한다.

시간 존재들은 물질에 집착하는 것보다 지식에 집착하는 것이 훨

썬 고매한 일이라고 치켜세운다. 그러나 매일이의 말처럼 매일 외딴 곳에서 글을 읽어야 하는 것은 '하늘로부터 죄를 받은 때문'이다. 견해나 지식에 대한 집착은 홀로 바르고 진실하다는 편벽의 감옥에 가둘 뿐 아니라, 서로 다른 견해를 가진 자들끼리의 갈등과 투쟁을 유발한다. 다른 견해와 이념을 가진 사들 간의 두쟁은 무사비한 참극으로 끝나기 일쑤이다.

장상이와 매일이의 결합은 서로 만날 수 없을 정도로 먼 곳에서 자기 견해와 지식에 집착해온 자들이 하나의 공동체를 꾸린다는 뜻이다. 자기 견해에 대한 집착과 편벽을 버리지 않고는 불가능한 일이다. 나아가 시간 세계의 존재 불안을 견해와 지식에 달라붙어 잊으려고 한 헛된 몸짓을 버려야 가능한 일이다.

이렇게 시간 존재들이 겪는 고통을 극복하도록 도와준 과정이 오늘이로 하여금 시간의 신이 되도록 만든 한 축의 경험이다. 오늘이는 남을 돕는 과정을 통해 스스로도 시간 존재로서 자기 불안을 완전하게 극복해낸다. 시간에 묶인 존재들이 가진 탐욕과 불안을 극복하는 과정을 도우면서, 시간 자체가 이 세계의 환상임을 보게 된 것이다. 바로 그 때문에 그 환상적 연극의 감독이 될 수 있었다.

오늘이가 시간의 신이 되는 데는 좀 더 근본적인 경험 축이 있다. 그것은 '부모도 모르고 이름도 모르는' 천애고아가 자신을 낳은 부모를 찾아 나서고, 온갖 고생을 겪어내며 그 머나먼 여정을 성공리에 마쳤다는 사실이다. 이 고아를 낳은 부모는 저 세상에서 시간을 관리하는 신들이 되었기에, 오늘이는 시간이 발생하는 과정을 여실히 들여다보고 깨닫게 된다.

시간의 신들이 겨울의 문을 열면 차가운 바람이 몰아치고 눈보라가 세상에 퍼져 나간다. 그리곤 겨울을 불러들여 문을 닫고, 다시 봄의 문을 여는 것이다. 즉 시간은 절대적인 것이 아니다. 시간의 원천인 원천강에서 사계절의 문이 열리면서 풀려 나오는 것이 시간이다. 오늘이가 깨달은 것은 시간만이 아니다. 이 세상 자체가 절대적으로 존재하는 것이 아니고, 시간을 따라 근원에서 풀려 나왔다가 다시 수렴된다는 것이다. 드러났다 사라지는 게 세상이다. 생멸하는 것이다.

그럼에도 불구하고 시간 세계의 존재들은 나타났다 다시 사라지는 무상한 시간 속에서 자기 존재의 영속성을 지키려고 안달이다. 오늘이가 자기 존재의 원천을 찾아가 깨달은 것은 시간의 무상한 본성과 시간 존재들의 허무한 몸짓들이다. 그녀가 돌아오는 길에 시간 존재들의 고통을 덜어줄 수 있었던 것도 바로 그런 깨달음 때문이다.

원천강은 하늘의 근본 뜻이 인간 세상에 긴 옷처럼 드리워진 곳, 즉 하늘이 인간 세상으로 흘러나오는 시작이다. 인간 세상의 시작점은 시간이다. 무당들이 원천강을 모든 생명 존재의 일이 하나하나 기록된 예언의 경전으로 치는 이유는 존재의 비밀이 시간 속에 있기 때문이다.

원천강을 찾아간다는 것, 그것은 시간의 시작점을 찾아간다는 것이면서 시간 존재의 비밀을 찾아간다는 뜻이다. 나의 근원을 찾아가는 것이면서 시간에 묶인 내 고통의 원인을 찾아간다는 뜻이다. 그것은 천지창조의 시작점으로 거슬러 올라가는 일이면서 창조의 의미를 찾아간다는 뜻이다. 목숨을 거는 일이지만, 창조의 순간을 쳐다볼 수 있는 환희의 모험이다.

오늘이라는 이름은 현재를 살아가는 모든 시간 존재의 대명사이다. 시간의 환각에 빠진 이들은 부모도 이름도 모르고 살아왔다. 우리는 모두 천애고아이다. 그럼에도 부모는 자비로워서 학을 보내 '한 날개로 깔아주고 한 날개로 덮여주고 먹을 것을 가져다주며' 천애고아들의 생명을 키웠다. 왜 존재의 원천은 그들이 낳은 아이들을 천애고아로 만들면서 동시에 잘 보살필까?

그 아이들이 힘을 내어 부모를 찾아오도록 하기 위해서이다. 그들 존재의 원천으로 찾아와 모든 존재가 시간을 따라 펼쳐지고 수렴되는 과정을 여실히 보면서 존재의 비밀을 깨닫도록 하기 위해서이다. 그리하여 시간의 흐름과 더불어 시들어갈 것들을 움켜쥔 손을 풀고 자유롭도록 하기 위해서이다. 과욕을 버린 자유의 용트림으로 하늘에 오르고, 인색한 몸 전체에서 꽃이 피어나며, 독선을 버리면서 서로 하나가 되고, 이 모든 과정을 거쳐 시간이 생겨나기 전의 근원과 합일하도록 하기 위해서이다.

바로 그것이 오늘이가 자기를 낳은 자궁을 찾아간 이유이다. 우리가 아주 오래된 이야기들을 타고 거슬러 올라가는 이유이다. 원시반본(元始反本)의 거대한 흐름이 세상의 창조 이후 끝없는 이야기로 지속되는 이유이다.

에덴에서 쫓겨나 천애고아가 된 아담과 이브가 꾼 꿈은 '하느님의 눈을 갖겠다.'는 비전이었다. 하늘이 그 비전을 승인하면서부터 천애고아들의 고생은 시작되었다. 두 번째 창조 때 일어난 일이다. 그리하여 인간은 적막한 들, 황량한 벌판에서 고생고생 살면서도, 때때로 그들의 부모, 애초의 창조자에게로 돌아가 하나가 되면 죽어도 한이 없겠다고 생각하는 용사들을 배출했다. 그들 중 일부는 실제로 태초로 돌아가 자신을 낳은 우주 부모와 합일했다. 그들은 두 번째 창조 때 세운 서원, 즉 스스로 하느님의 눈을 갖겠다는 비전을 실현한 것이다. 예수가 아담과 이브의 서원을 상기시켜준 바 있다. '하늘의 아버지가 완벽하듯, 너희도 완벽해야 한다.' 오늘이 같은 전사들은 애초의 그 원대한 서원이자 과제를 실현했다. 천지가 창조된 목적을 달성한 것이다.

오늘은 지금-여기라는 시간 공간이다. 삶이 존재하는 유일한 진실의 시공간이 바로 오늘이다. 수학신화 작가 민코프스키가 제시했듯이, 모든 존재의 과거와 미래가 다 담겨 있는 곳이 지금-여기다.

과거와 미래라는 환상에서 눈을 돌려 지금-여기라는 시공간에 집중할 때, 오늘이는 시간의 시초로, 존재의 처음으로 돌아갔다. 지금-여기는 존재의 원천으로 통하는 유일한 창구이다. 그 문을 열고 들어가자 시간과 존재가 흘러나오는 처음을 보았고, 시간 존재의 비밀을 깨달았다. 그리고 하늘의 벼리가 긴 옷처럼 드리운 곳에서 시간 존재를 넘어섰다.

천애고아 오늘이는 백씨 부인에게 '부모님을 한 번만 뵐 수 있다면 죽어도 한이 없겠다.'고 했다. 우리 중 일부는 그 말이 가슴속에 사무칠 것이다. 그리하여 그녀가 간 길을 다시 더듬어 찾아 나설 것이다. 그 중 일부는 중도에서 포기할 것이고, 그 중 일부는 큰 뱀에 물려 죽을 수도 있다.

그러나 극히 일부는 원천강에 도달하여 세상의 첫 시작점을 볼 것이다. 그 감격에 찬 장면 앞에 서는 것, 우리에게 원시의 근본으로 돌아가는 위대한 전사들의 이야기가 전해지는 이유이다. 전 세계 숱한 할머니들이 손주들을 무릎에 앉혀놓고 그 이야기를 전하고 전하는 이유이다.

■ 신동흔, 〈사계절의 땅 원천강 오늘이〉, 《살아있는 우리신화》, 한겨레신문사, 2004.

신화, 이야기를 창조하다

지은이 | 김용호

1판 1쇄 발행일 2009년 2월 28일
1판 3쇄 발행일 2014년 3월 17일

발행인 | 김학원
경영인 | 이상용
편집주간 | 위원석
편집장 | 최세정 황서현
기획 | 문성환 박민영 박상경 임은선 최윤영 조은화 전두현 최인영 정다이 이보람
디자인 | 김태형 임동렬 유주현 최영철 구현석
마케팅 | 이한주 김창규 이선희 이정인
저자 · 독자 서비스 | 조다영 함주미(humanist@humanistbooks.com)
스캔 · 출력 | 이희수 com.
용지 | 화인페이퍼
인쇄 | 청아문화사
제본 | 정민문화사

발행처 | (주)휴머니스트 출판그룹
출판등록 | 제313-2007-000007호(2007년 1월 5일)
주소 | (121-869) 서울시 마포구 동교로23길 76(연남동)
전화 | 02-335-4422 팩스 | 02-334-3427
홈페이지 | www.humanistbooks.com

ISBN 978-89-5862-272-7 03210

만든 사람들

기획 | 선완규 유은경
편집 | 임미영
디자인 | 민진기디자인
문의 | 전두현(jdh2001@humanistbooks.com) 정다이

＊ 이 책에 그림을 제공해주신 전갑배 선생님께 감사드립니다.